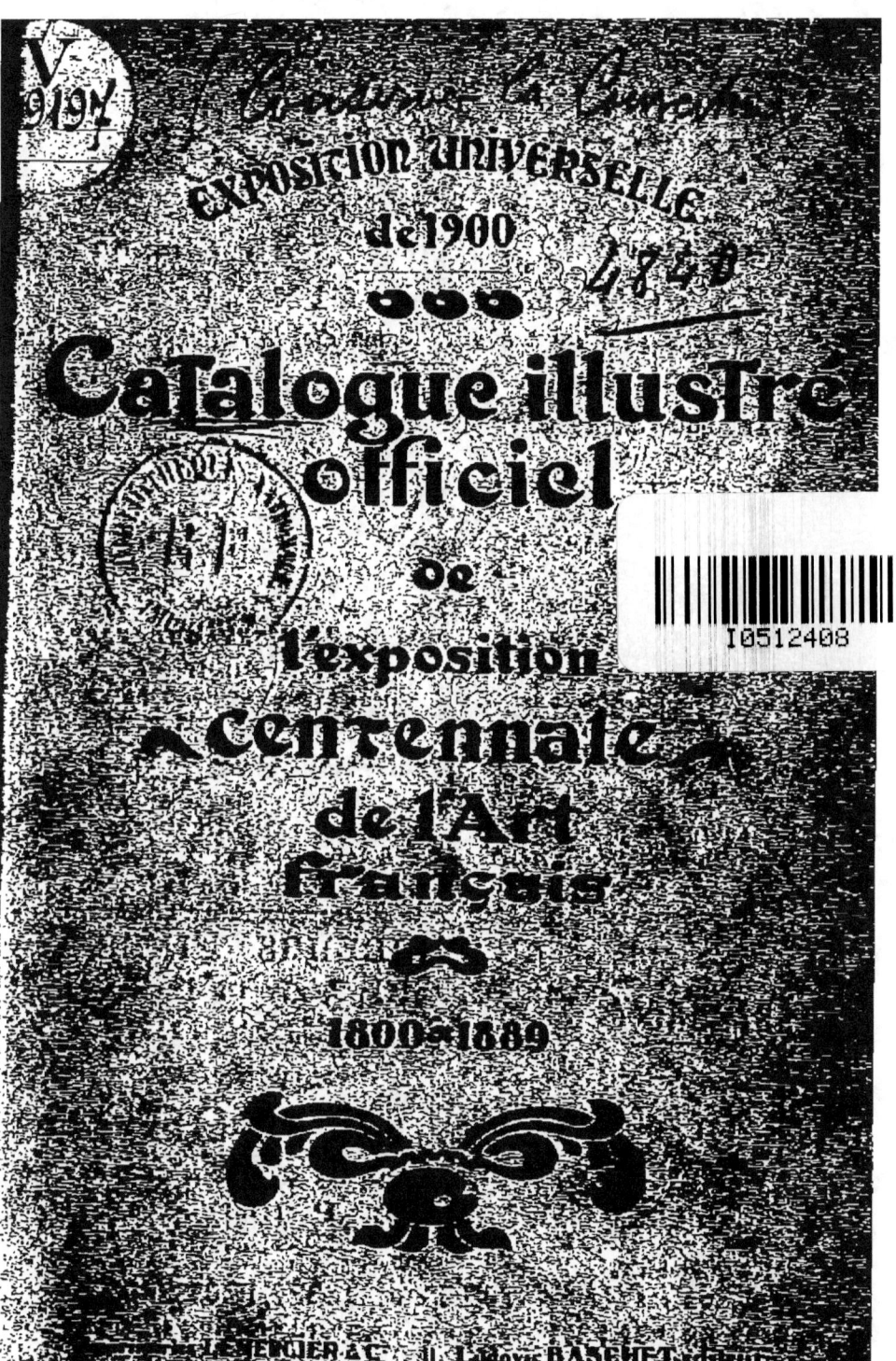

LEFRANC & CIE

1878   18, rue de Valois,   1880
Trois Médailles d'Or   PARIS   Deux grands Prix

COULEURS FINES
Pour la Peinture à l'huile, l'Aquarelle, le Pastel, etc.

COULEURS A L'ŒUF

FIXATIF POUR AQUARELLE	COULEURS ET VERNIS
J.-G. Vibert	J.-G. Vibert
FIXATIF POUR PASTEL	HUILES ET VERNIS
ARNALDO FERRAGUTI	Siccatif Flamand

Exi_e la Marque de Fabrique

Outils du professeur Joly pour la CHORÉOPLASTIE

Vernis gras colorés pour la Peinture sur verre
sans cuisson et pour les Arts industriels

FRANCE — Dépôt chez tous les Marchands de Couleurs — ÉTRANGER

JOURNAL DES ARTISTES
PARIS — 44, rue de la Tour-d'Auvergne — PARIS

Journal d'Art Français, de Renseignements Artistiques

Henry HAMEL, Rédacteur en chef

PRIX DE L'ABONNEMENT : 20 FRANCS POUR UNE ANNÉE

DÉPOSITAIRE
DE LA MAISON
LEFRANC & CIE

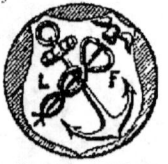

MARQUE DE FABRIQUE

EXPOSITION UNIVERSELLE
DE 1889
DEUX GRANDS PRIX

COULEURS FINES
Pour la Peinture à l'huile,
L'AQUARELLE, la GOUACHE, le PASTEL, etc.

A. HESS
60, rue de la Rochefoucauld, 60
PARIS

TOILES A PEINDRE, BROSSERIE FINE
Et tous les ARTICLES RELATIFS AUX BEAUX-ARTS

TRANSPORT AU SALON ET VERNISSAGE

EXPOSITION UNIVERSELLE DE 1900

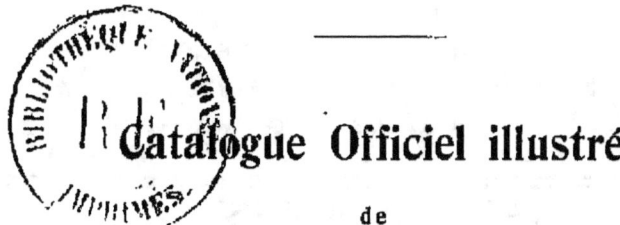

Catalogue Officiel illustré

de

'L'Exposition Centennale

LEFRANC & Cⁱᵉ

1878   18, rue de Valois,   **1880**
Trois Médailles d'Or.   PARIS   Deux grands Prix

COULEURS FINES
Pour la Peinture à l'huile, l'Aquarelle, le Pastel, etc.

COULEURS A L'ŒUF

FIXATIF POUR AQUARELLE	COULEURS ET VERNIS
J.-G. Vibert	J.-G. Vibert
FIXATIF POUR PASTEL	HUILES ET VERNIS
ARNALDO FERRAGUTI	Siccatif Flamand

Exi... la Marque de Fabrique

Outils du professeur Joly pour la CHORÉOPLASTIE

Vernis gras colorés pour la Peinture sur verre
sans cuisson et pour les Arts industriels

FRANCE — Dépôt chez tous les Marchands de Couleurs — ÉTRANGER

JOURNAL DES ARTISTES
PARIS — 44, rue de la Tour-d'Auvergne — PARIS

Journal d'Art Français, de Renseignements Artistiques
Henry HAMEL, Rédacteur en chef

PRIX DE L'ABONNEMENT : **20** FRANCS POUR UNE ANNÉE

DÉPOSITAIRE
DE LA MAISON
LEFRANC & Cⁱᵉ

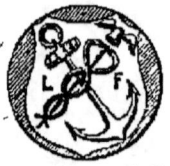

MARQUE DE FABRIQUE

EXPOSITION UNIVERSELLE
DE 1889
DEUX GRANDS PRIX

COULEURS FINES
Pour la Peinture à l'huile
L'AQUARELLE, la GOUACHE, le PASTEL, etc.

A. HESS
60, rue de la Rochefoucauld, 60
PARIS

TOILES A PEINDRE, BROSSERIE FINE
Et tous les ARTICLES RELATIFS AUX BEAUX-ARTS

TRANSPORT AU SALON ET VERNISSAGE

EXPOSITION UNIVERSELLE DE 1900

Catalogue Officiel illustré

de

L'Exposition Centennale

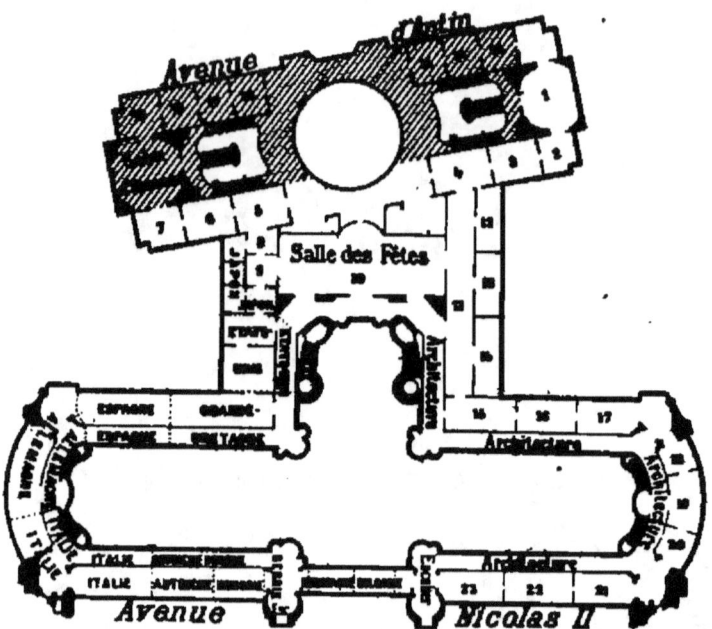

PLAN DU 1er ÉTAGE

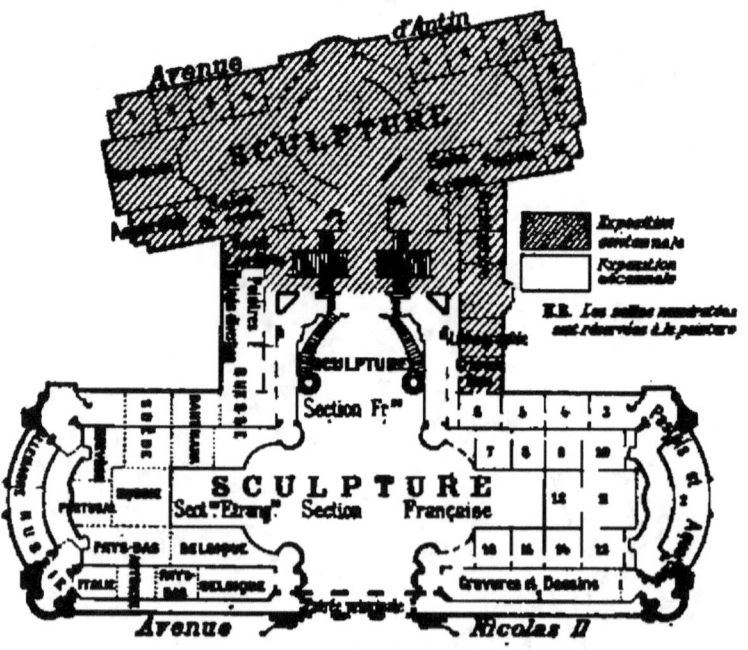

PLAN DU REZ-DE-CHAUSSÉE

EXPOSITION UNIVERSELLE DE 1900

Catalogue Officiel illustré

de

L'Exposition Centennale

DE L'ART FRANÇAIS

DE 1800 A 1889

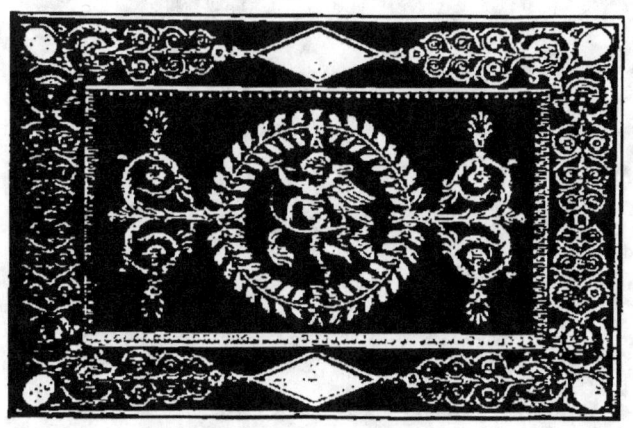

MOTIF D'UNE CONSOLE PAR JACOB.
(Palais de Fontainebleau.)

IMPRIMERIES LEMERCIER ET Cie | LUDOVIC BASCHET, ÉDITEUR
44, RUE VERCINGÉTORIX | 12, RUE DE L'ABBAYE
PARIS | PARIS

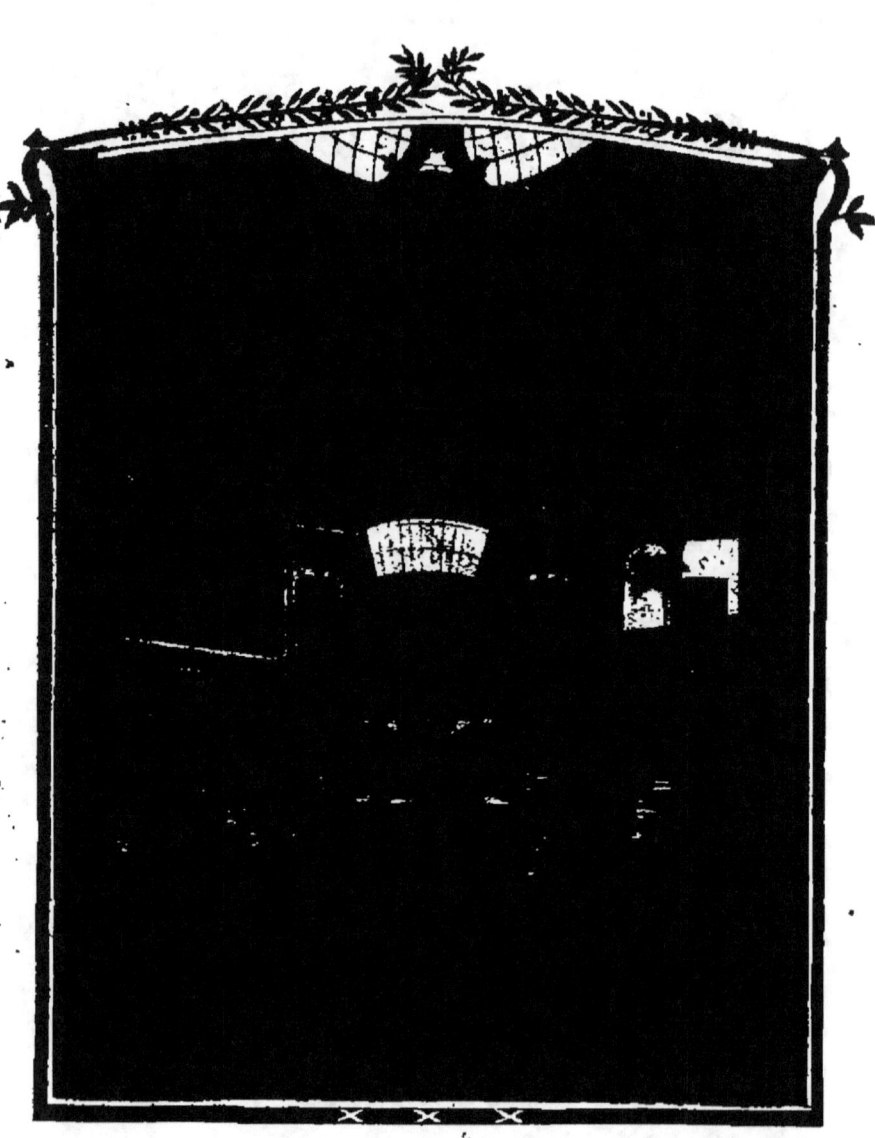

LA SCULPTURE SOUS LA COUPOLE DU GRAND PALAIS.

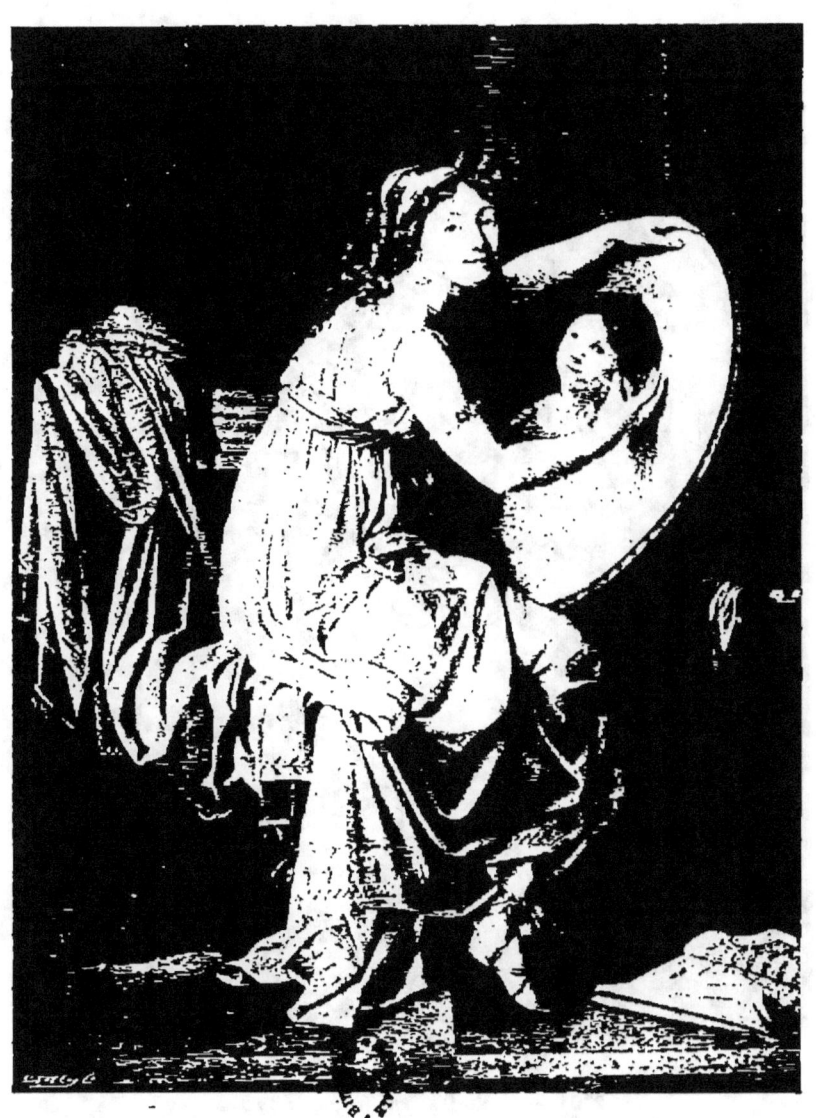

196. — J.-L. DAVID (1748-1825).
PORTRAIT DE Mᵐᵉ VIGÉE-LEBRUN.
(Musée de Rouen.)

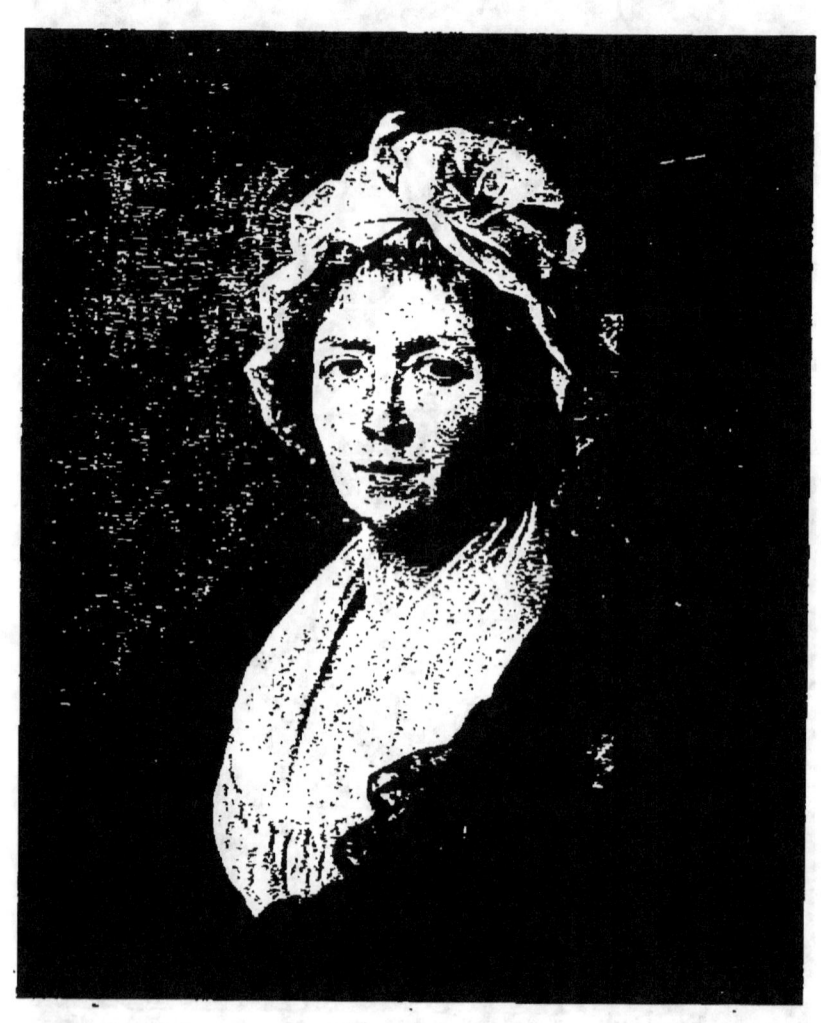

200. — J.-L. David (1748-1825).
Portrait de Mme Picquet, née Rambon.
(Appartient à M. le Commandant Picquet.)

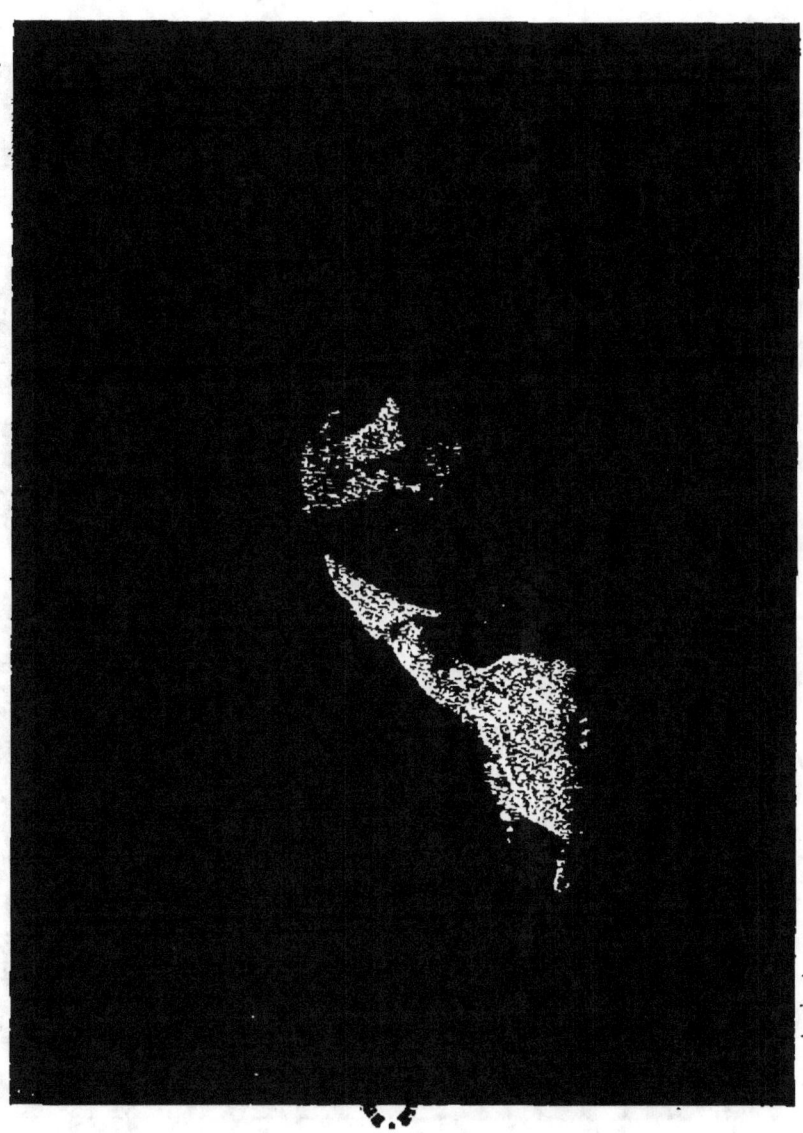

199. — J.-L. David (1748-1825).
Portrait de Jeune Homme coiffé d'un haut chapeau de feutre.
(Appartient à M. Goldschmidt.)

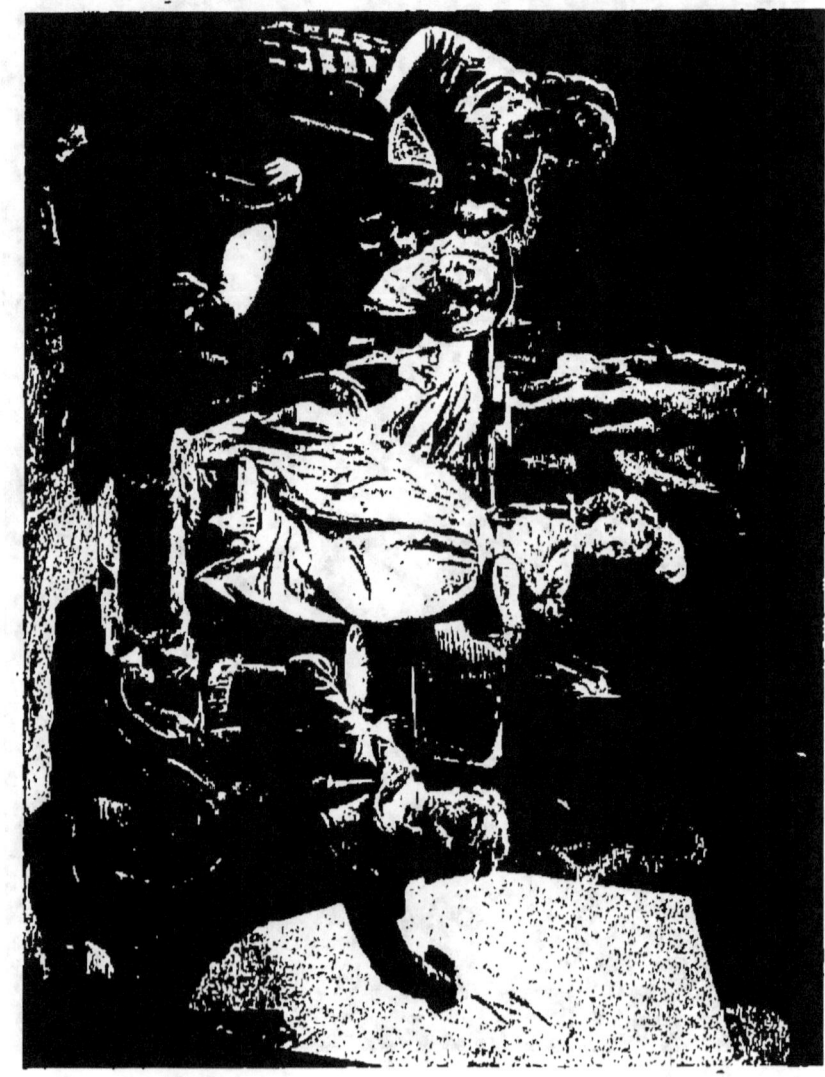

290. — J.-H. Fragonard (1732-1806) et Mlle M. Gérard (1761-1837).
L'Atelier du Peintre.
(Musée de Saint-Étienne.)

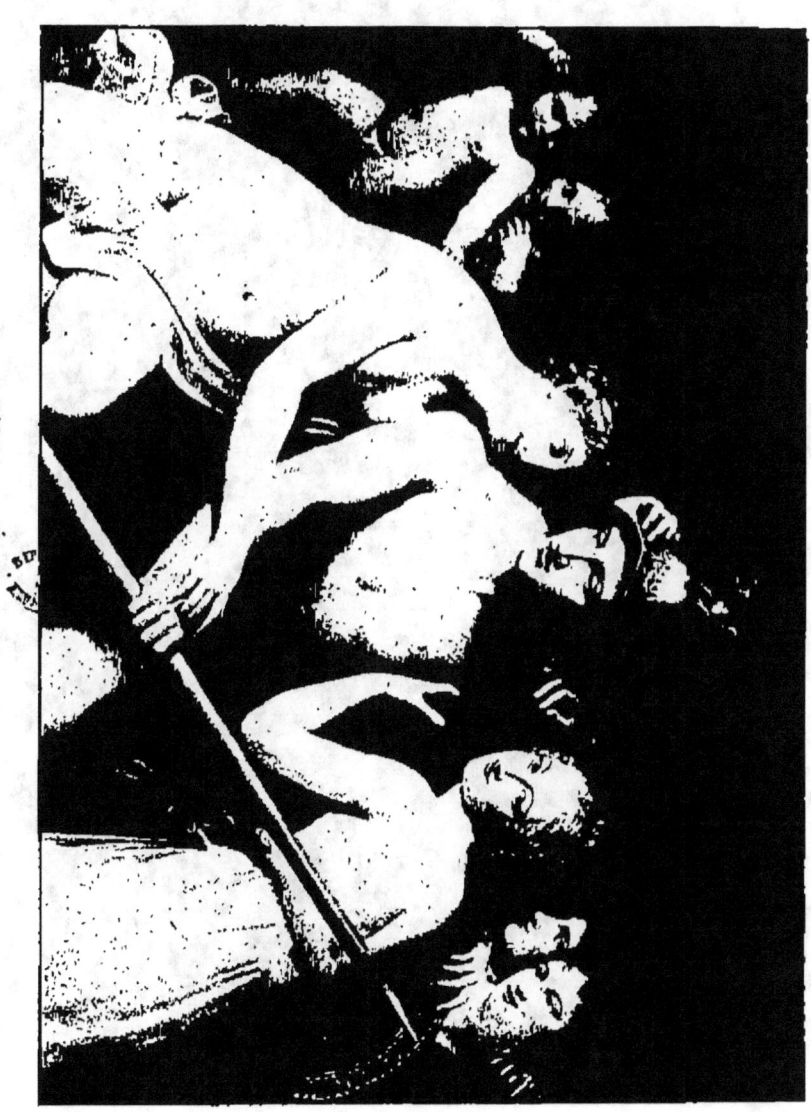

203 bis. — L'école de David.
Mars désarmé par Vénus et les Grâces.
(Musée de Périgueux.)

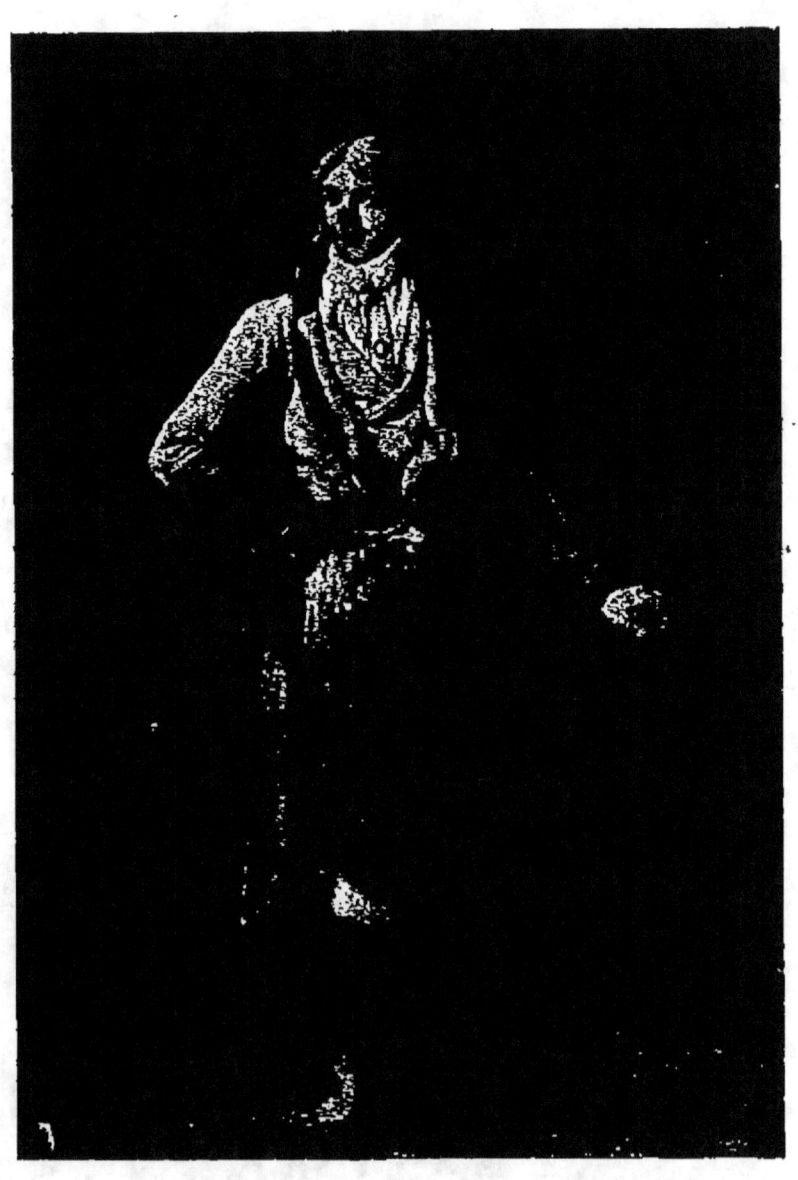

302. — J. Gamelin (1738-1803).
Portrait de Frion.
(Musée de Perpignan.)

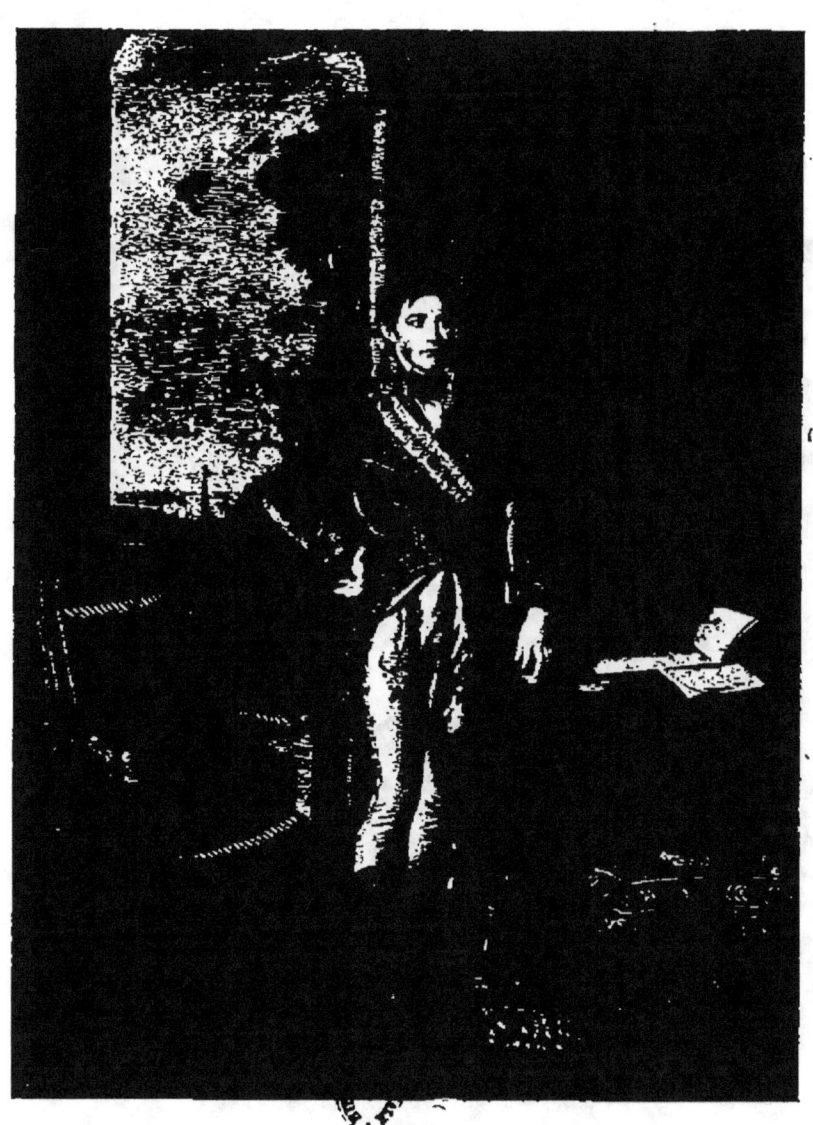

335. — J.-B. GREUZE (1725-1805).
NAPOLÉON BONAPARTE, PREMIER CONSUL.
(Musée de Versailles.)

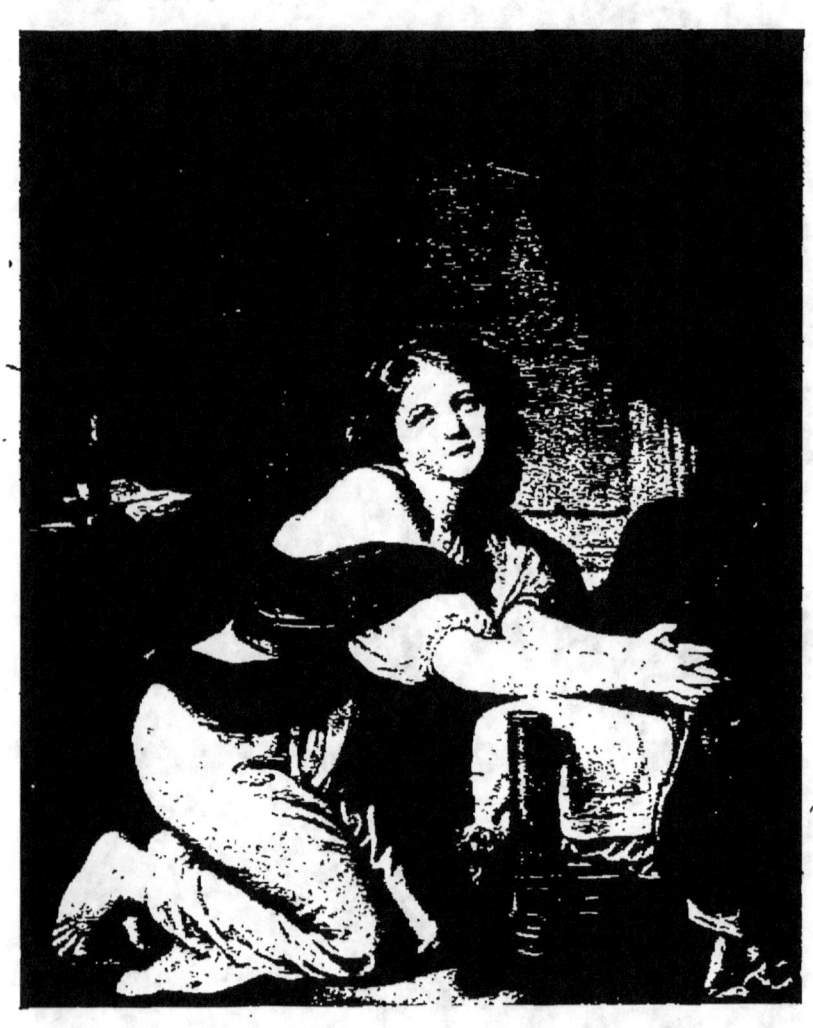

333. — J.-B. Greuze (1725-1805).
La Prière du Matin.
(Musée de Montpellier.)

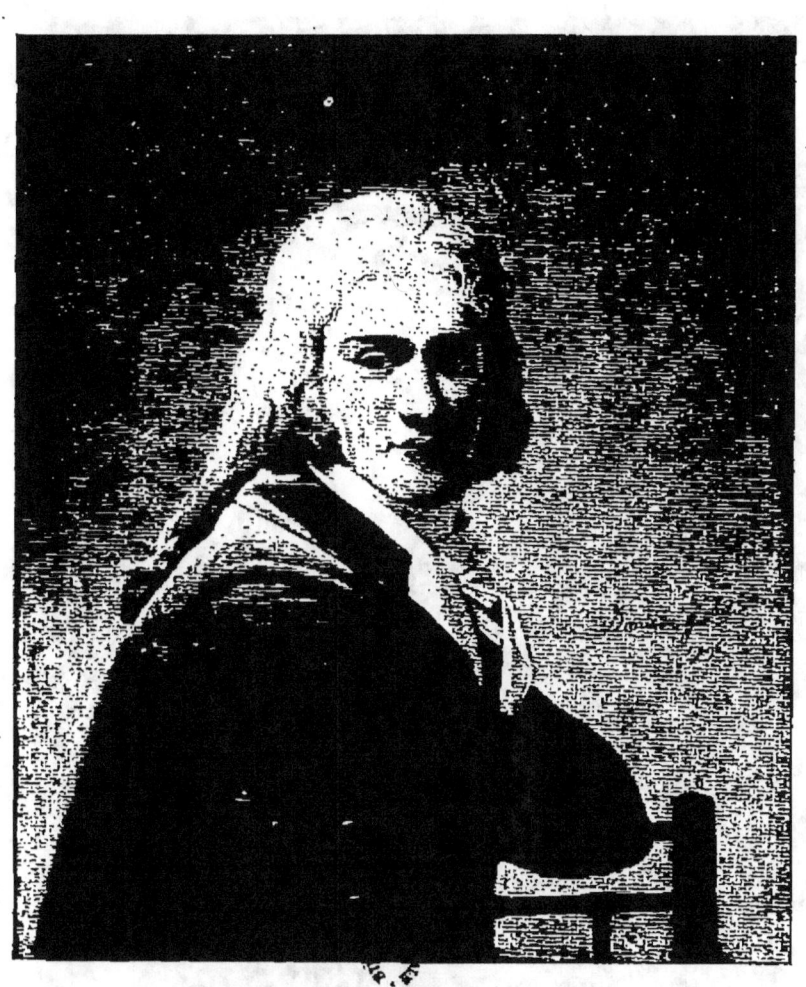

159. — H.-P. Danloux (1753-1809).
Portrait d'Homme.
(Appartient à M. Gustave Meunié.)

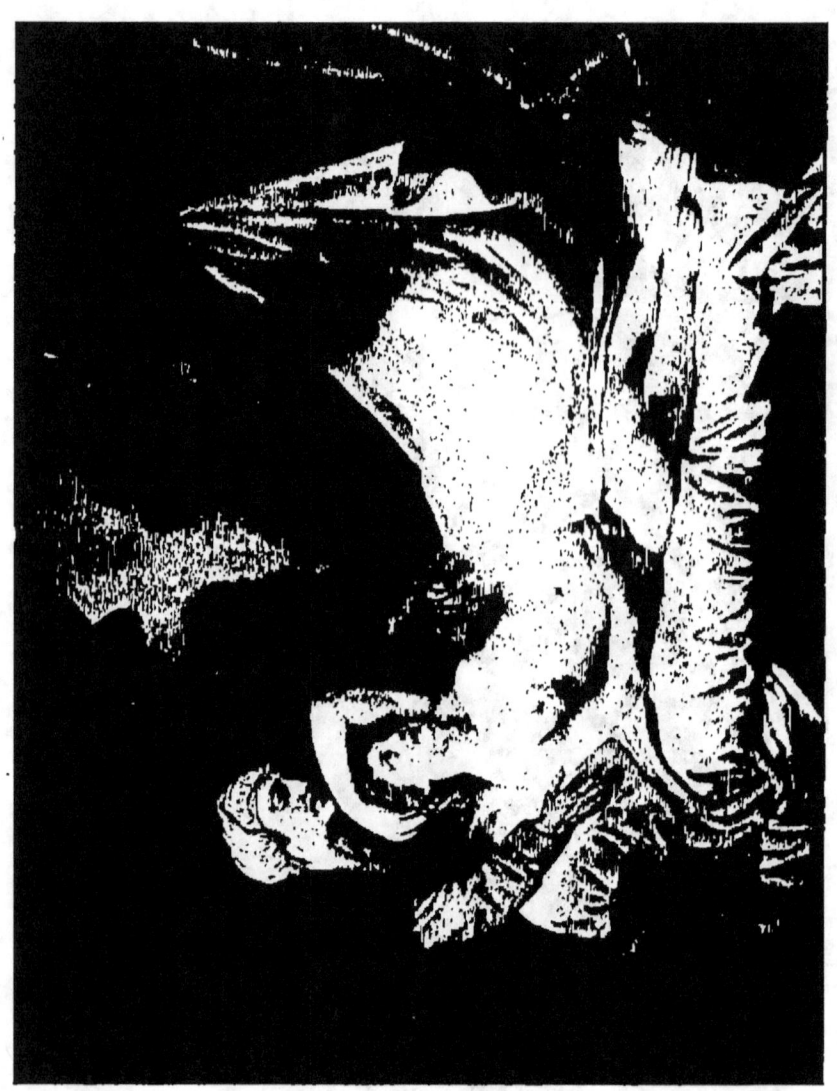

334. — J.-B. Greuze (1725-1805).
Égine et Jupiter.
(Appartient à M. Levesque.)

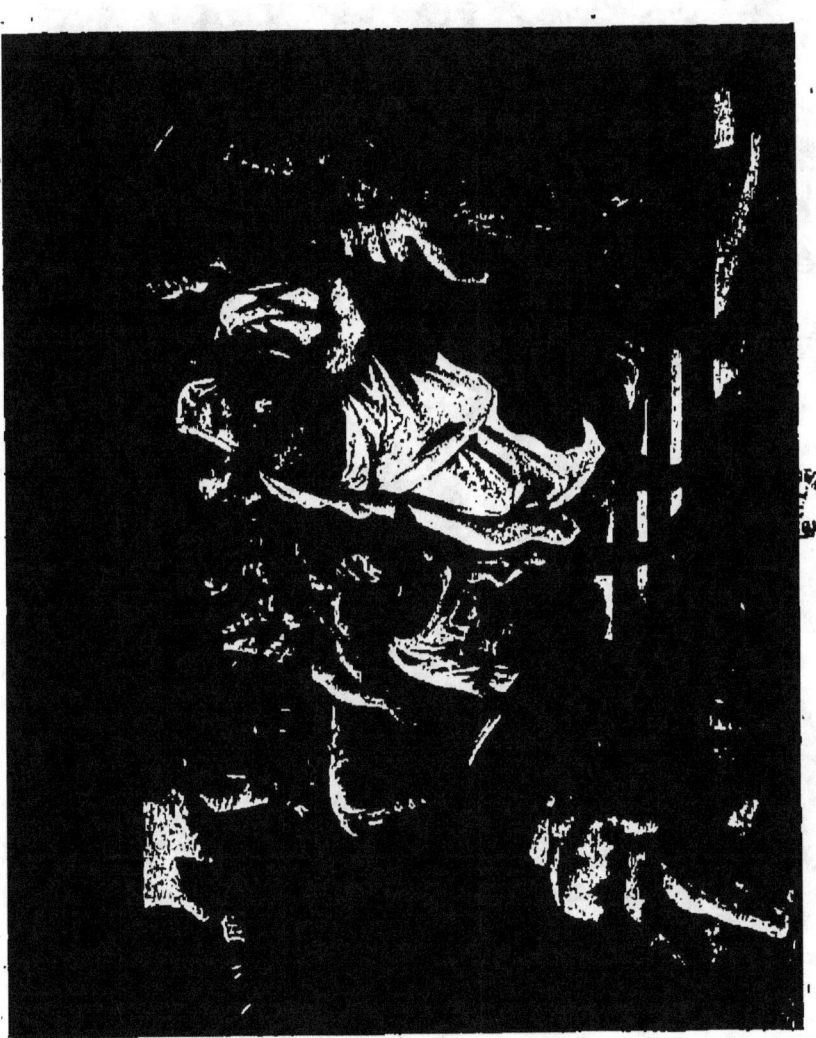

337. — A.-J. Baron Gros (1771-1835).
Éléazar préfère la mort au crime de violer la loi en mangeant des viandes défendues.
(Musée de Saint-Lô.)

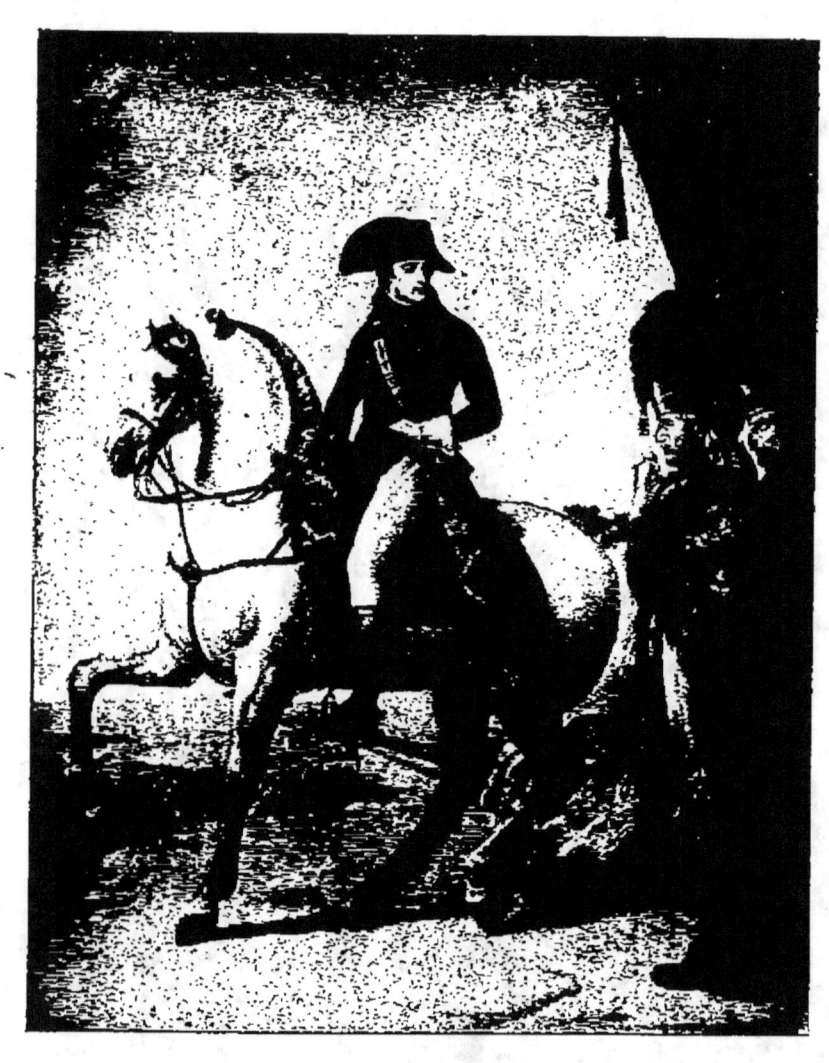

338. — A.-J. Baron Gros.
Portrait équestre du Général Bonaparte.
(Palais de Compiègne.)

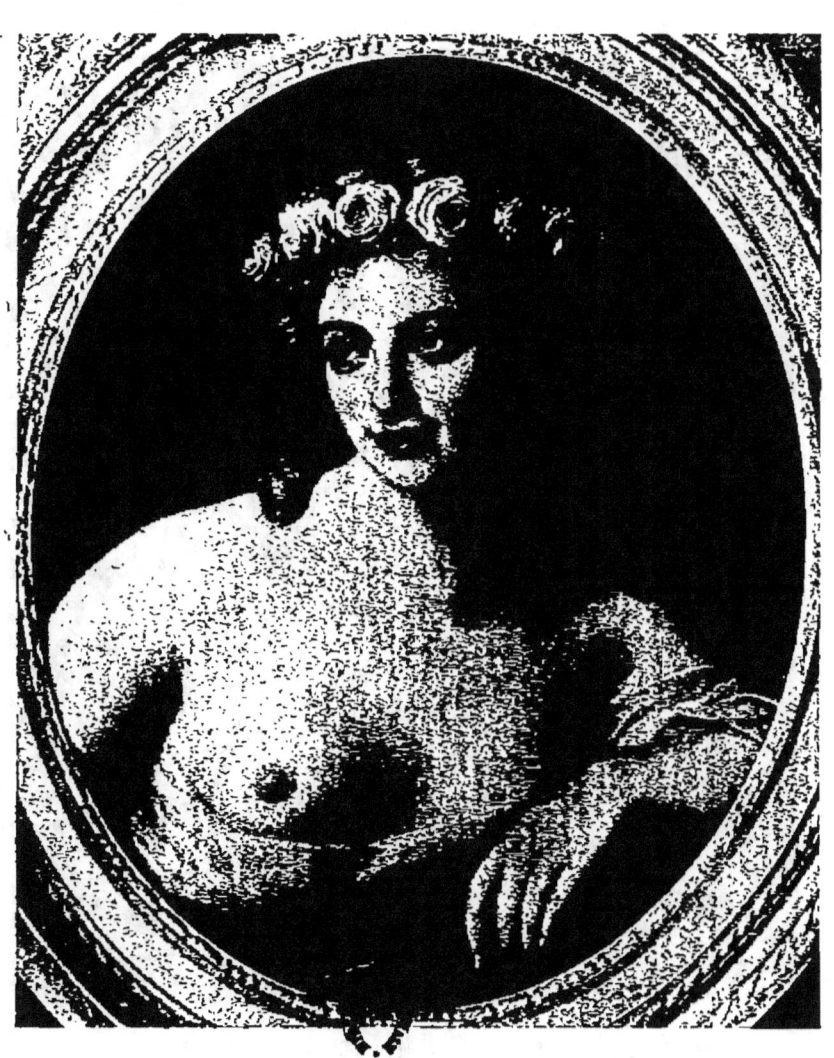

656. — A. Vestier (1740-1824).
Bacchante en buste, couronnée de roses.
(Musée de Tours.)

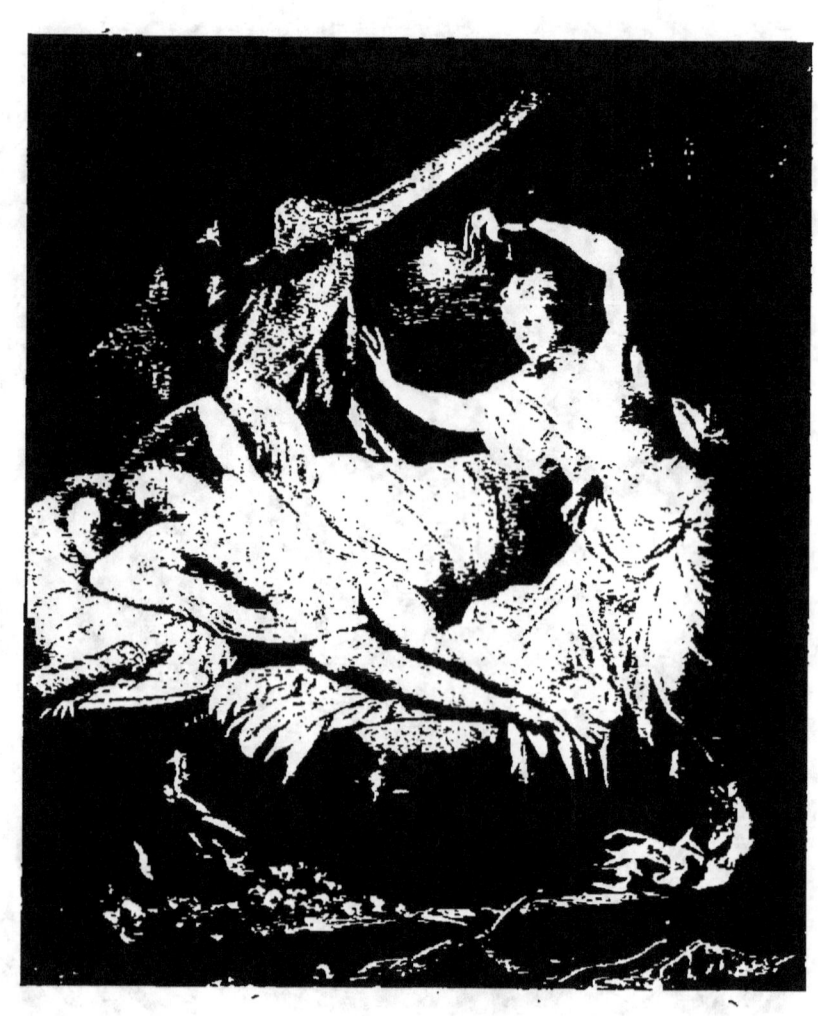

P. Prud'hon (1758-1823).
Psyché et l'Amour.
(Musée d'Angers.)

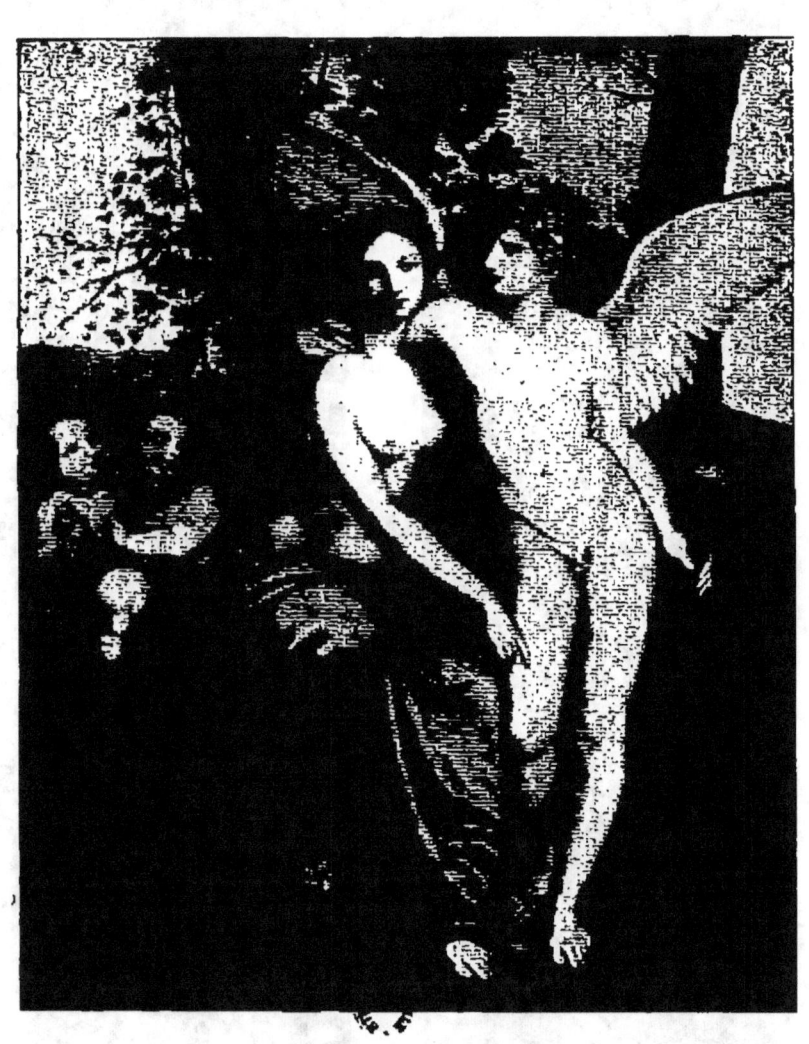

527. — P. Prud'hon (1758-1823).
Amour et Amitié.
(Appartient à M. Ritter.)

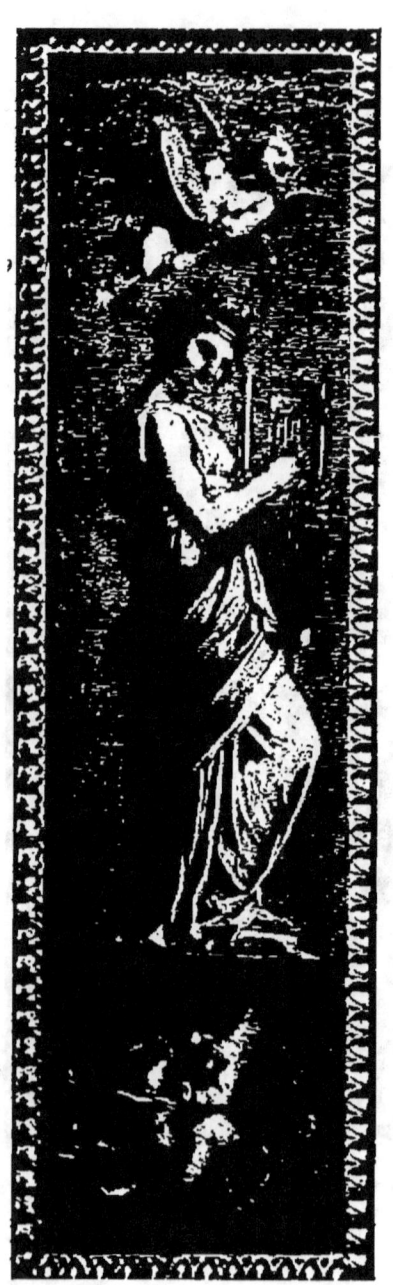 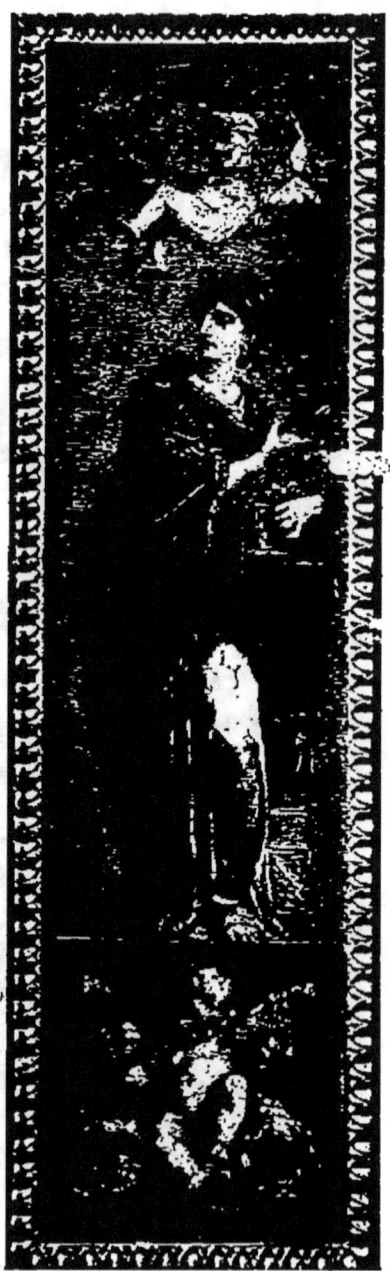

526. — P.-P. PRUD'HON (1758-1823).
ALLÉGORIE AUX ARTS ET AUX SCIENCES : LA MUSIQUE, LA NUMISMATIQUE.
(Musée de Montpellier.)

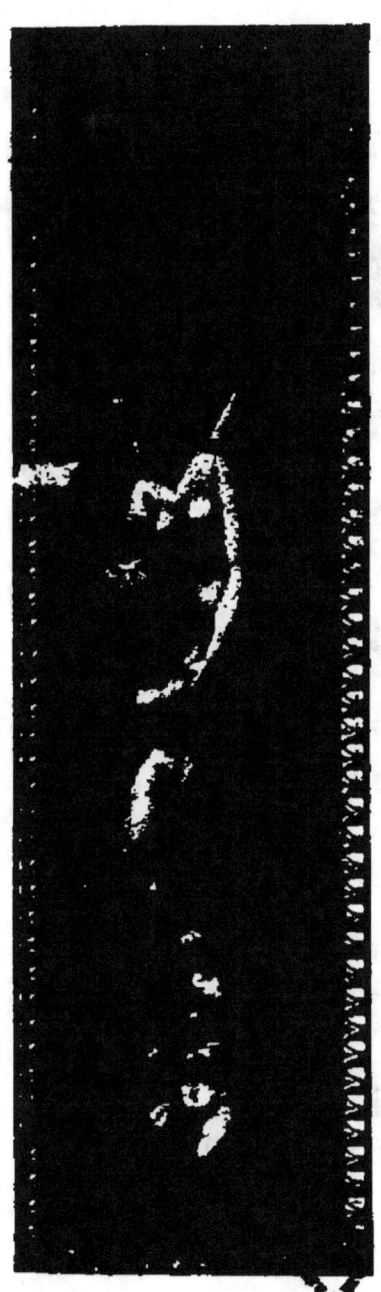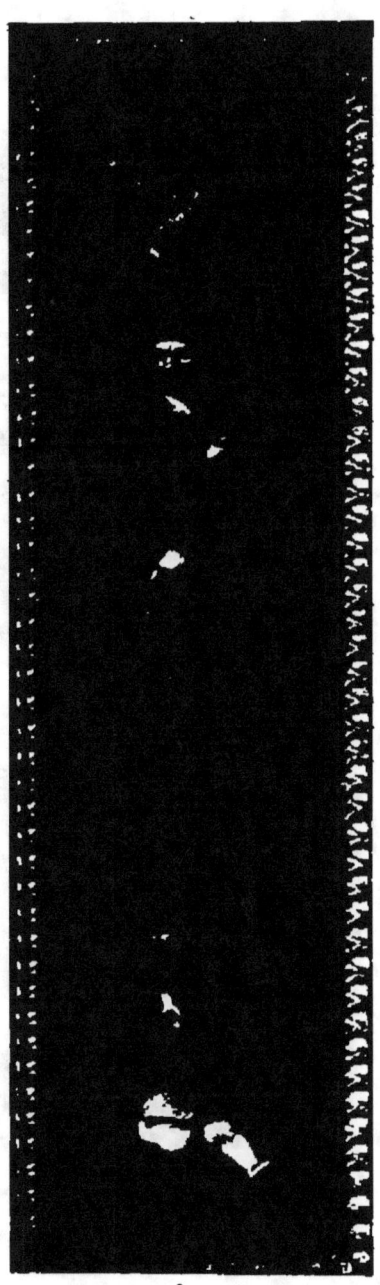

528. — P.-P. Prud'hon (1758-1823).
Allégorie aux Arts et aux Sciences : La Poésie légère, La Diplomatie.
(Musée de Montpellier).

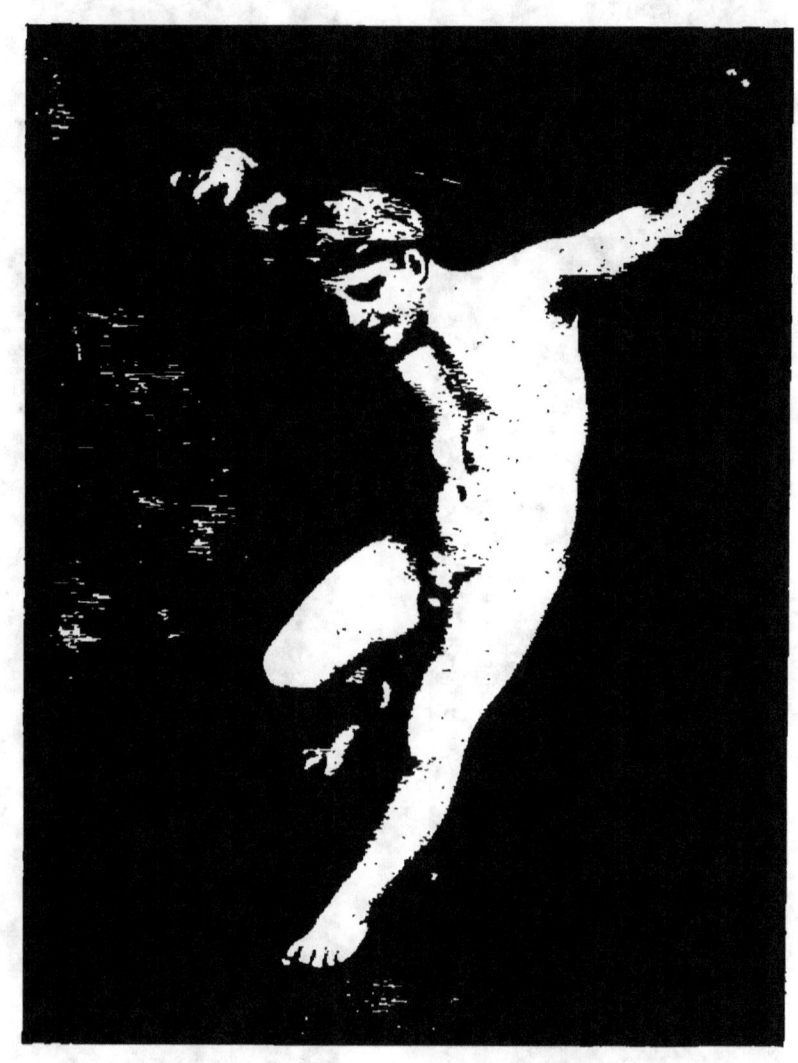

528. — P.-P. Prud'hon (1758-1823).
« Jeune Zéphyr se balançant au-dessus de l'eau ».
(Appartient à M. de Schlichting).

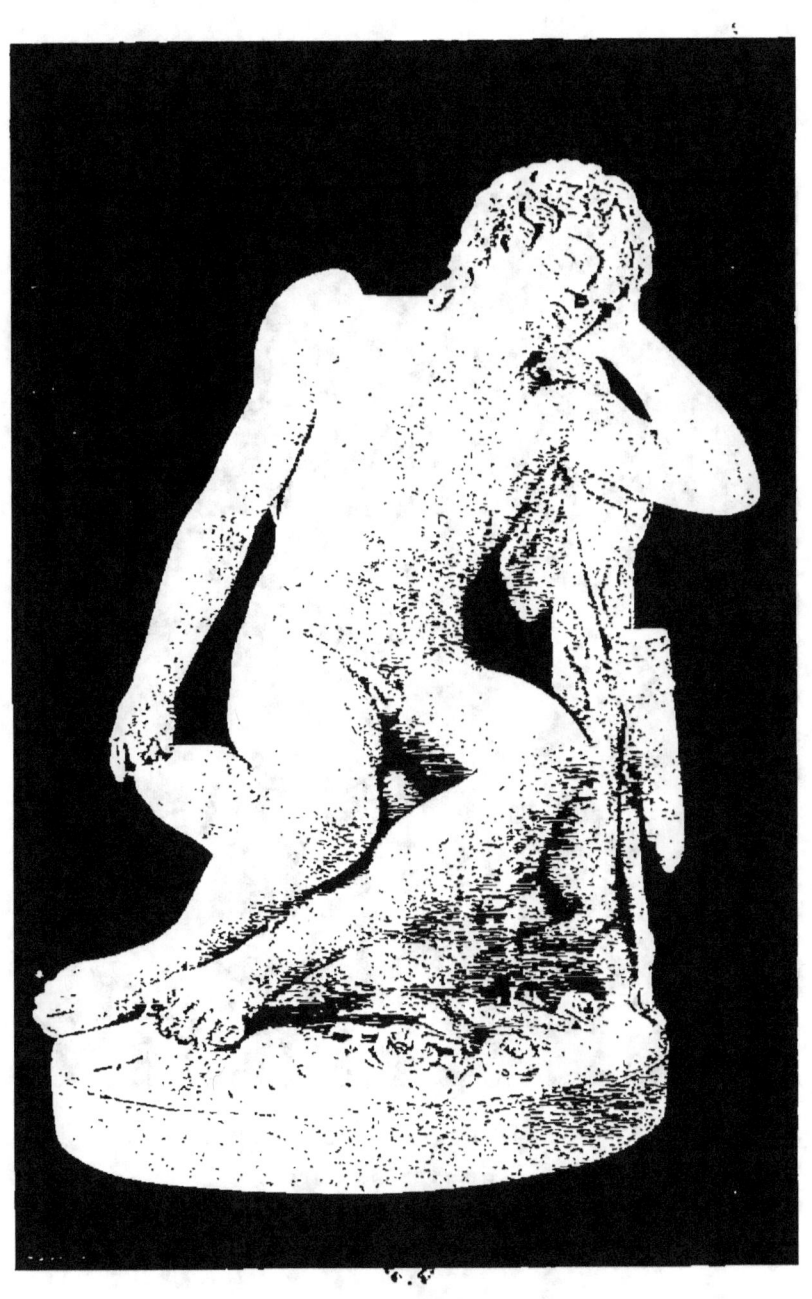

1719. J.-P. LORTA (1752-1837).
L'AMOUR ENDORMI.
(Palais de Trianon).

543. — J. RÉATTU (1760-1833).
LA TOILETTE DE PSYCHÉ.
(Musée d'Arles).

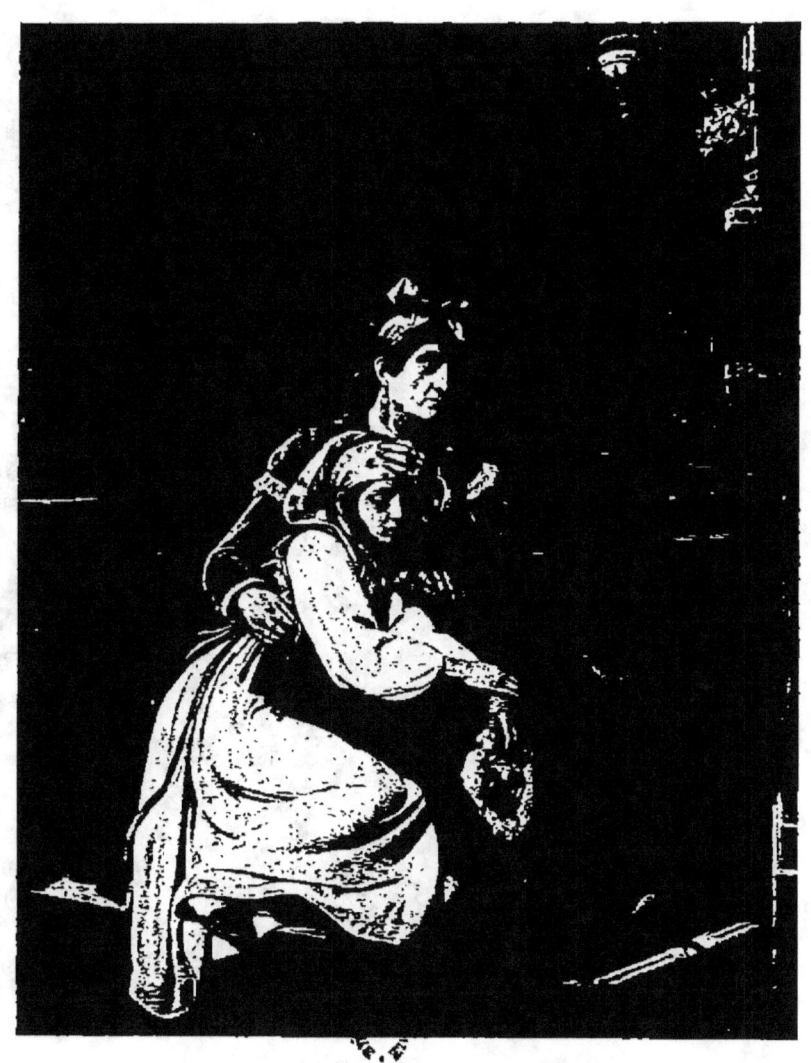

606. — J.-V. SCHNETZ (1787-1870).
UNE VIEILLE FEMME ET UNE JEUNE FILLE EN PRIÈRE DEVANT UNE MADONE.
(Musée de La Rochelle).

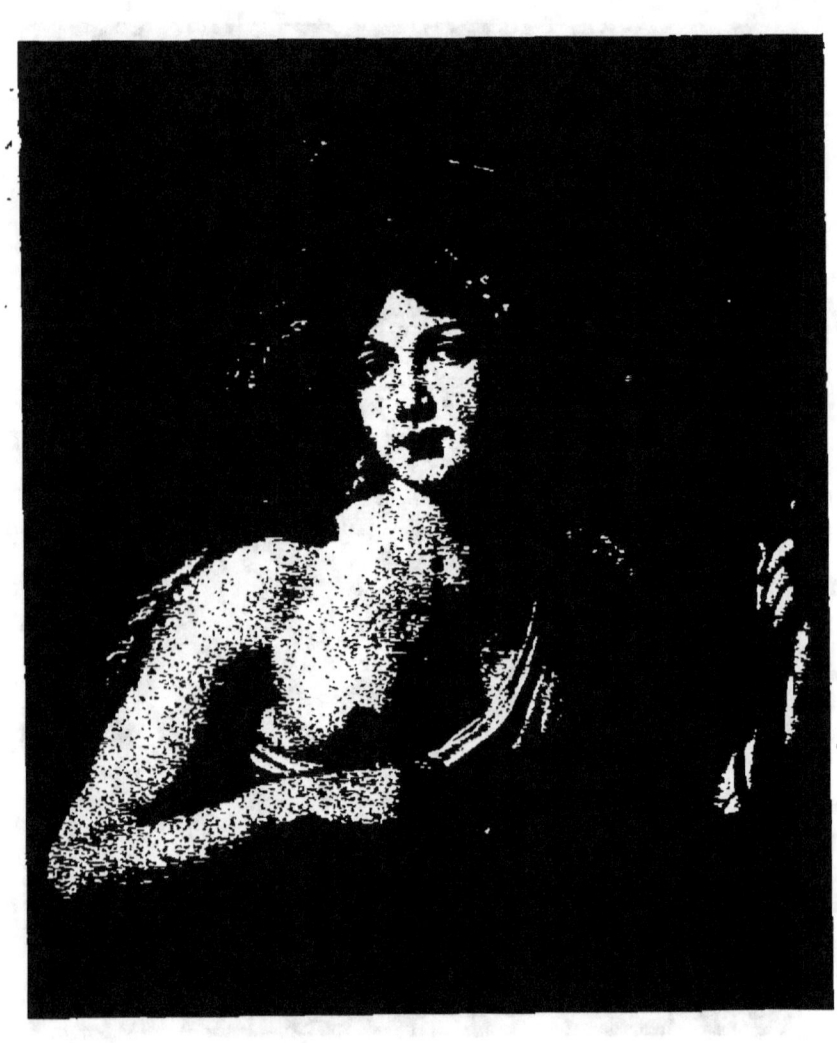

429. — F. Leroy (1742-1835).
Une Bacchante.
(Musée d'Arras).

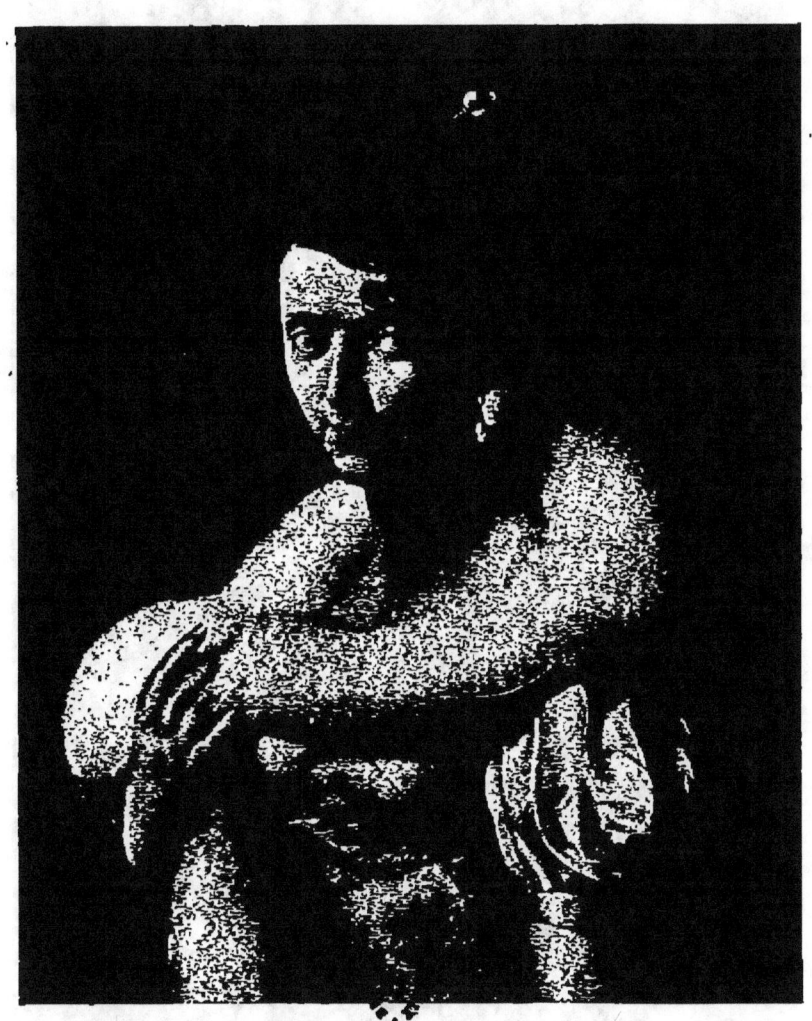

311. — Attribué à F. P. S. baron GÉRARD (1770-1837).
PORTRAIT DE FEMME.
(Musée de Nancy).

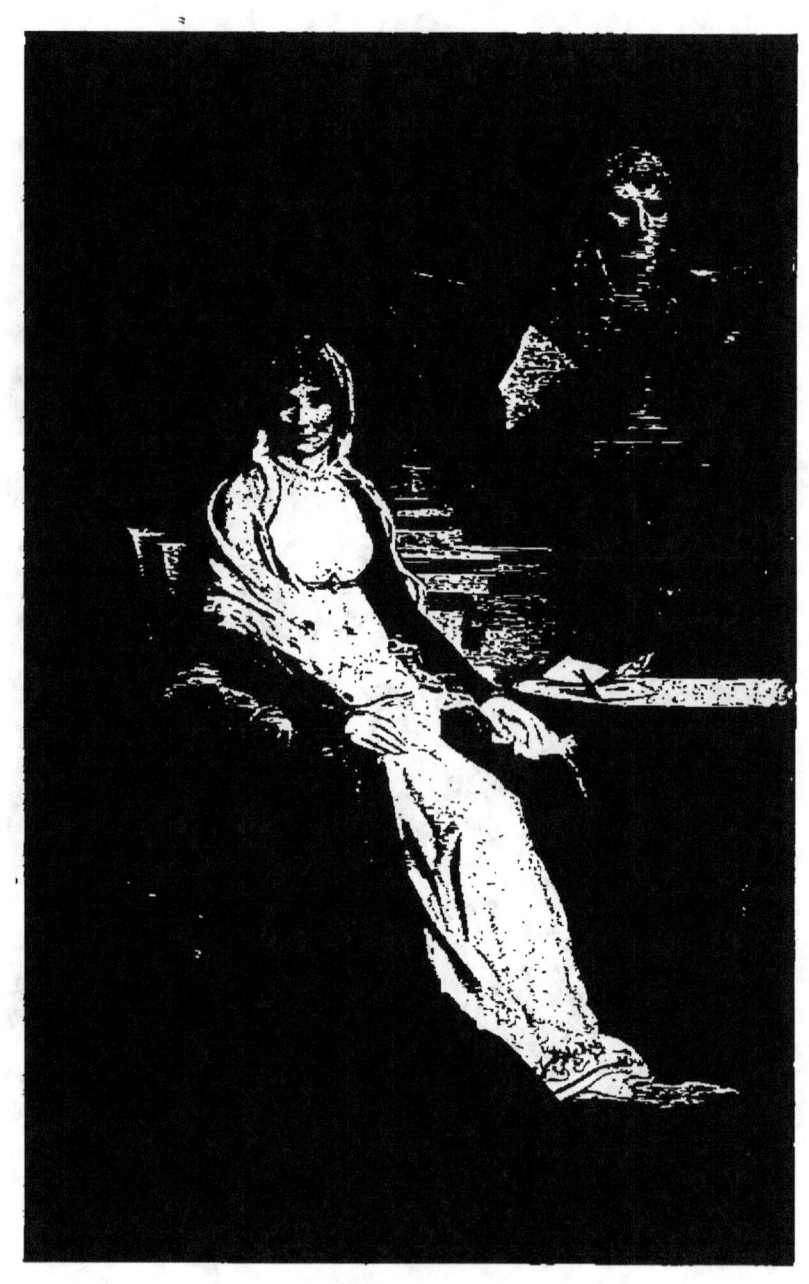

315. — F. P. S. baron GÉRARD (1770-1837).
PORTRAIT DE Mᵐᵉ LÆTITIA.
(Appartient à Mᵐᵉ Eugène Schneider).

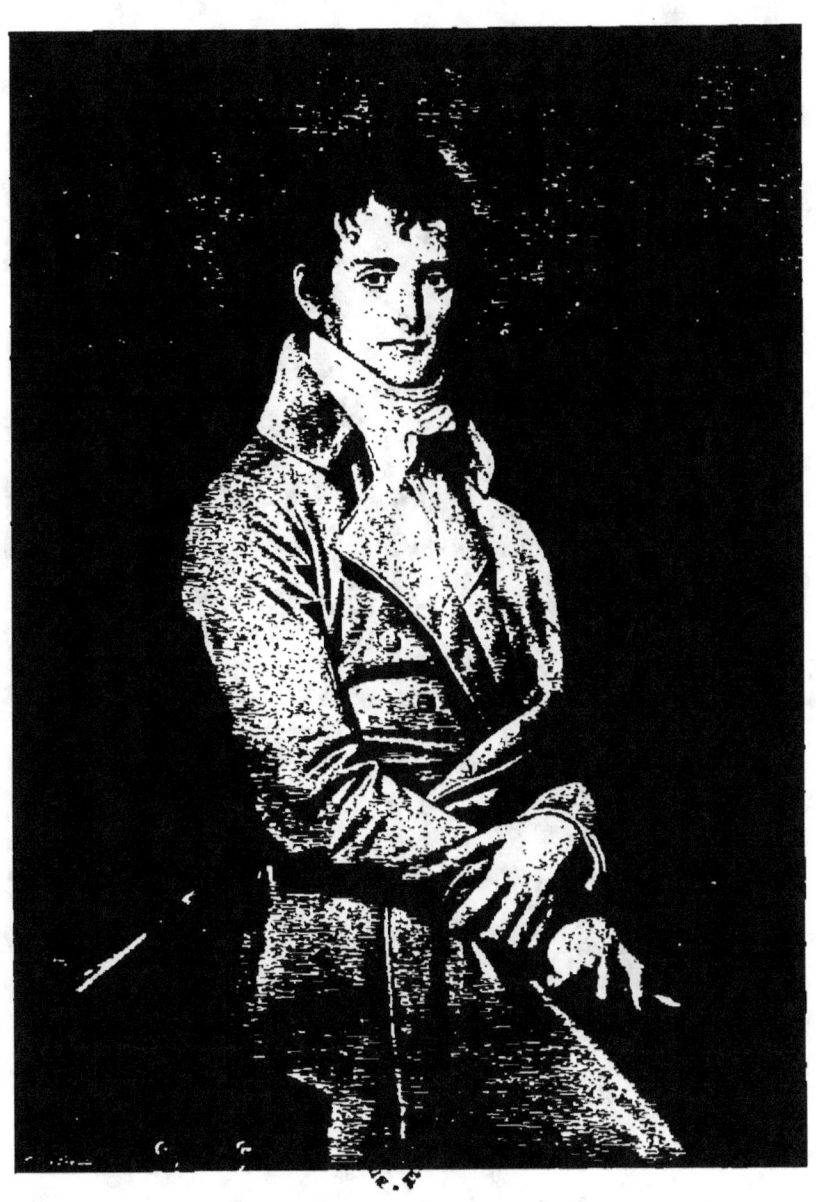

413. — P. Lefèvre (1756-1850).
Portrait de Pierre Guérin.
(Musée d'Orléans).

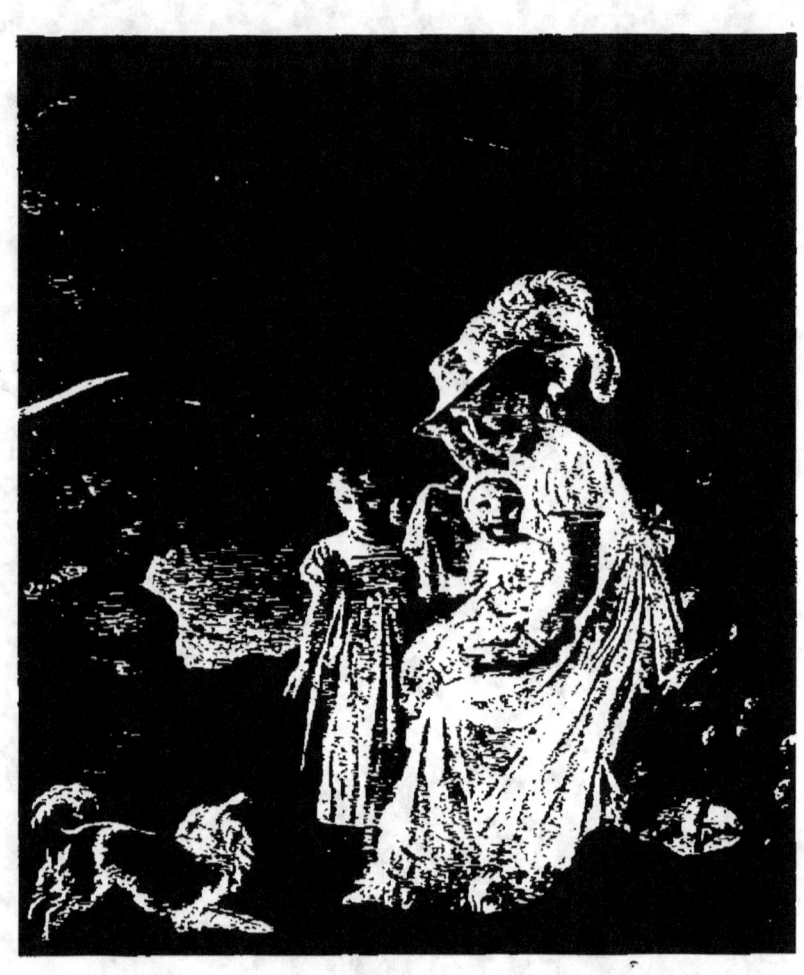

310. — Mᴹᴱ M. Gérard (1761-1837).
L'Été.
(Musée de Perpignan).

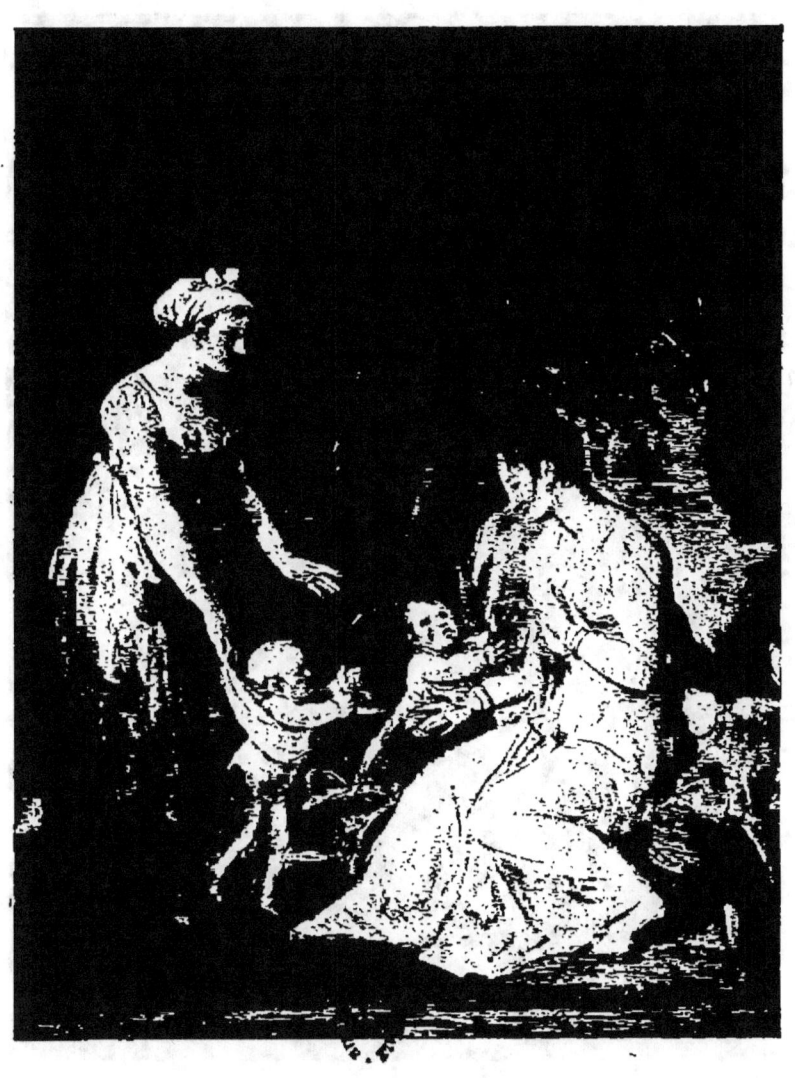

309. — Mlle M. GÉRARD (1761-1837).
LA MÈRE NOURRICE.
(Musée d'Aix).

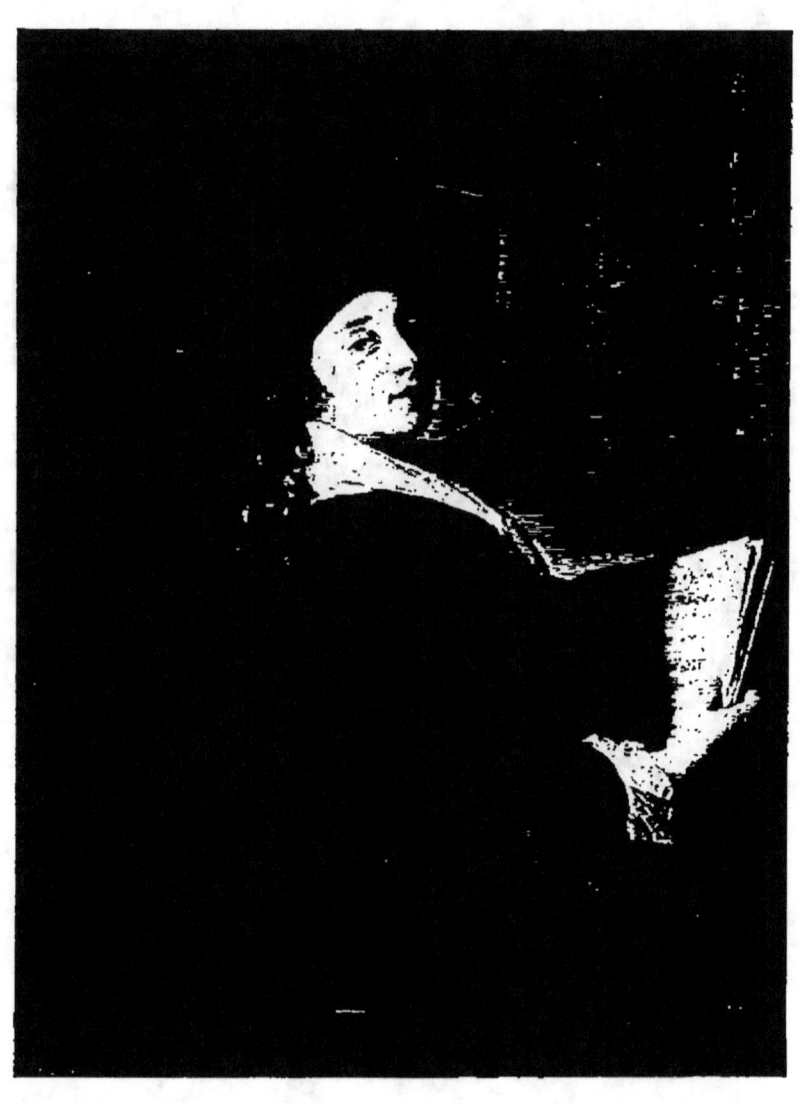

410. — Mme L.-E. Lebrun (dite Vigée-Lebrun) (1755-1842).
Portrait de la baronne de Crussol.
(Musée de Toulouse).

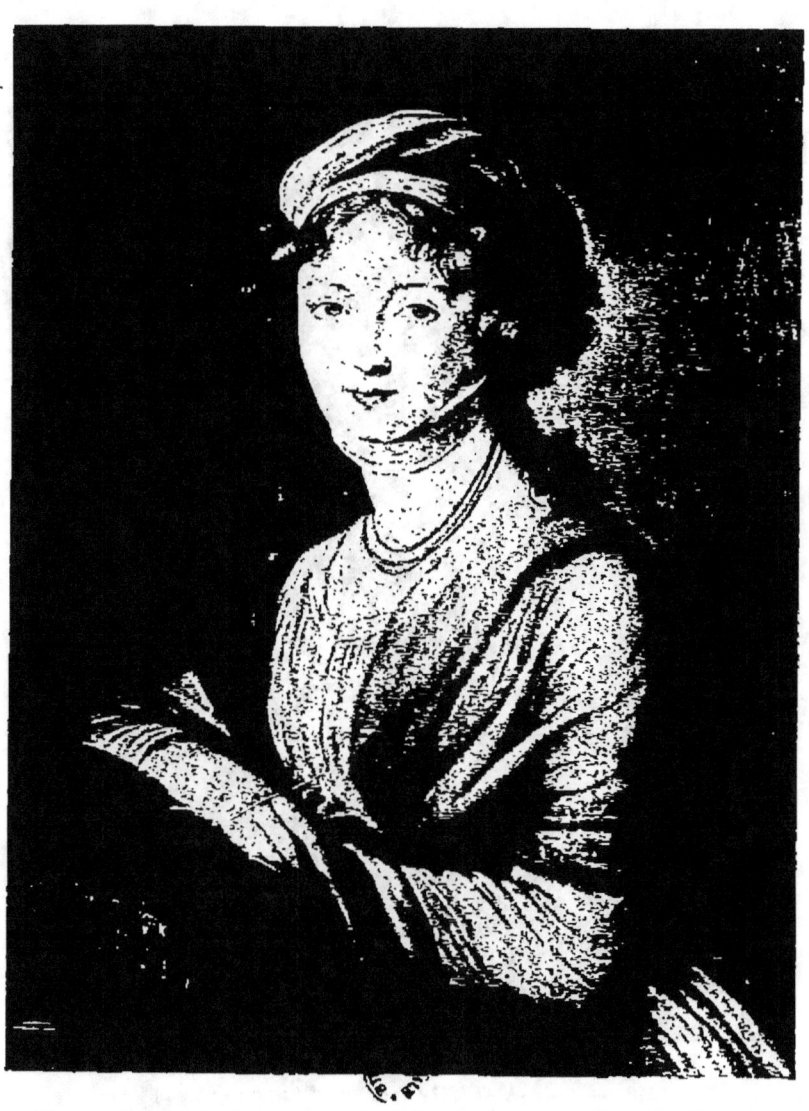

411. — Mᵐᵉ L.-E Lebrun (dite Vigée-Lebrun) (1755-1842).
Portrait de la princesse Marie de Russie.
(Musée de Montpellier).

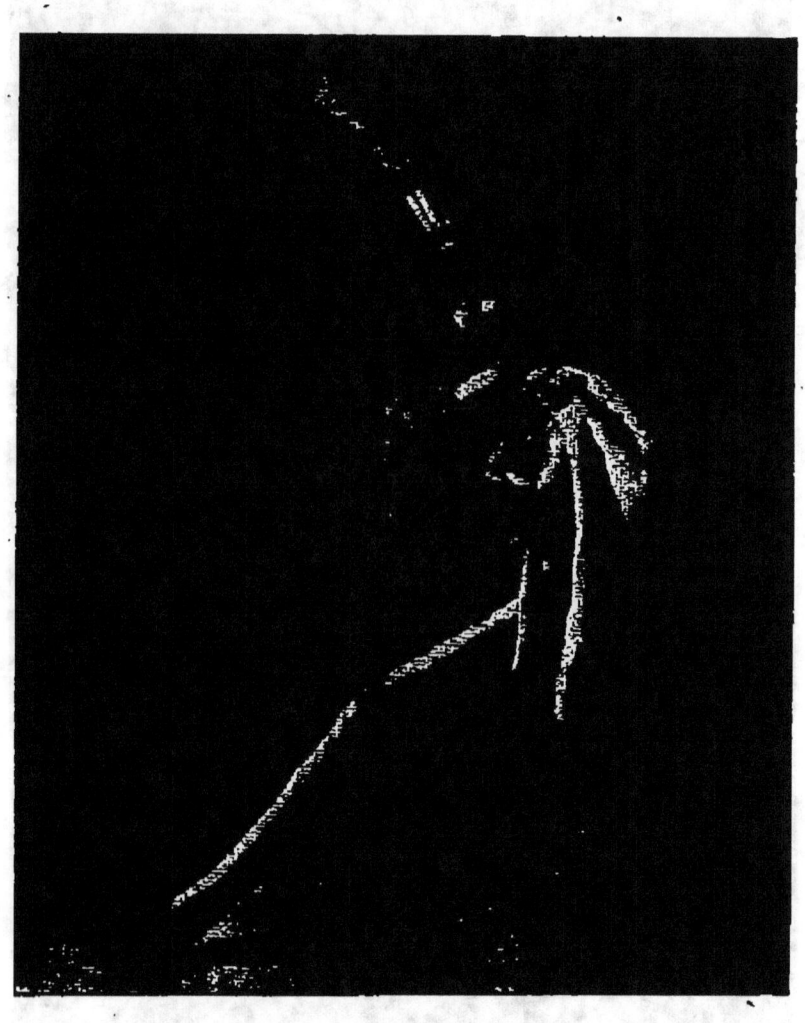

319. — J.-L.-A.-T. Géricault (1791-1824).
Le Trompette.
(Appartient à M. Sarlin).

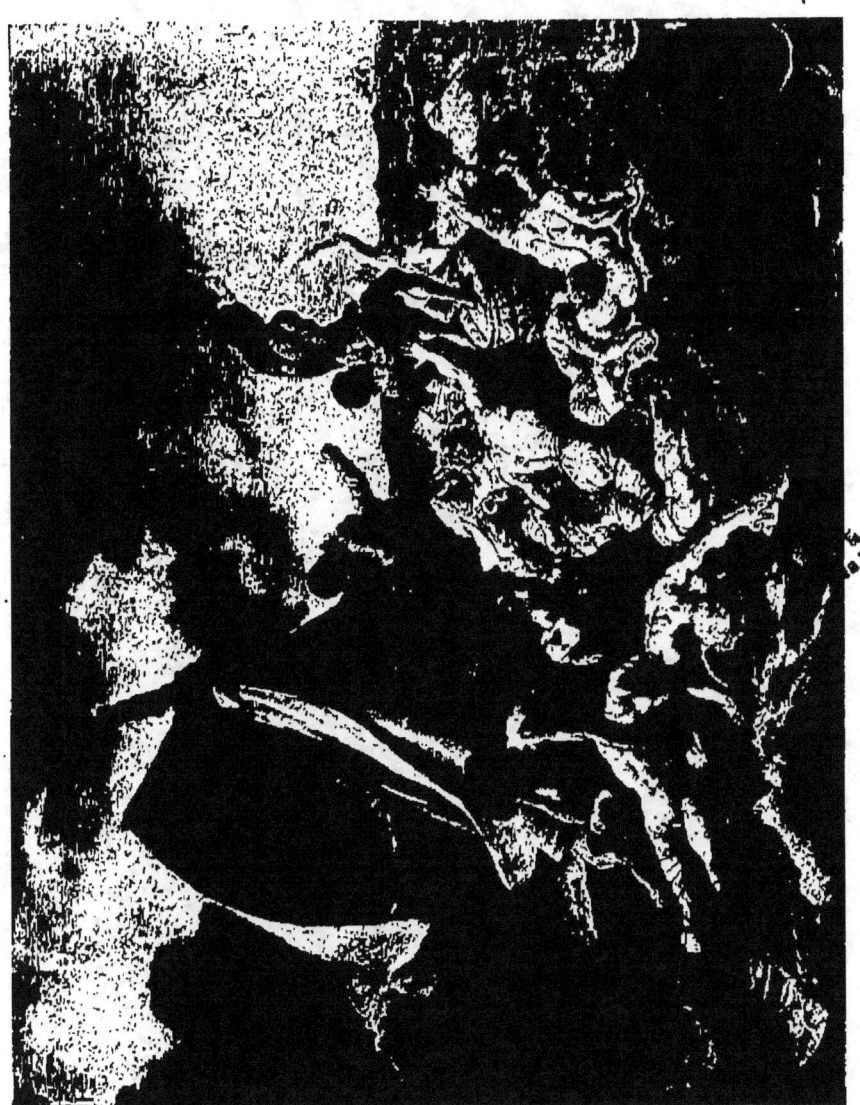

317. — J.-L.-A.-T. Géricault (1791-1824).
Le Radeau de la « Méduse » (esquisse).
(Appartient à M. Moreau-Nélaton).

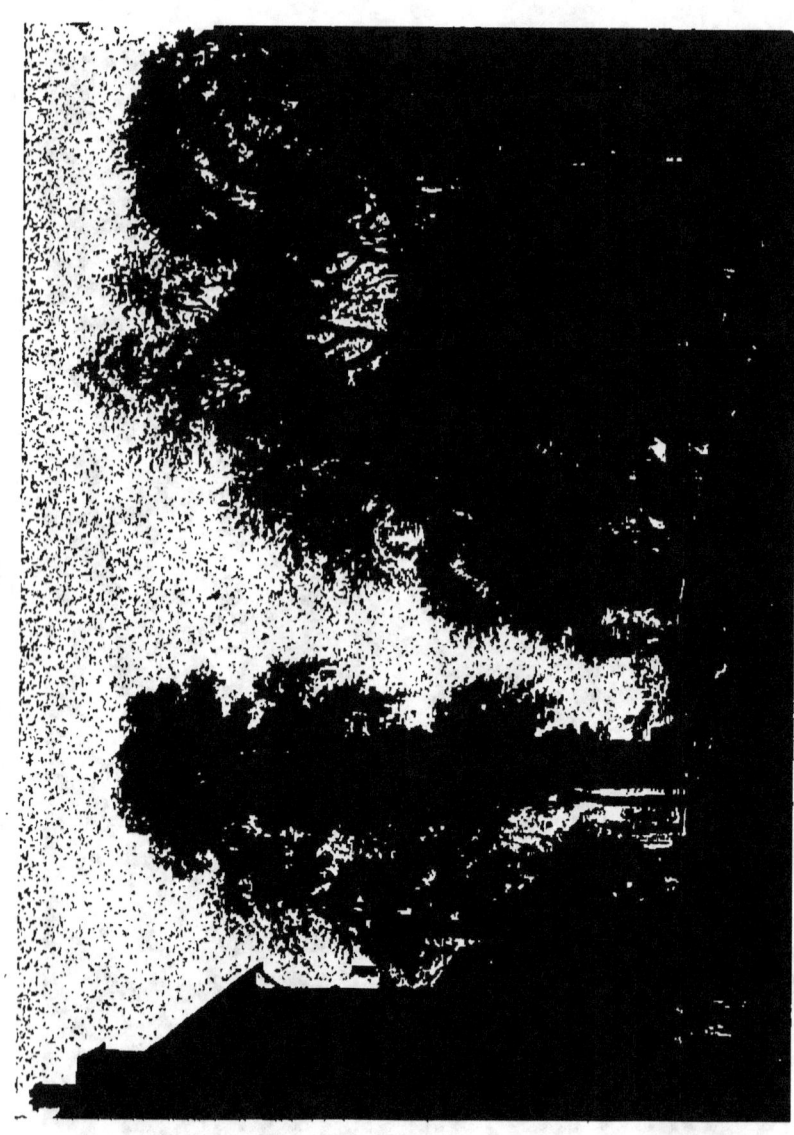

457. — 1. Dagnan (1790-1873).
Vue de Paris prise sur le boulevard Poissonnière, effet du matin.
(Musée du Puy).

2454. — P.-F.-L. FONTAINE (1762-1853).

LOUIS XVIII VISITE L'EXPOSITION DES PRODUITS DE L'INDUSTRIE AU LOUVRE.
(Appartient à M. Gustave Mouzié).

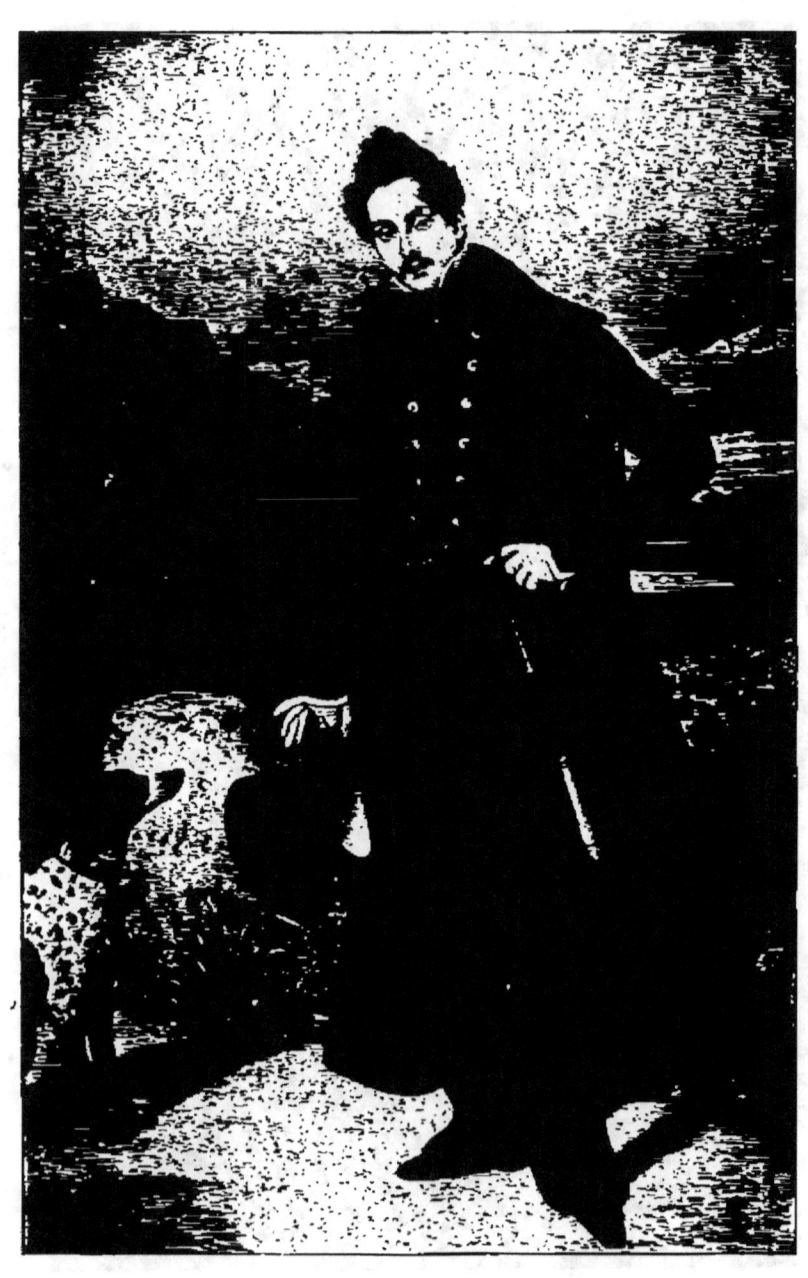

152. — J.-D. COURT (1797-1865).
PORTRAIT DE M. S.
(Appartient à M. Sallandrouze de Lamornaix).

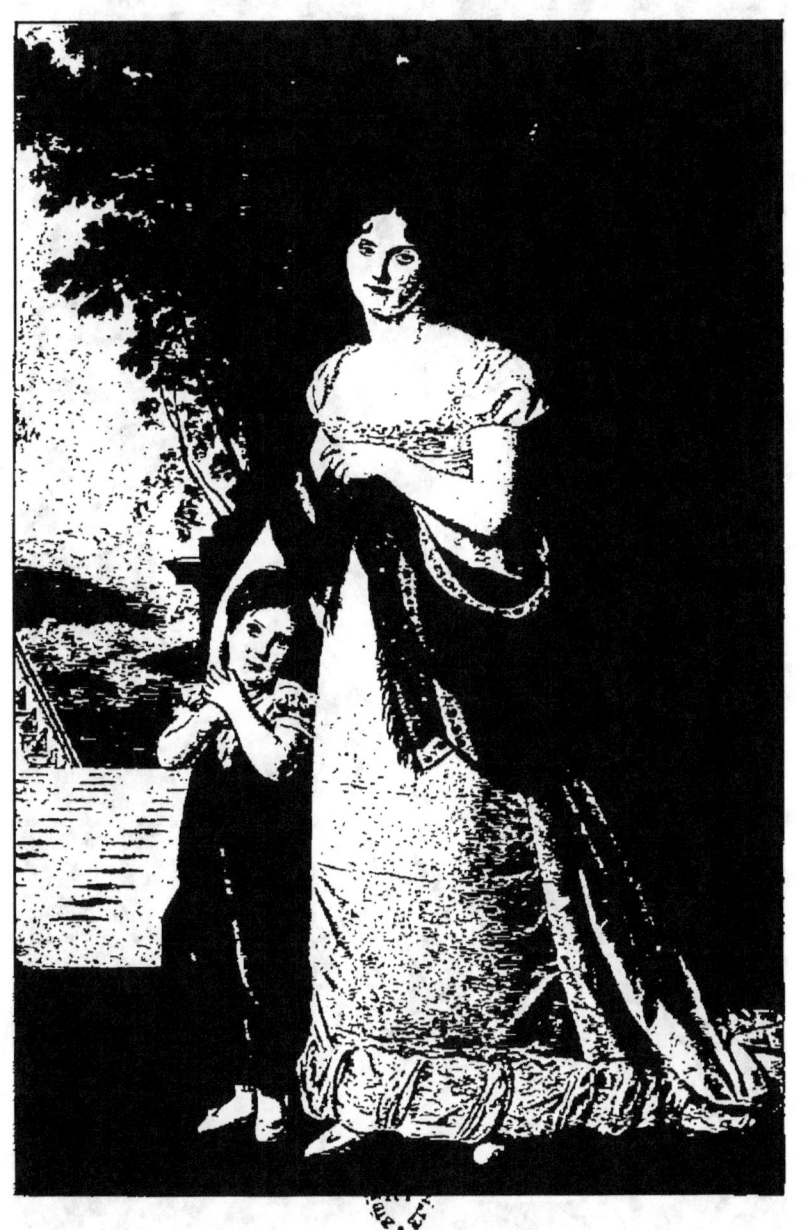

204. — DAVID ET RIESENER.
PORTRAIT DE Mme S. DE L. ET DE SON FILS.
(Appartient à M. Sallandrouze de Lamornaix).

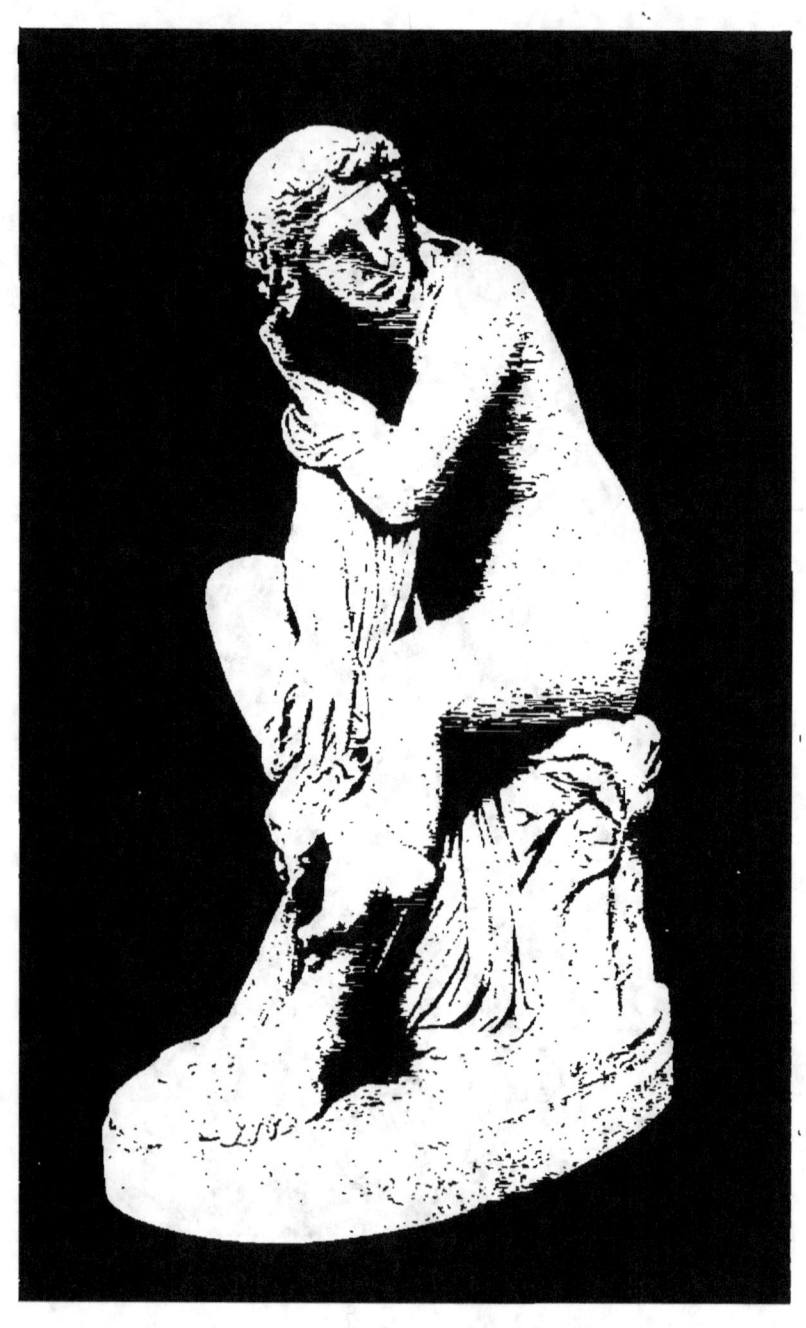

1495. — J.-B. CABET (1815-1876).
Sortie du Bain.
(Appartient à M. Lutz).

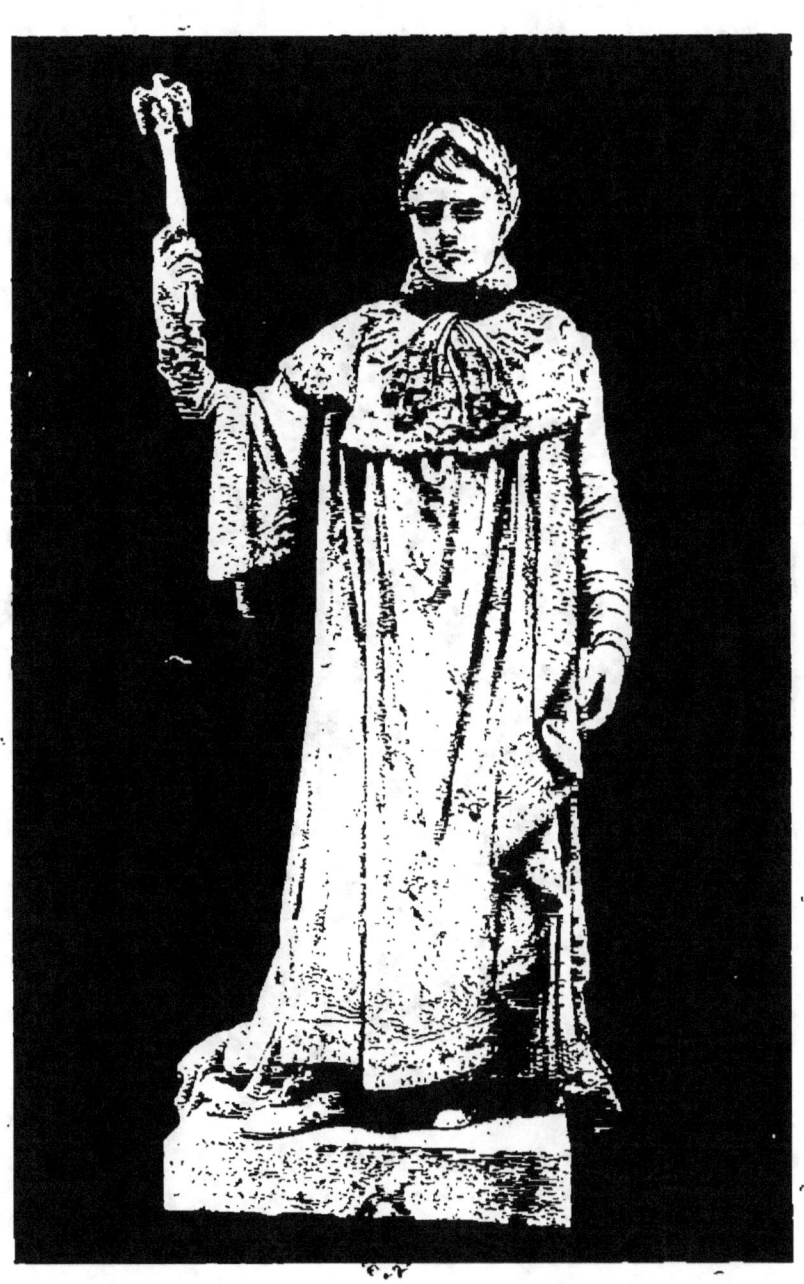

1779. — C. Ramey (1754-1838).
Napoléon Ier, en costume impérial.

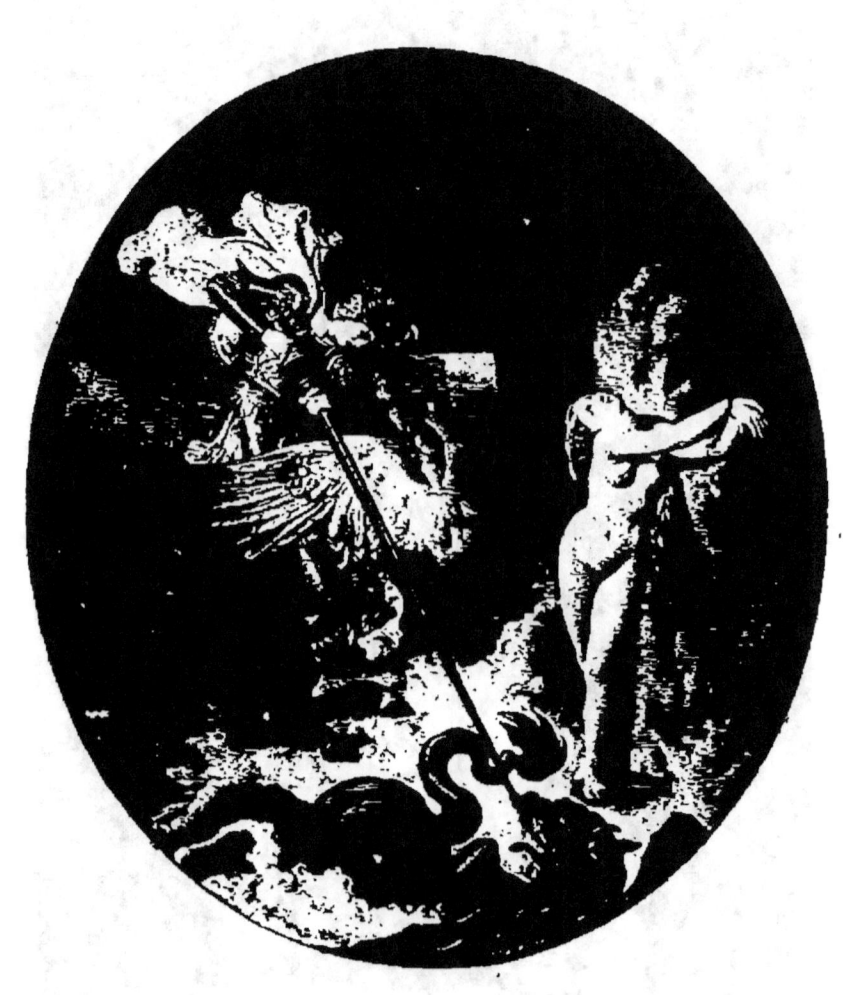

380. — J.-A.-D. INGRES (1780-1867).
ROGER DÉLIVRANT ANGÉLIQUE.
(Musée de Montauban).

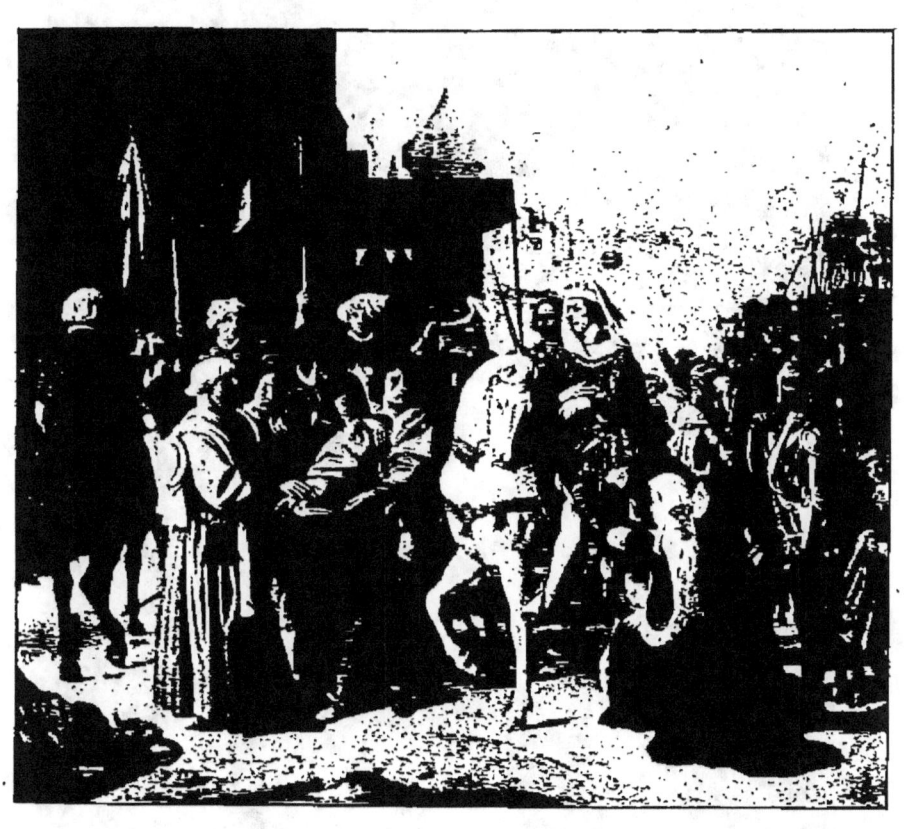

375. — J.-A.-D. INGRES (1780-1867).
CHARLES V, ALORS RÉGENT DU ROYAUME, RENTRE A PARIS APRÈS L'EXPULSION DU DUC DE BOURGOGNE ET REÇOIT LE PRÉVOT ET LES ÉCHEVINS DE PARIS, QUE JEAN PASTORET ET JEAN MAILLART LUI PRÉSENTENT.

(Appartient à M. Bessonneau).

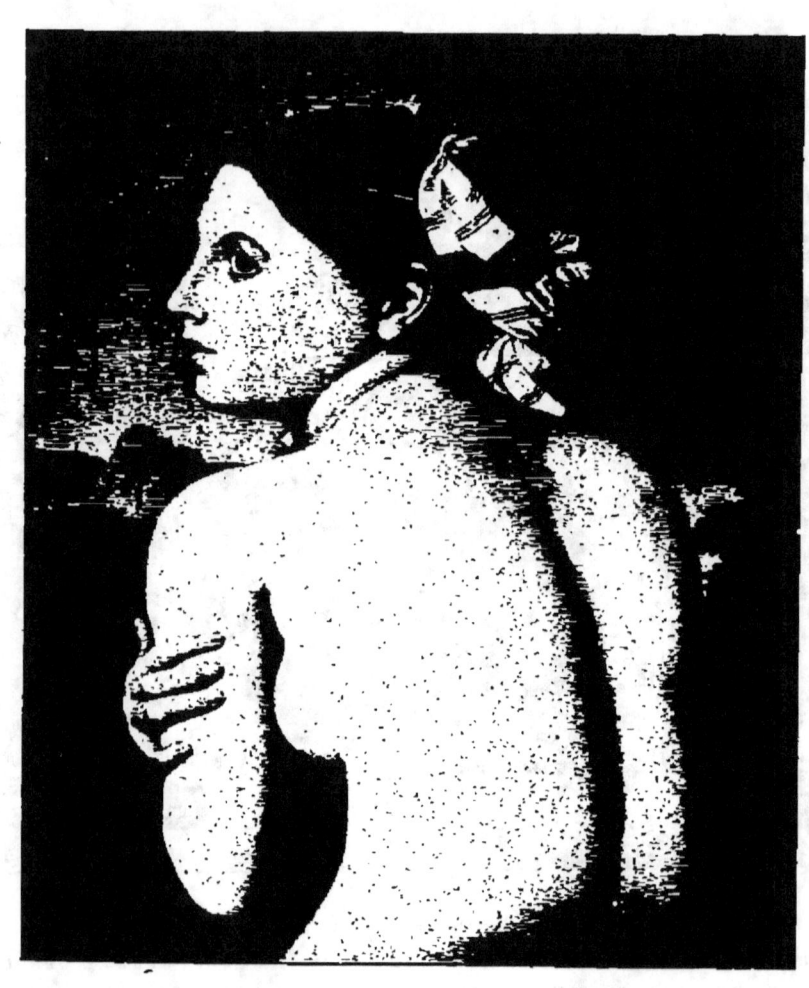

371. — J.-A.-D. INGRES (1780-1867).
BAIGNEUSE ASSISE, VUE DE DOS.
(Appartient à M. Bonnat).

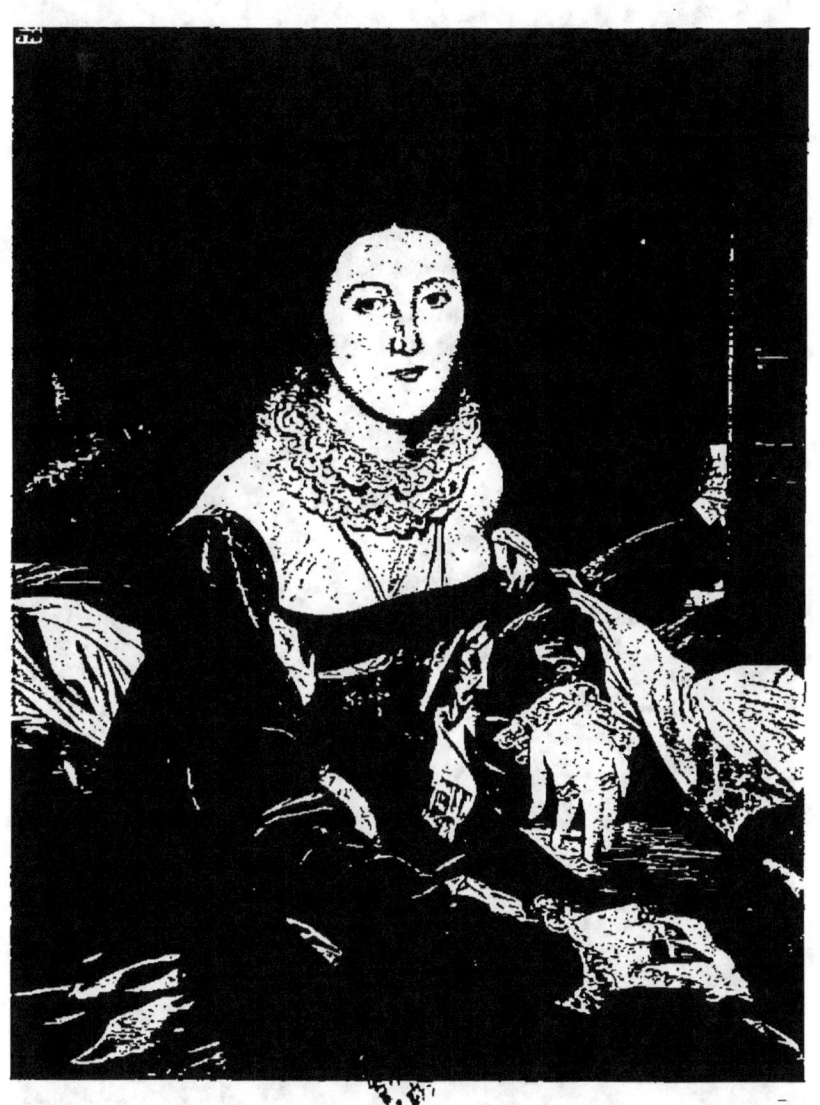

367. — J.-A.-D. INGRES (1780-1867).
PORTRAIT DE Mme DE SENONES.
(Musée de Nantes).

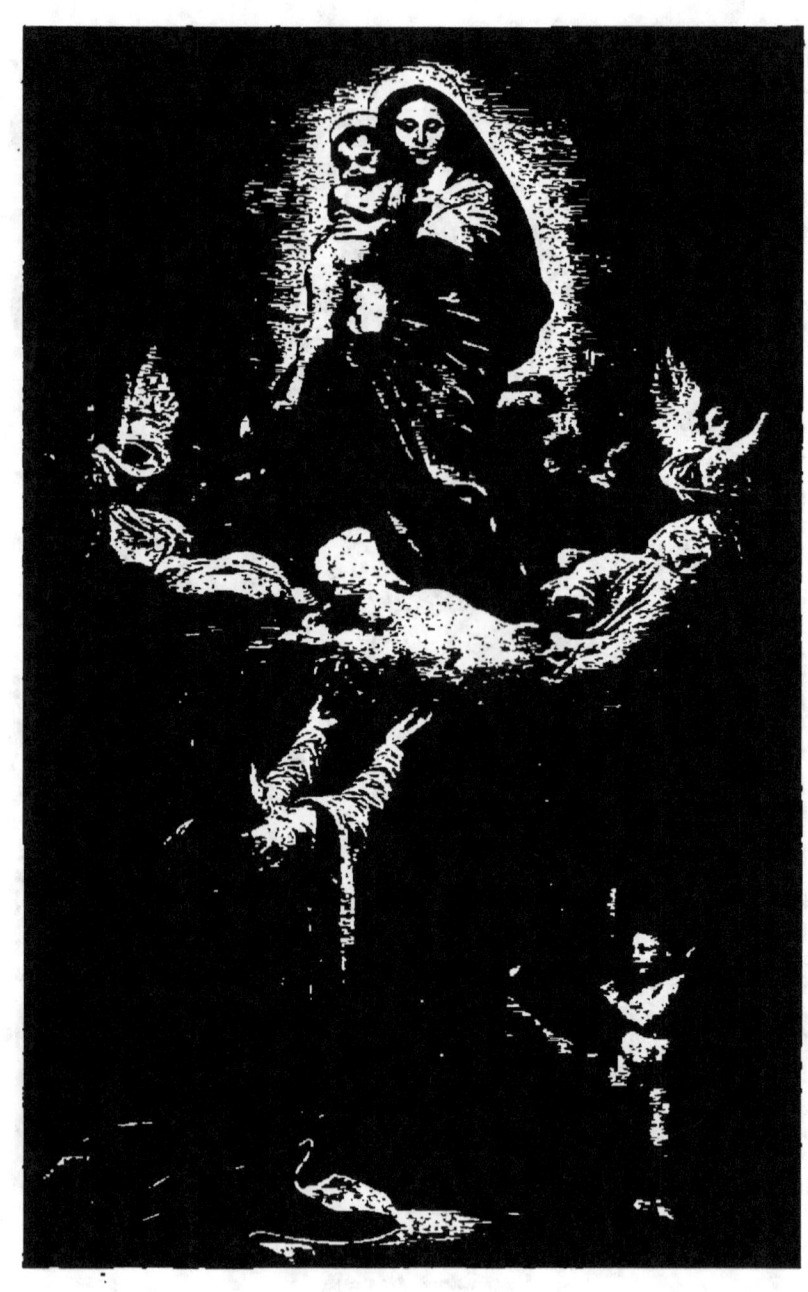

376. — J.-A.-D. INGRES (1780-1867).
LE VŒU DE LOUIS XIII.
(Cathédrale de Montauban).

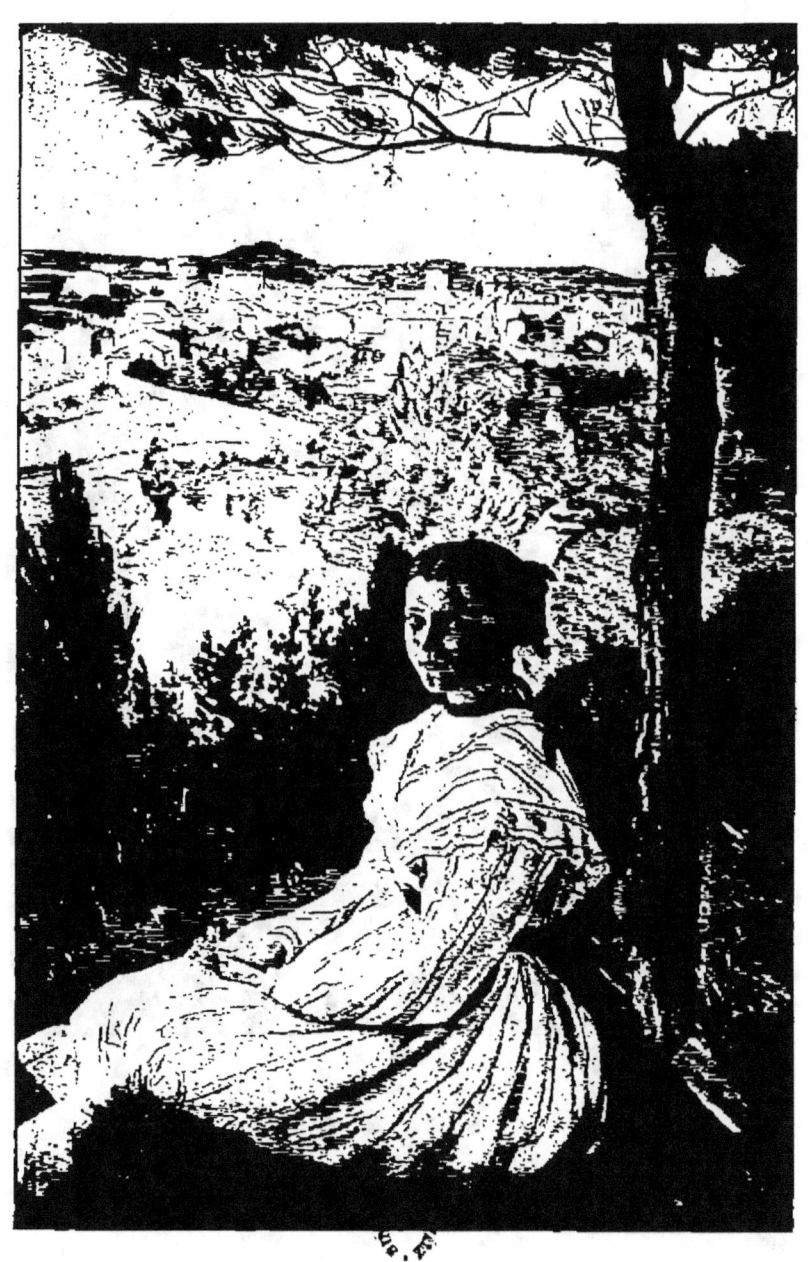

22. — F. BAZILLE (1841-1870).
FEMME ASSISE AU PIED D'UN ARBRE.
(Musée de Montpellier).

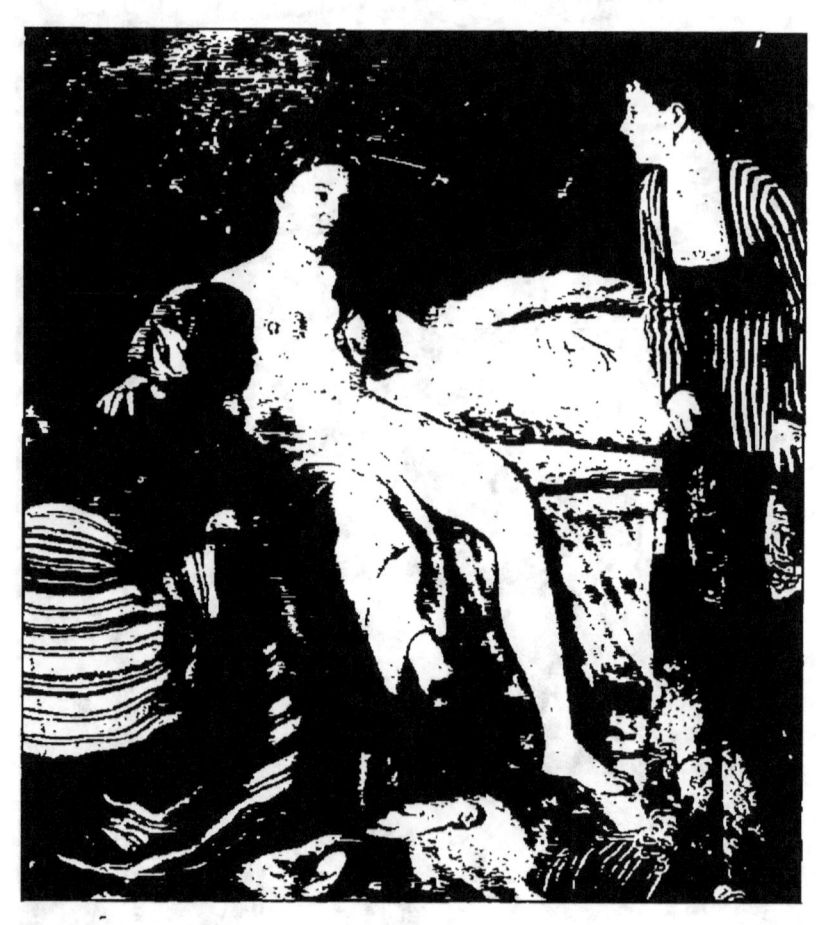

23. — F. BAZILLE (1841-1870).
LA SORTIE DU BAIN.
(Appartient à Mme Gaston Bazille).

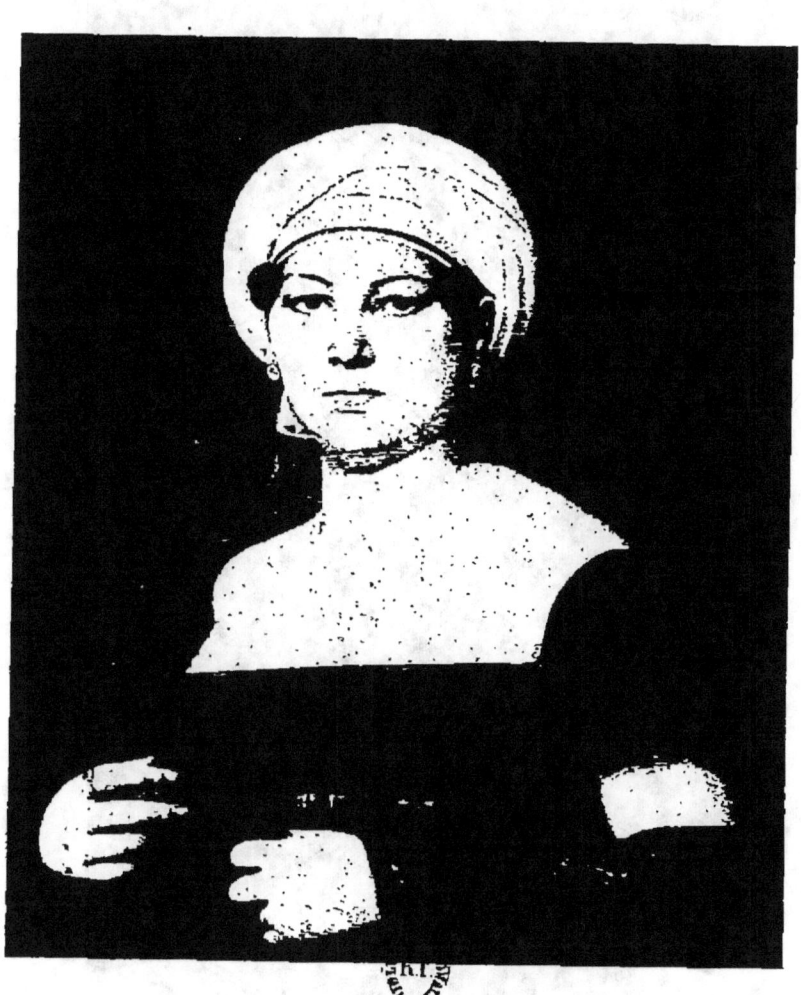

332. — J.-P. Granger (1779-1840).
Portrait de Mme Granger.
(Appartient à M. Paul Meurice).

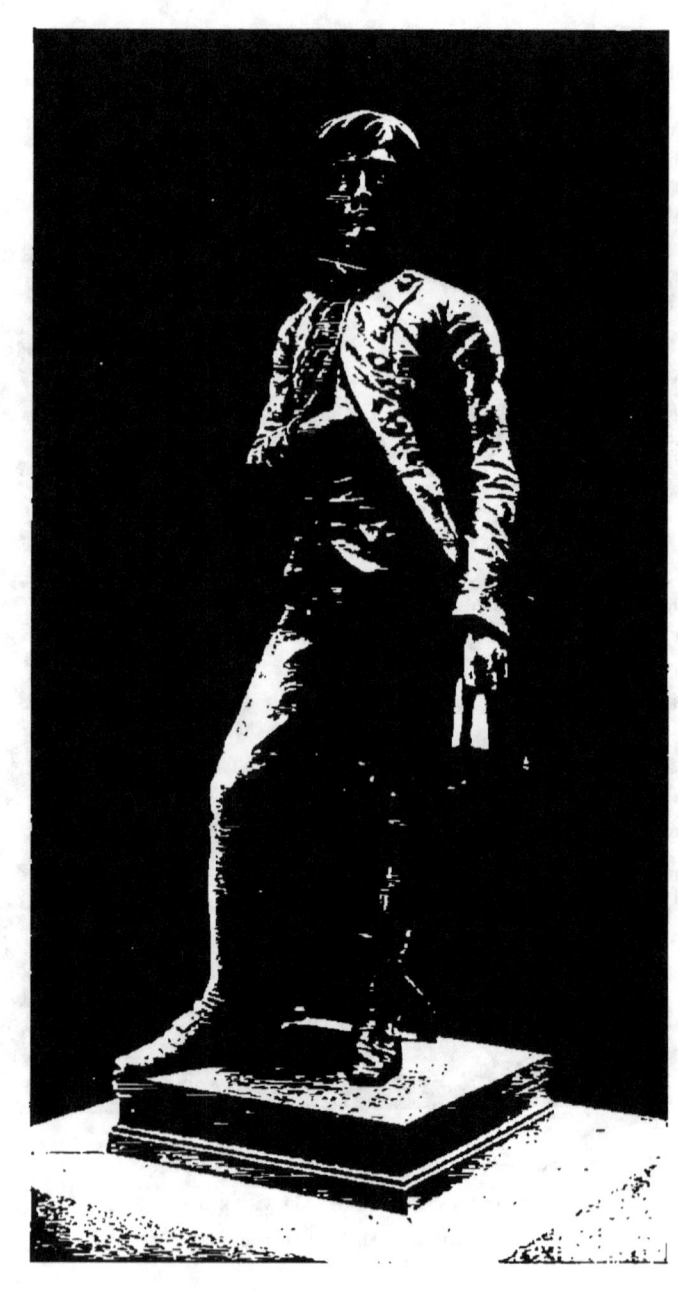

1789. — L.-E. ROCHET (1813-1878).
NAPOLÉON BONAPARTE, ÉCOLIER DE BRIENNE.
(Musée de Versailles).

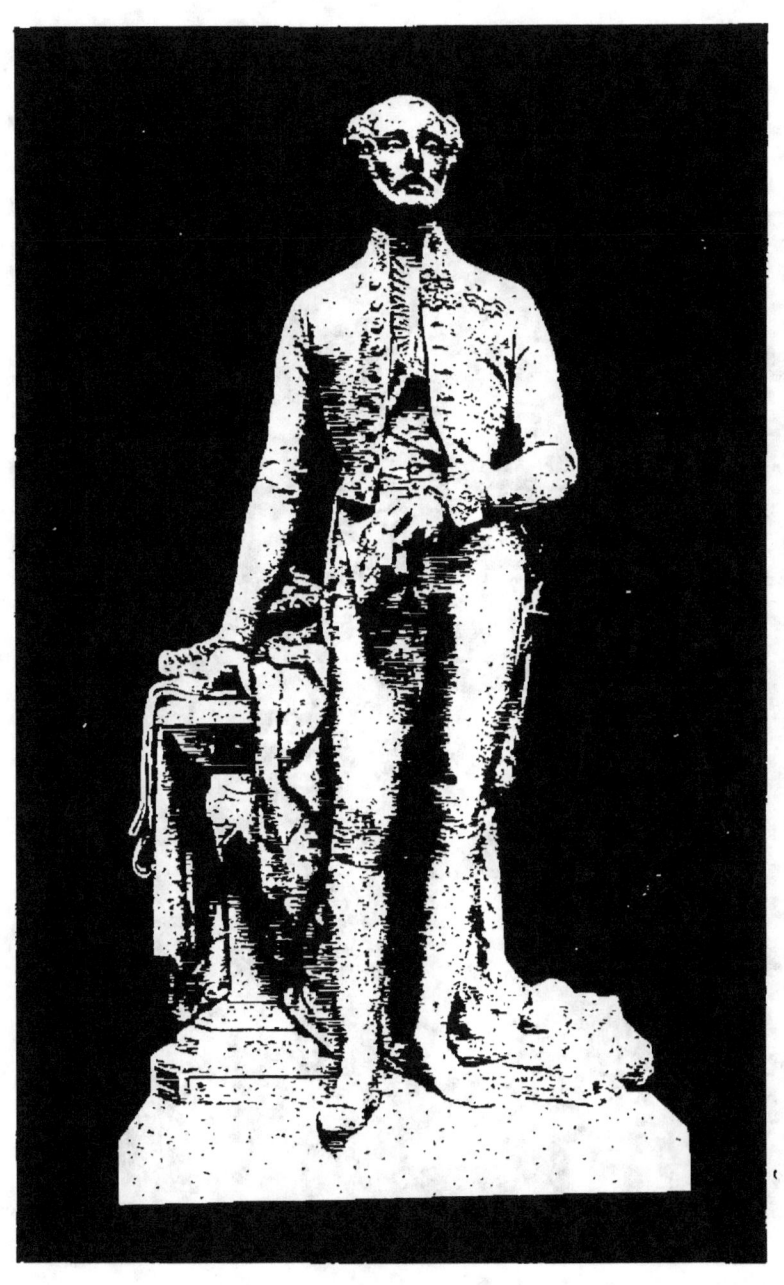

1698. — L. JALEY (1802-1866).
LE DUC D'ORLÉANS.

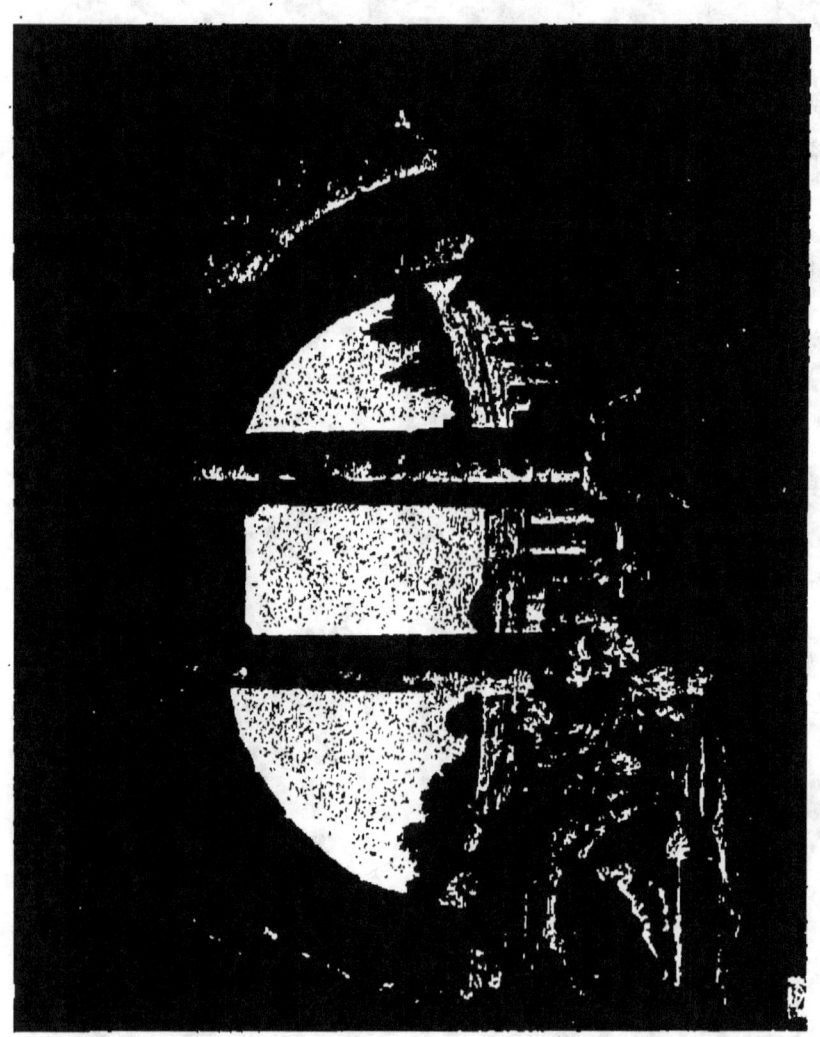

577. — Hubert Robert (1733-1808).
L'Arrivée des Pêcheurs.
(Musée de Narbonne).

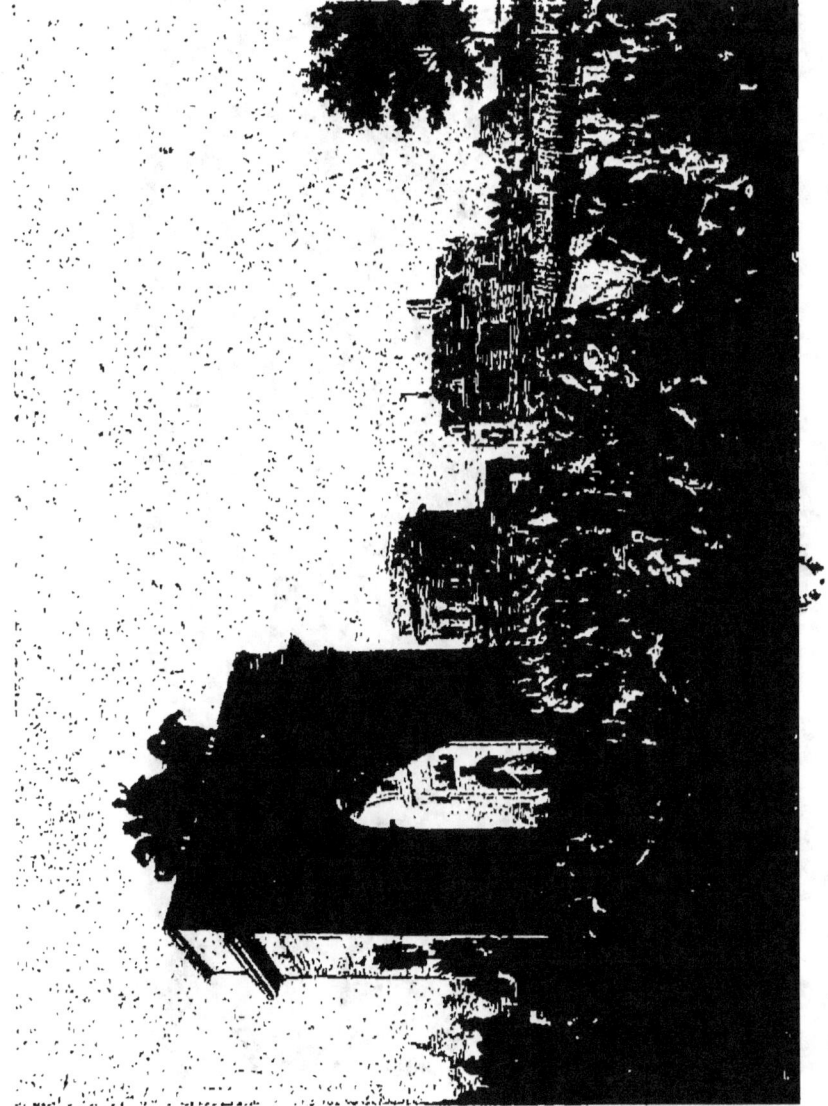

634. — N.-A Taunay (1755-1830).

Entrée de la garde impériale à Paris, après la campagne de Prusse, le 25 novembre 1807.

(Musée de Versailles).

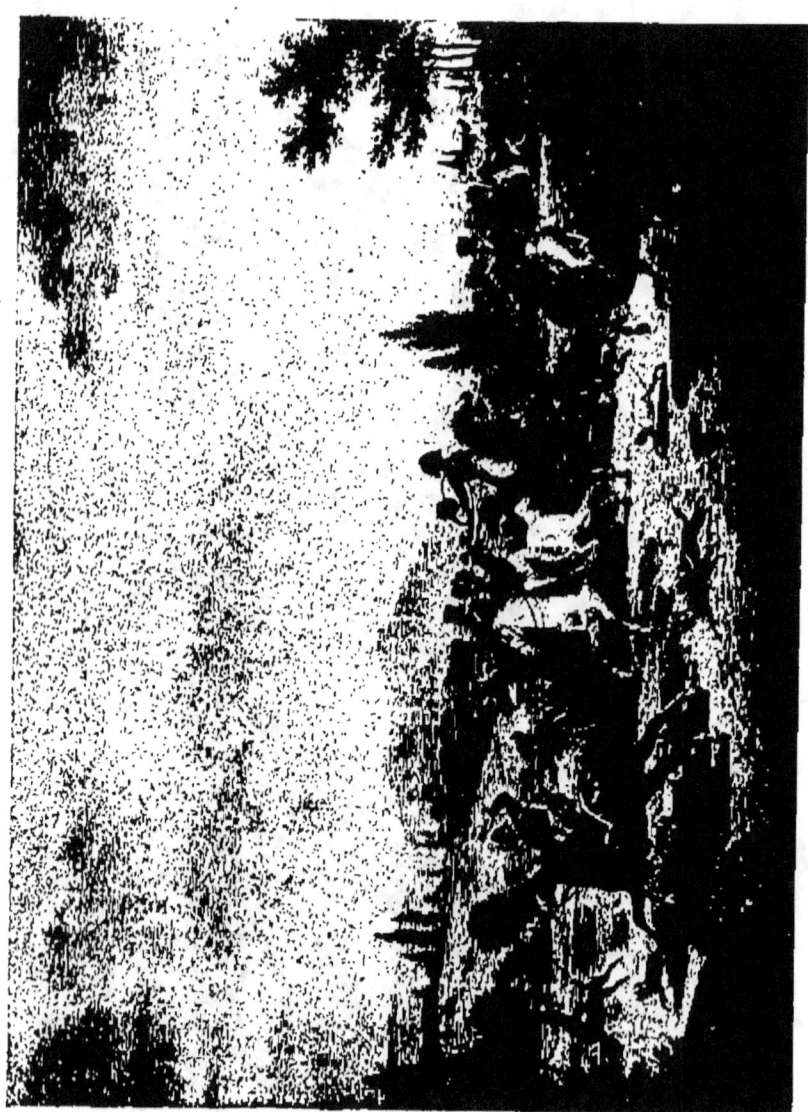

623. — J.-F.-J. Swebach (1769-1823).
Chasse au Cerf (1822).
(Musée de Marseille).

624. — L.-F.-J. SWEBACH (1769-1823).
CAVALCADE ET PROMENADE EN CALÈCHE.
(Musée de Montpellier.)

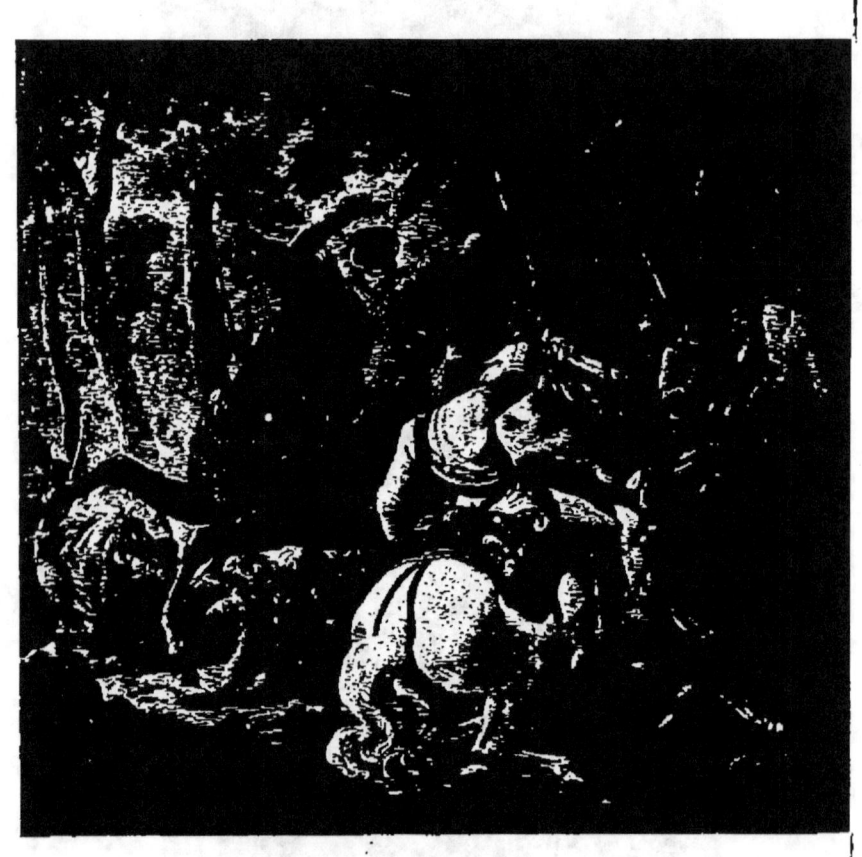

622. — J.-F.-J. SWEBACH (1769-1823).
ESCARMOUCHE DANS UN BOIS
(Musée de Dijon).

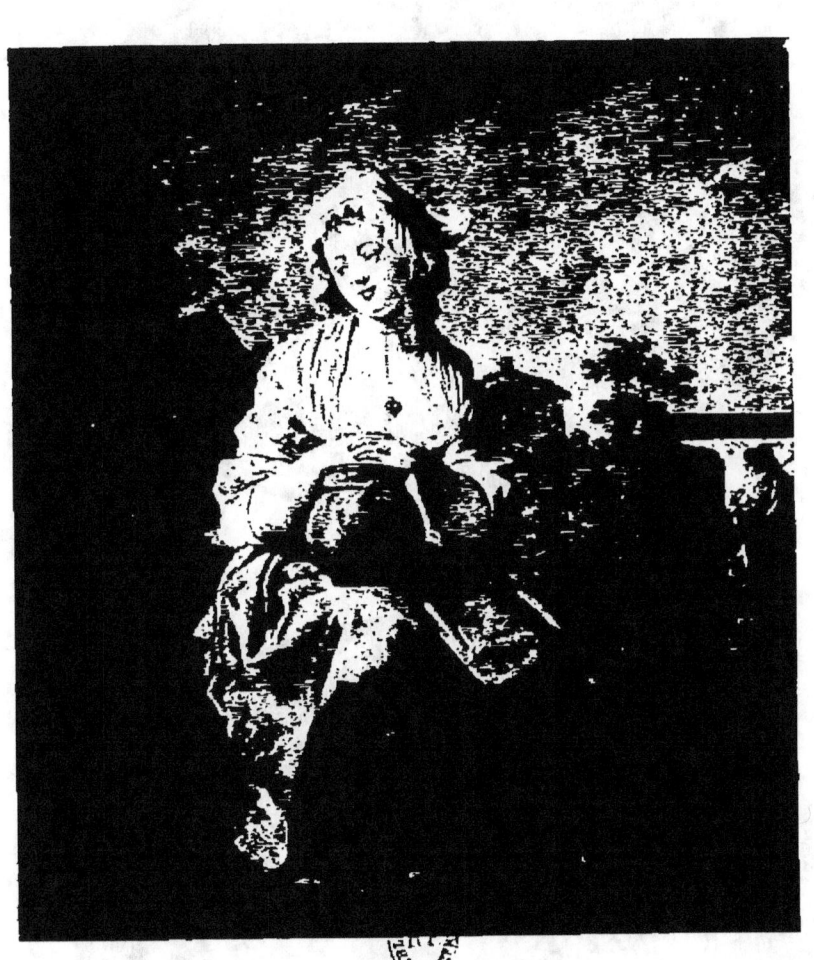

253. — M. Drölling (1752-1817).
Une Laitière.
(Musée du Puy).

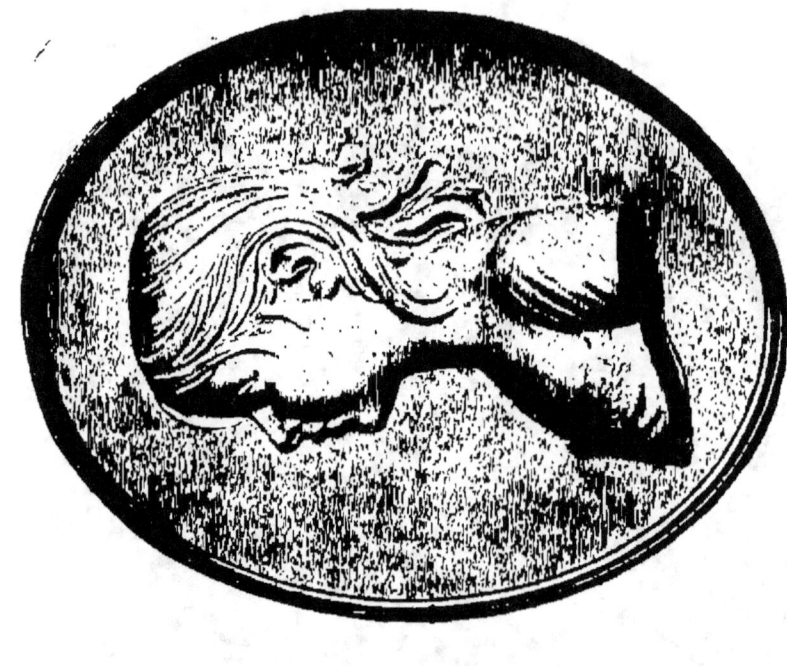
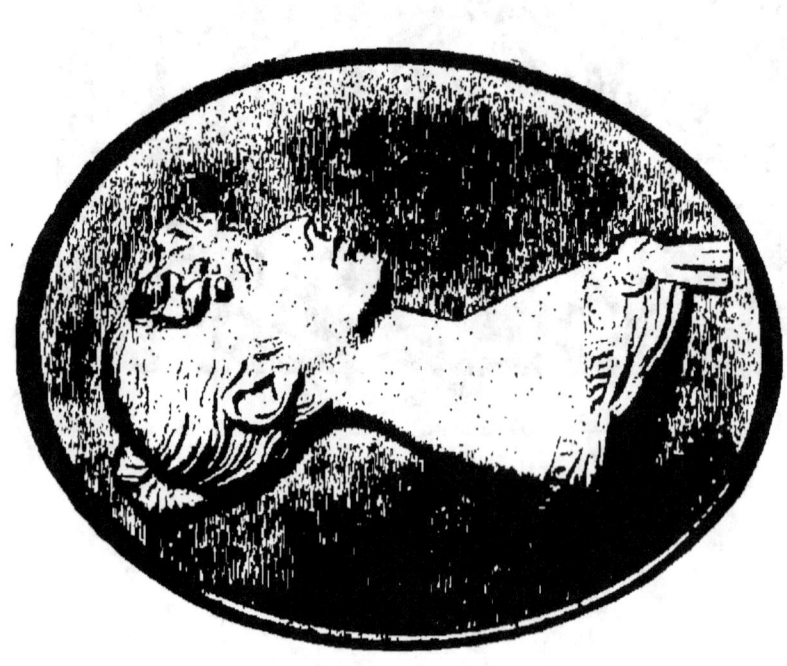

J. Chinard (1756-1813).
Portraits de Mme Gaulbrée-Boilleau.

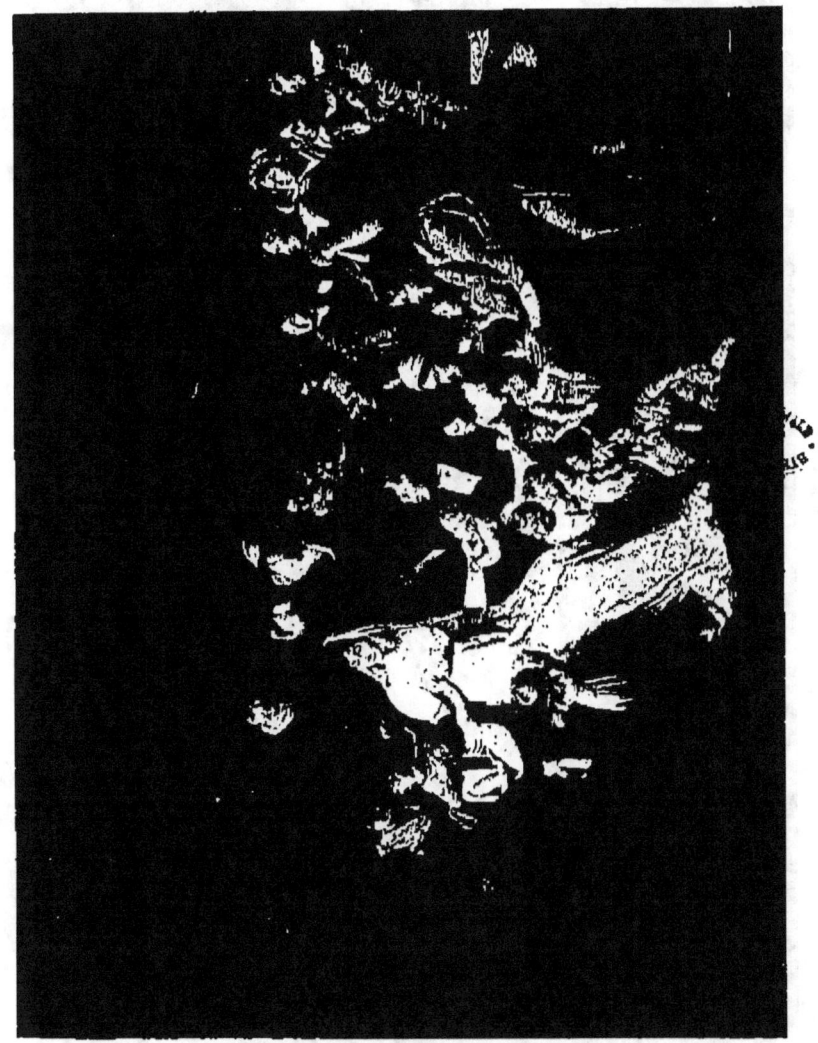

393. — C.-N.R. Lafond (1774-1835).
L'Impératrice Joséphine entourée des enfants dont elle a secouru les mères.
(Musée de Dunkerque).

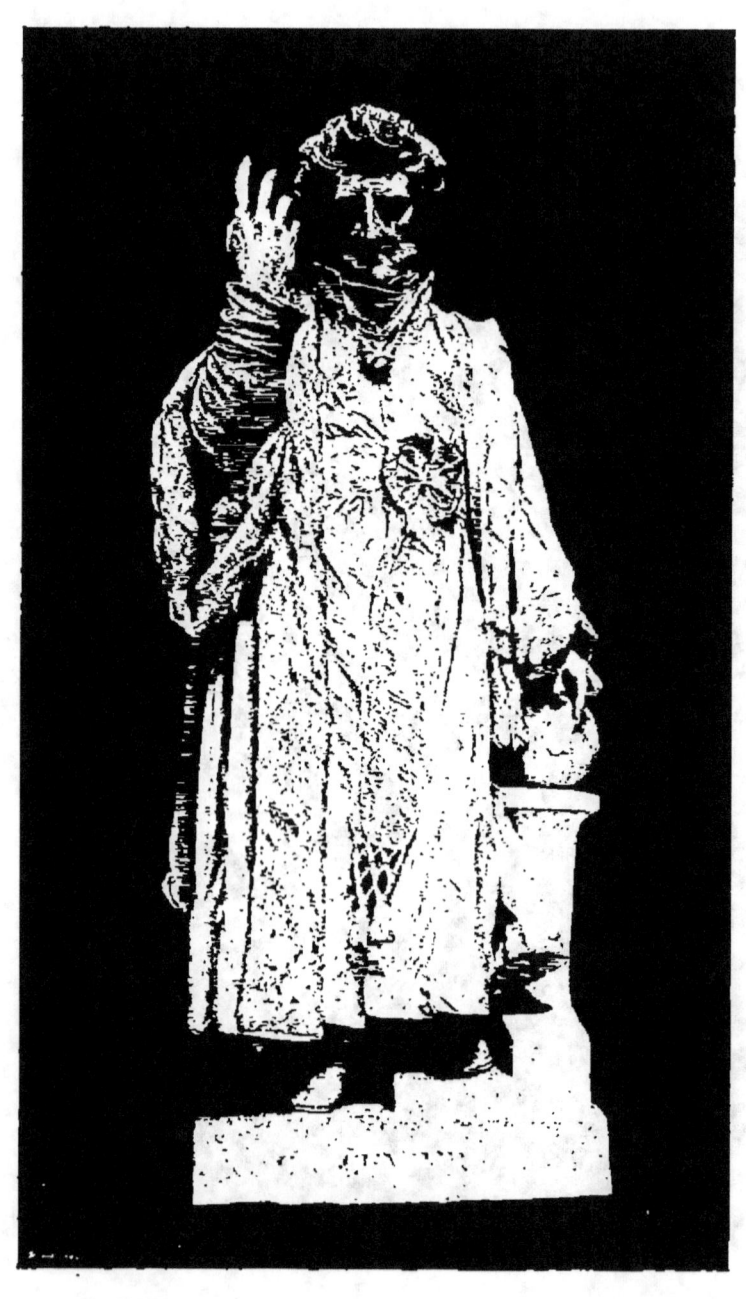

1600. — P.-J. David d'Angers (1789-1856).
G. Cuvier.
(Musée d'Angers).

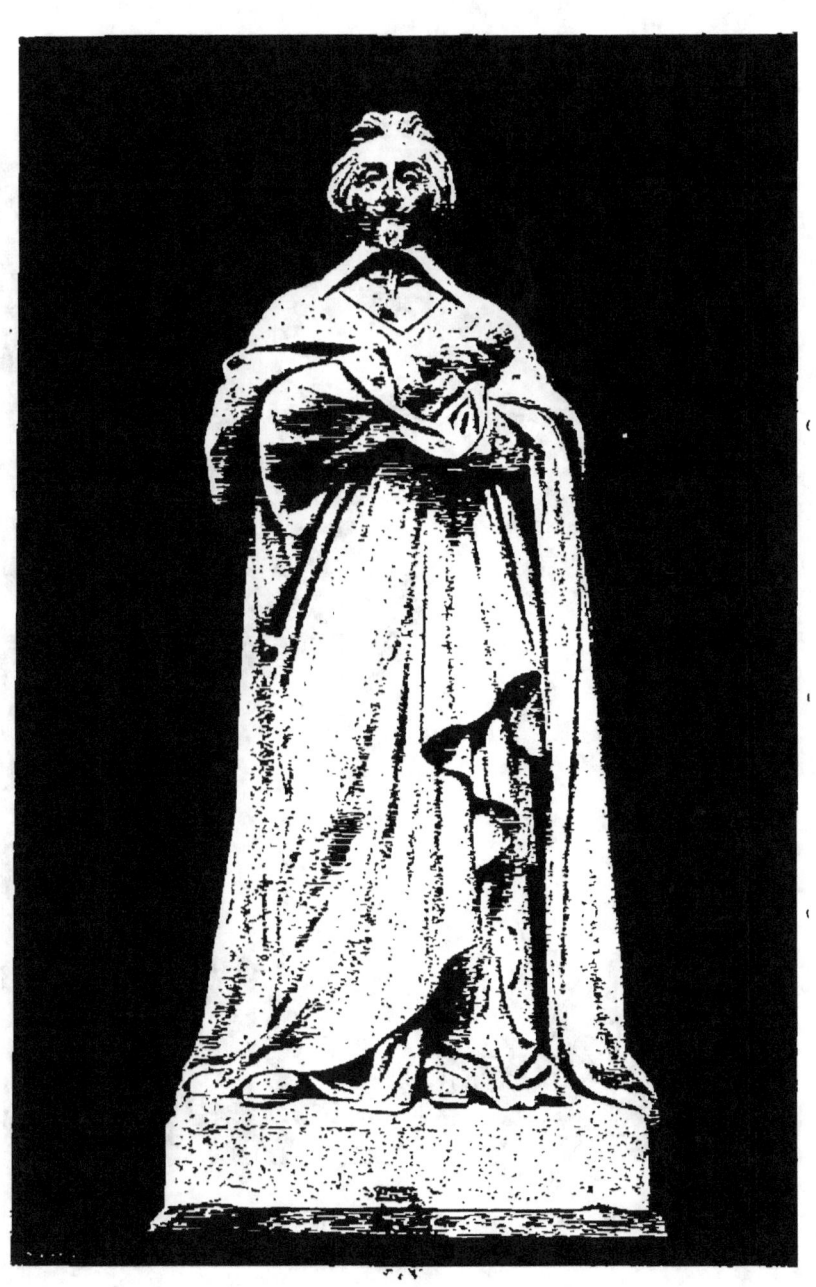

1636. — F.-J. Duret (1804-1865).
Le cardinal de Richelieu.
(Musée de Versailles).

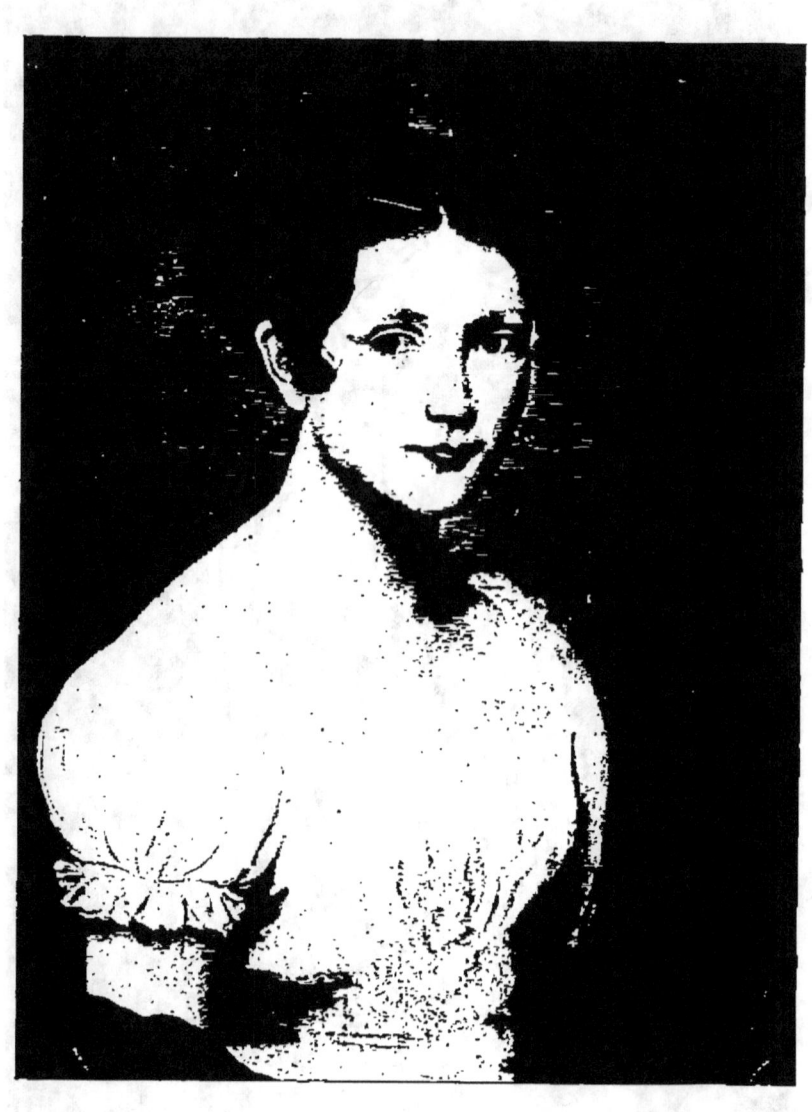

404. — E. DE LARIVIÈRE (1800-1823).
PORTRAIT DE SA SŒUR PAMÉLA.
(Appartient à M. Maignan.)

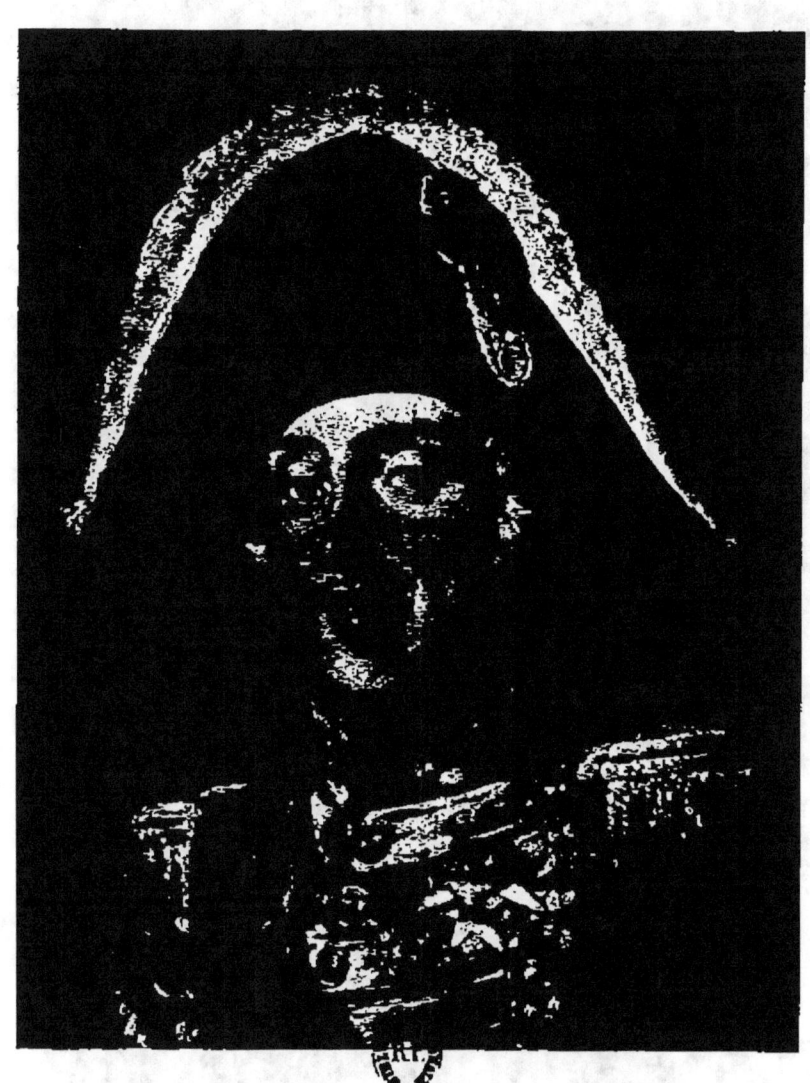

654. — E.-J. HORACE VERNET (1789-1863).
PORTRAIT EN BUSTE DE CHARLES X.
(Musée de Dunkerque).

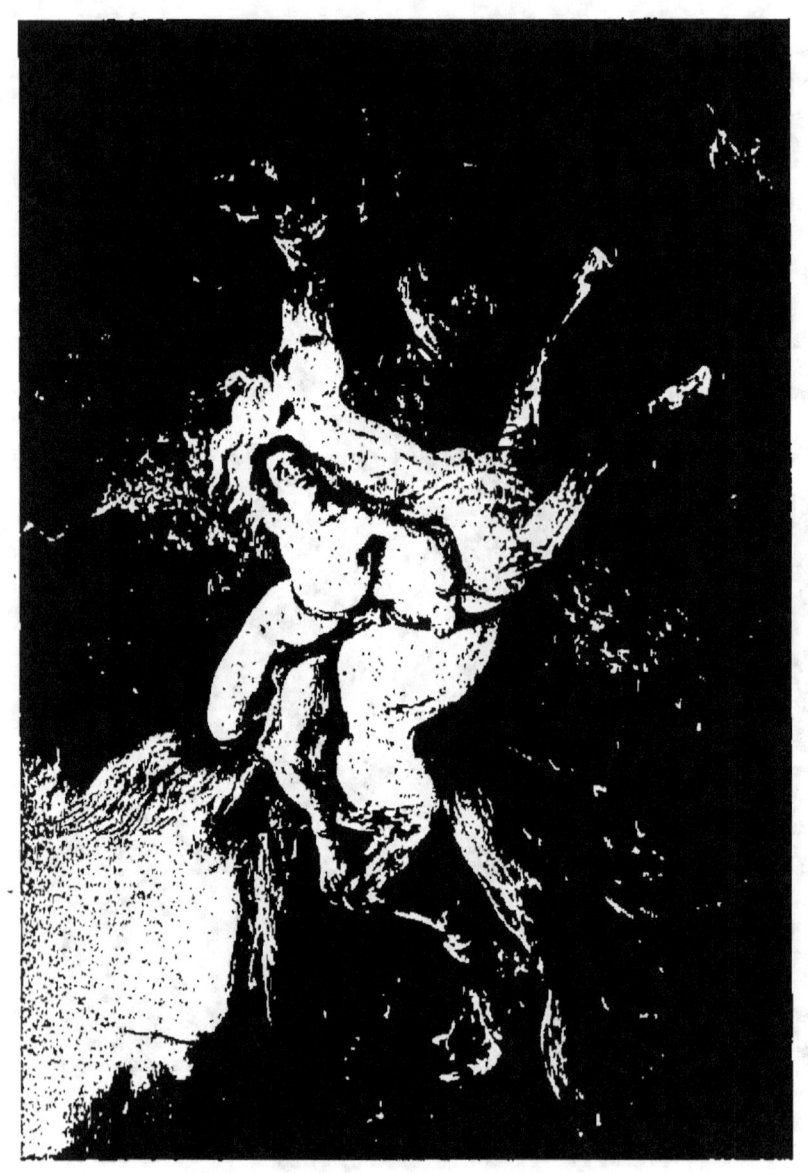

653. — E.-J. Horace Vernet (1789-1863)
Mazeppa aux loups.
(Musée d'Avignon).

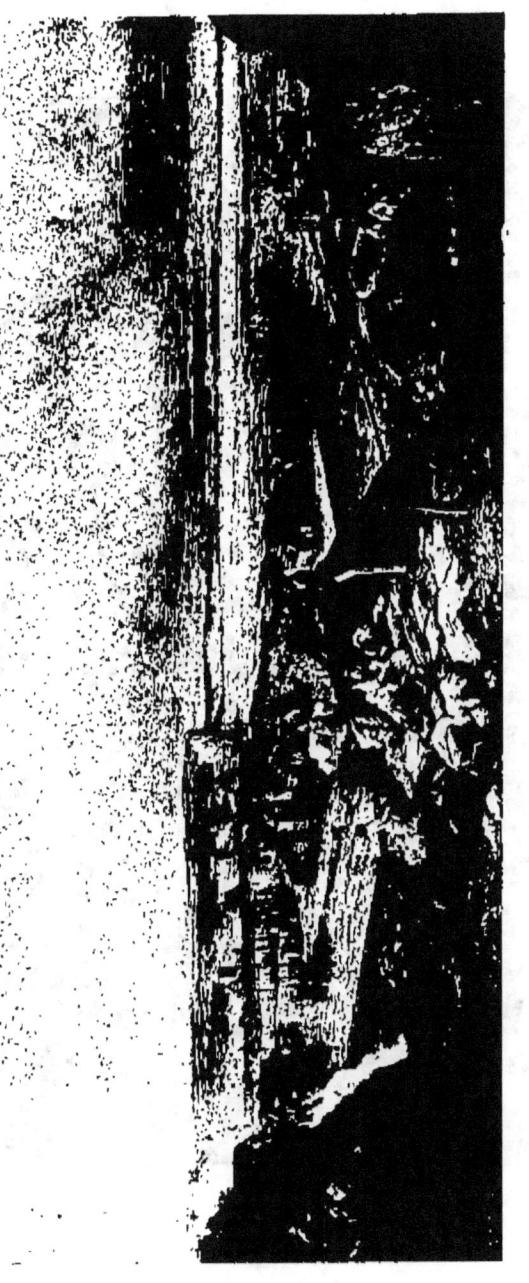

383. — L.-G.-E. ISABEY (1804-1886).
LE PORT DE DIEPPE.
(Musée de Nancy).

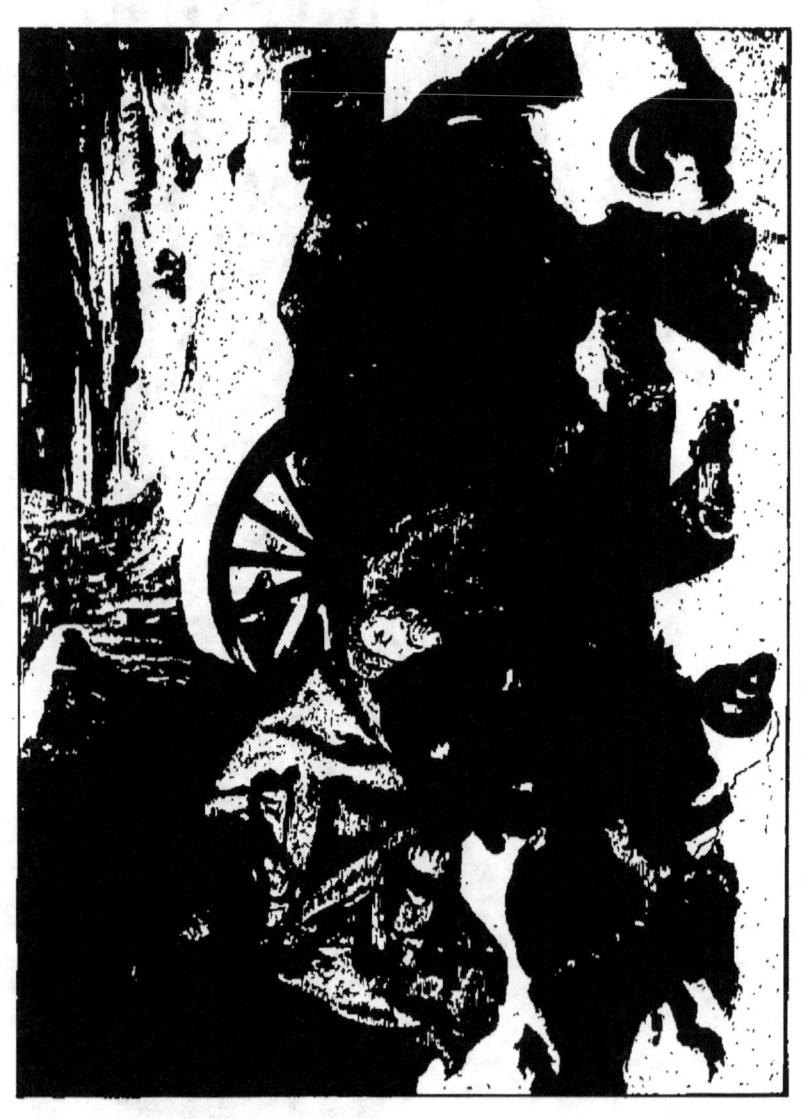

42. — J.-F. Boissard de Boisdenier (1813-1866).
Épisode de la Retraite de Moscou.
(Musée de Rouen).

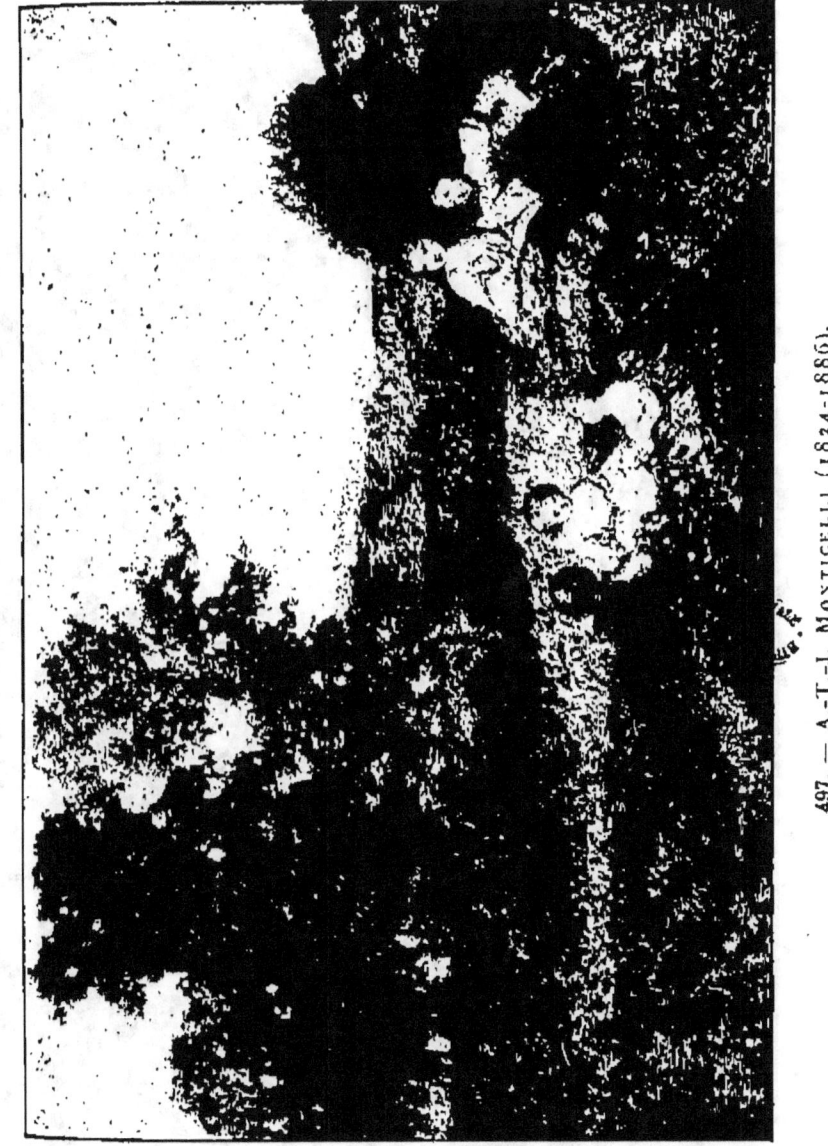

497. — A.-T.-J. Monticelli (1824-1886).
Paysage.
(Appartient à M. Halivand).

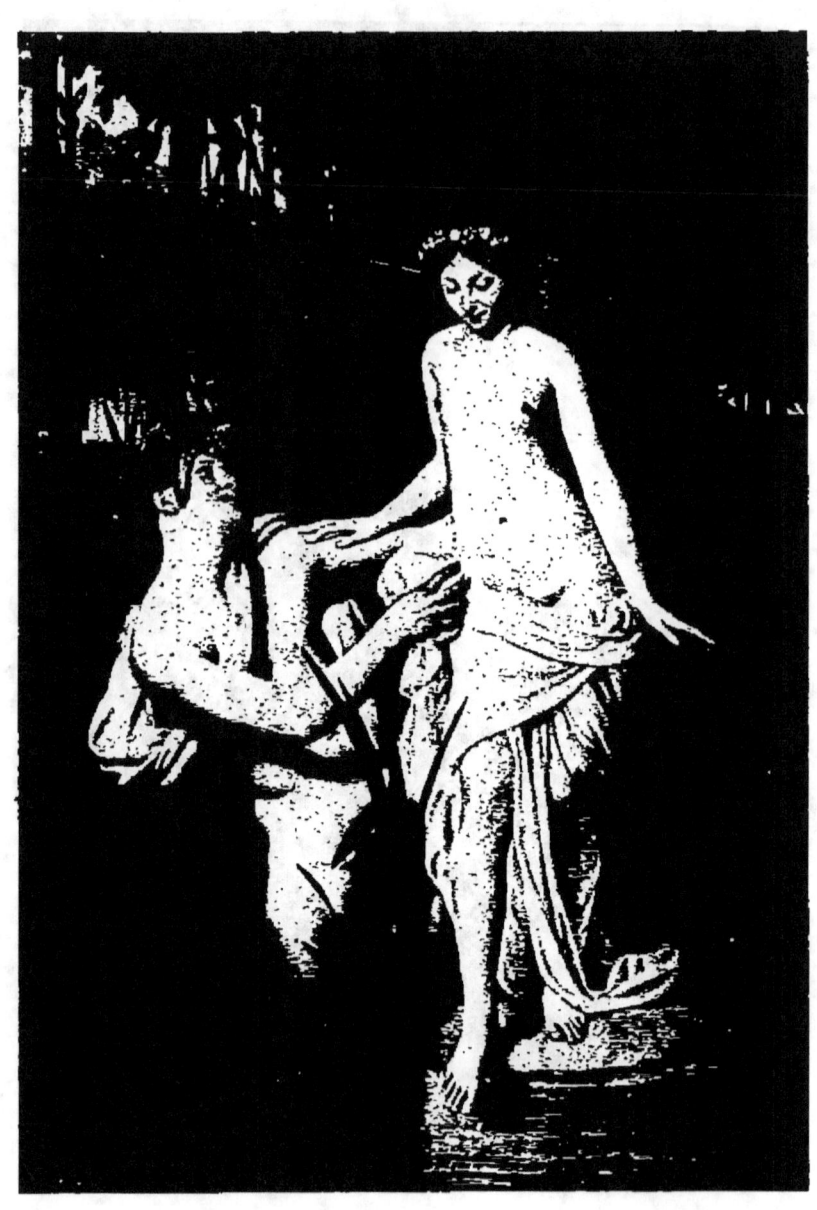

150. — J.-D. COURT (1797-1865).
UNE JEUNE FILLE VENANT TROUVER LE FLEUVE SCAMANDRE.
(Musée d'Alençon).

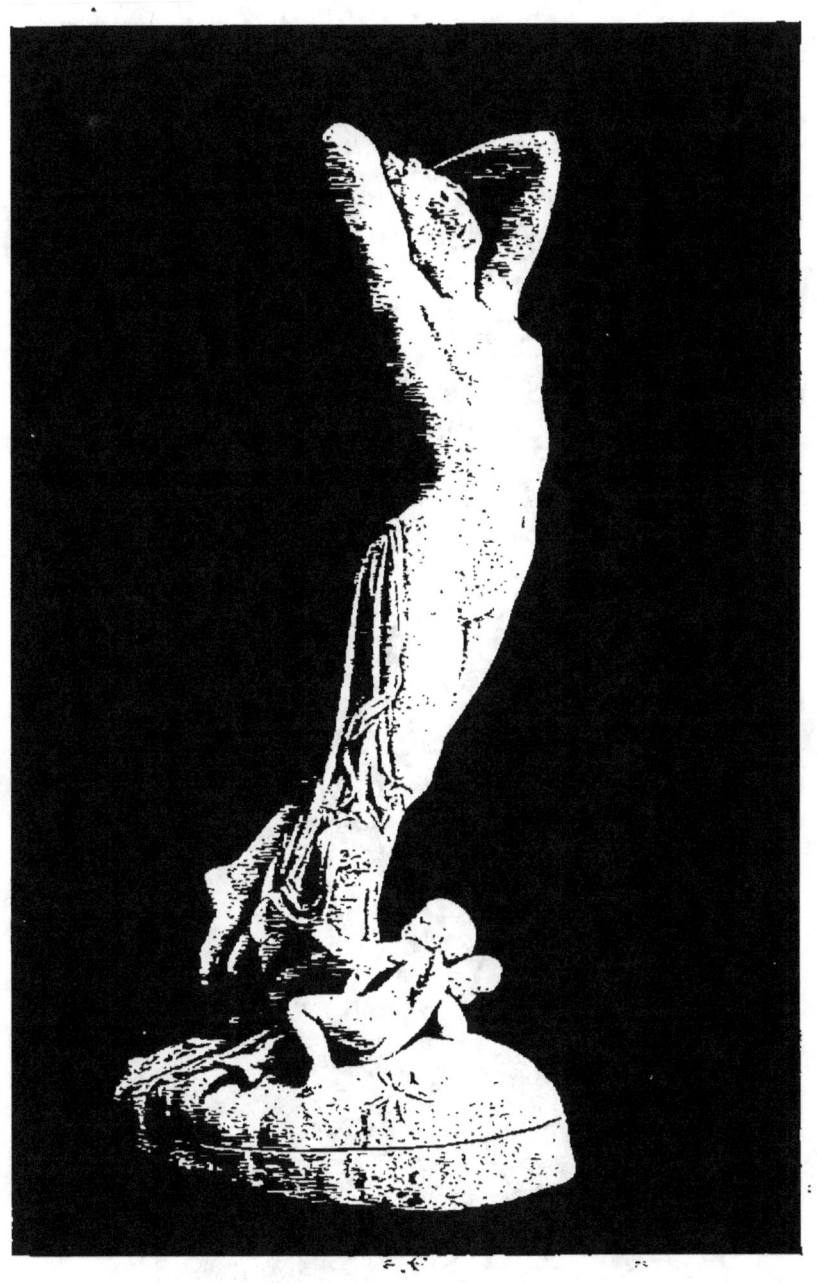

1763. — J.-M.-A. Pollet (1814-1870).
Une Heure de la nuit.
(Palais de Compiègne).

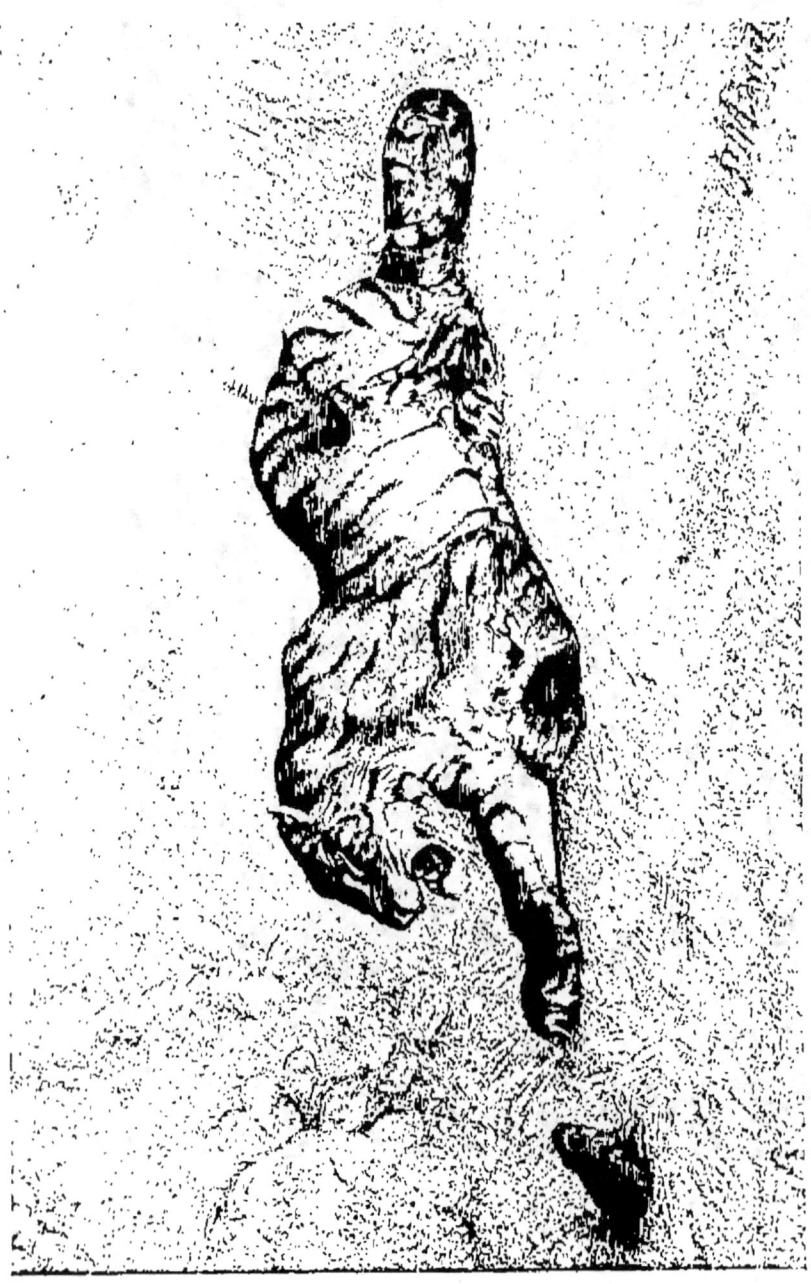

4316 bis. — C.-E. Carin Saint-Marcel (1819-1890).
Le Tigre a la Grenouille.

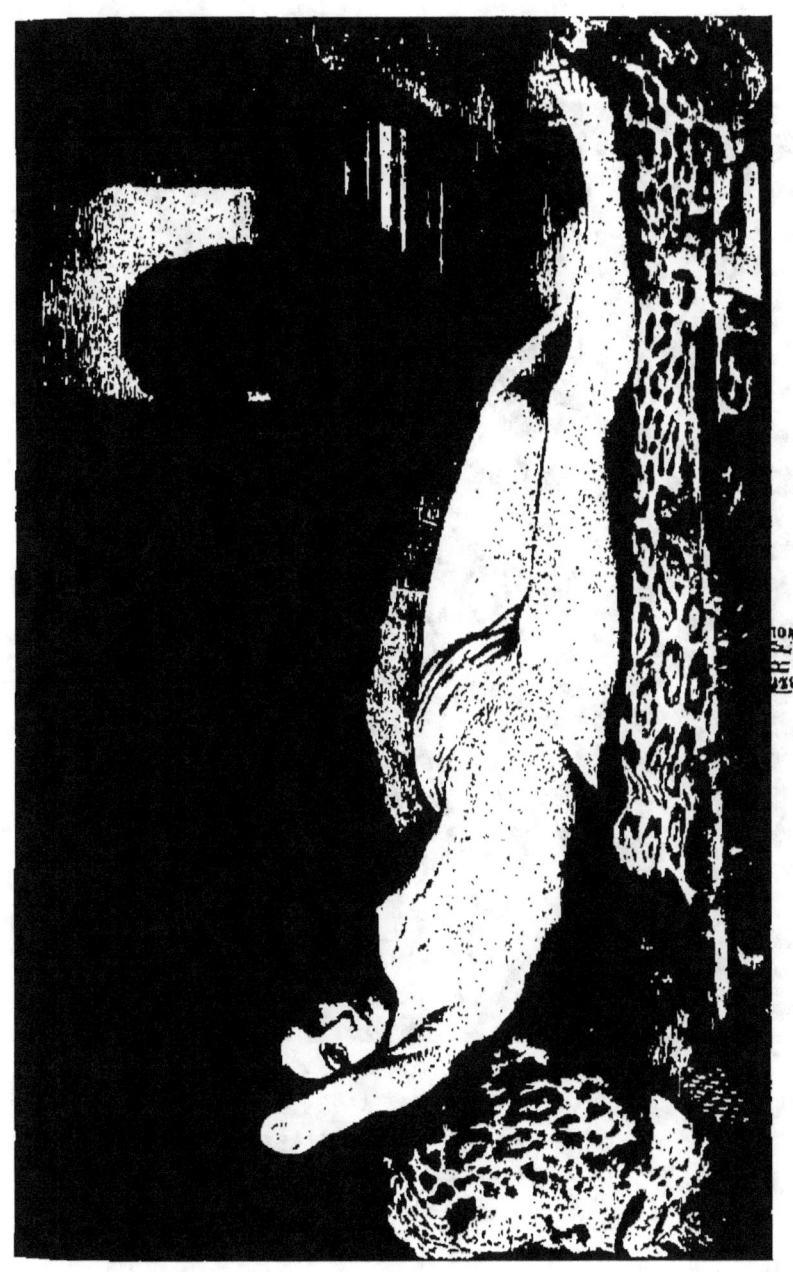

640. — F. TRUTAT (1824-1848).
FEMME NUE.
(Appartient à M. Gaston Jolyet).

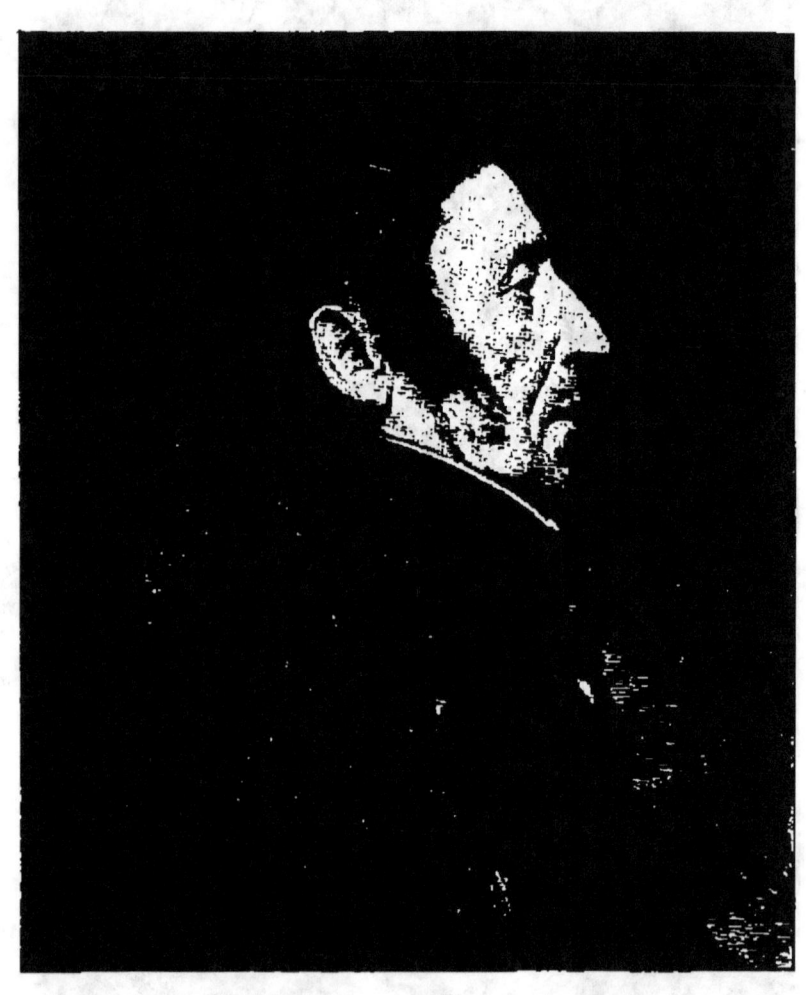

641. — F. TRUTAT (1824-1848).
PORTRAIT DU PÈRE DE L'ARTISTE.
(Appartient à M. Benigne Guillot).

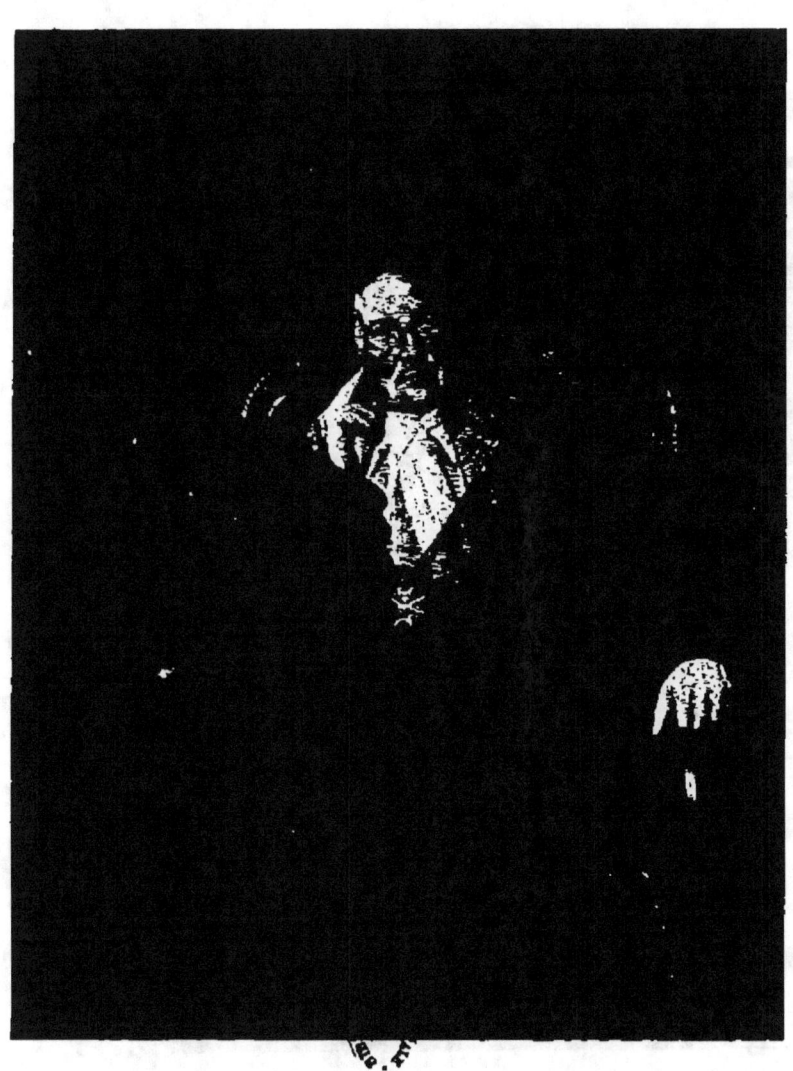

230. — P. Delaroche (1797-1856).
C.-E. Joseph-Pierre, marquis de Pastoret,
Chancelier de France, tuteur des Enfants de France.
(Appartient à M. Pierre Decourcelle).

395. — Eug.-L. Lami (1800-1890).
Bataille de Wattignies, le 16 octobre 1793.

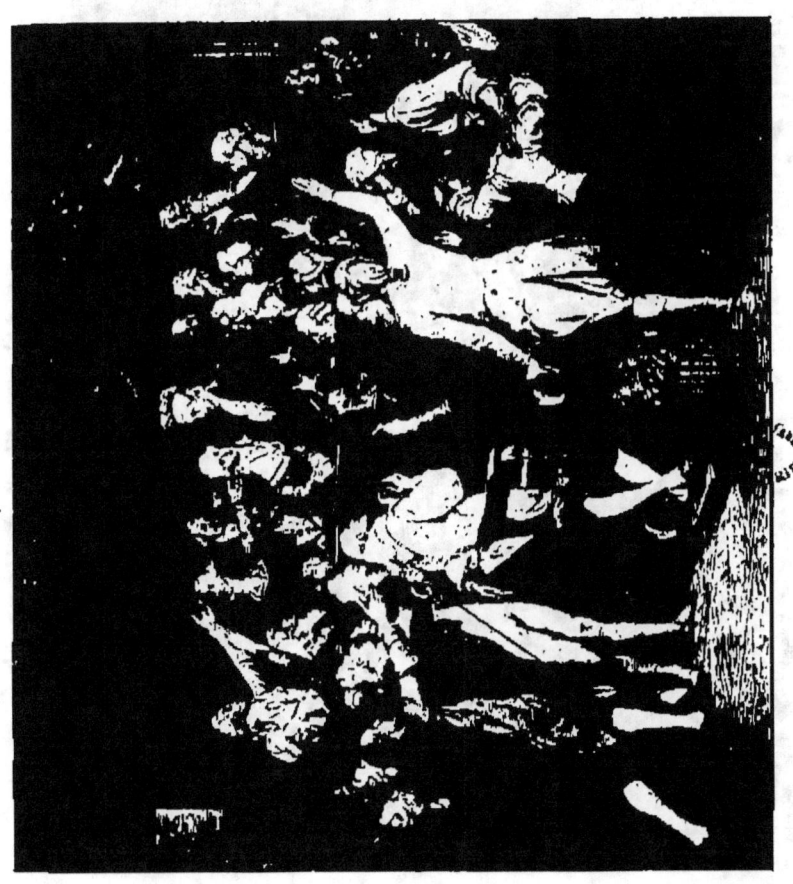

440. — Léon Cogniet (1794-1880).
BAILLY PROCLAMÉ MAIRE DE PARIS.
(Appartient à la Ville de Paris).

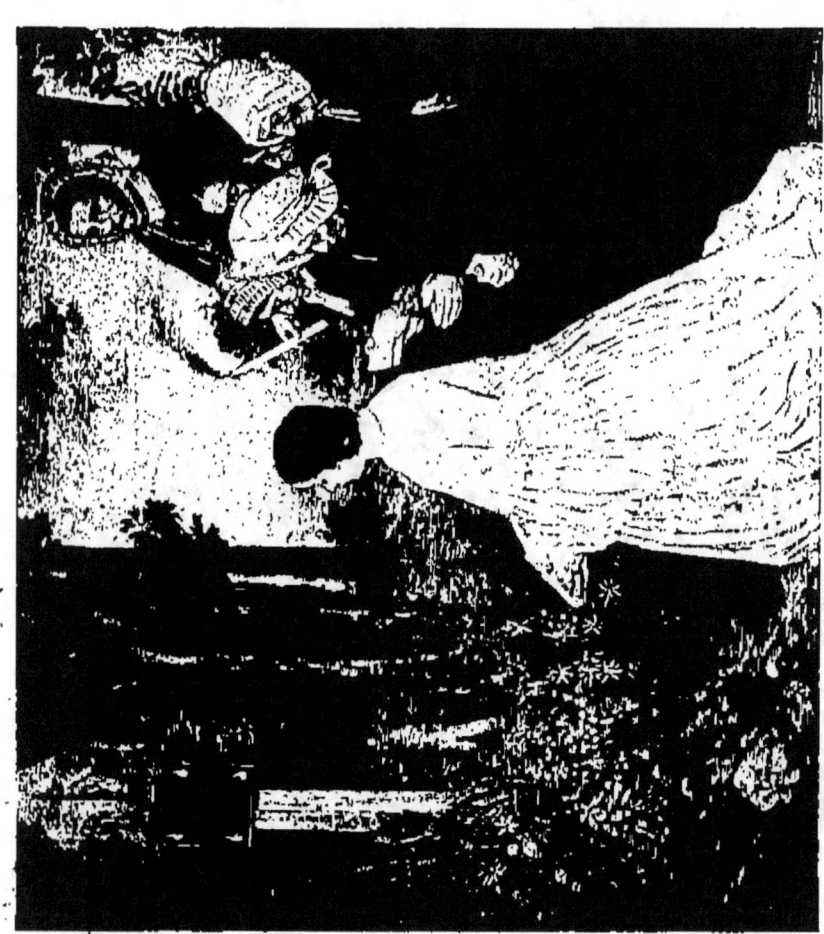

417. — A. Legros (1837).
Ex-voto.

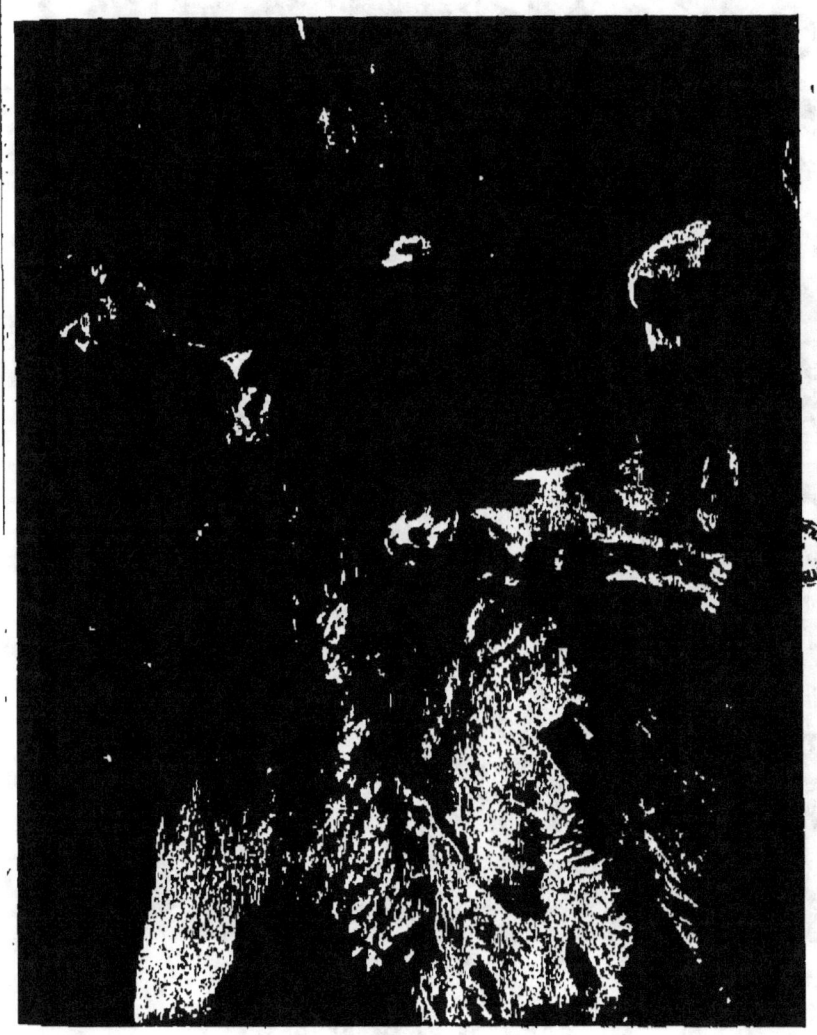

416. — A. LEGROS (1837).
FEMME DANS UN PAYSAGE.
(Musée d'Alençon).

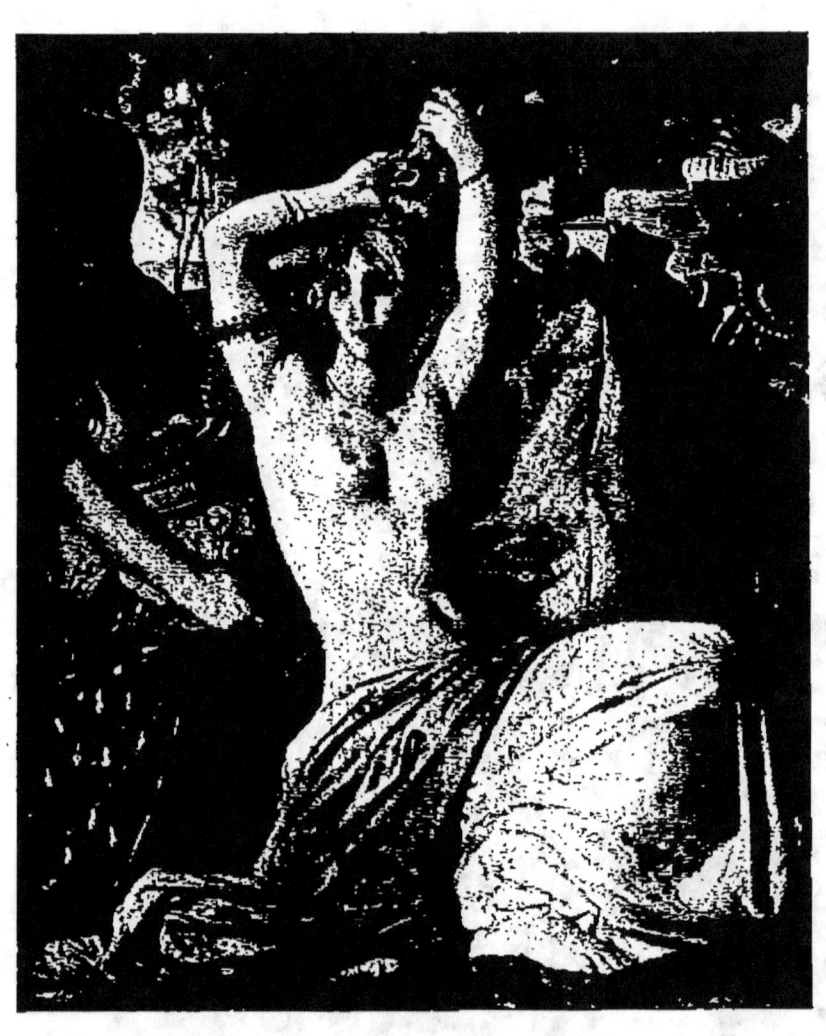

102. — T. Chasseriau (1819-1856).
La toilette de Desdemone.
(Appartient à M. Arthur Chasseriau).

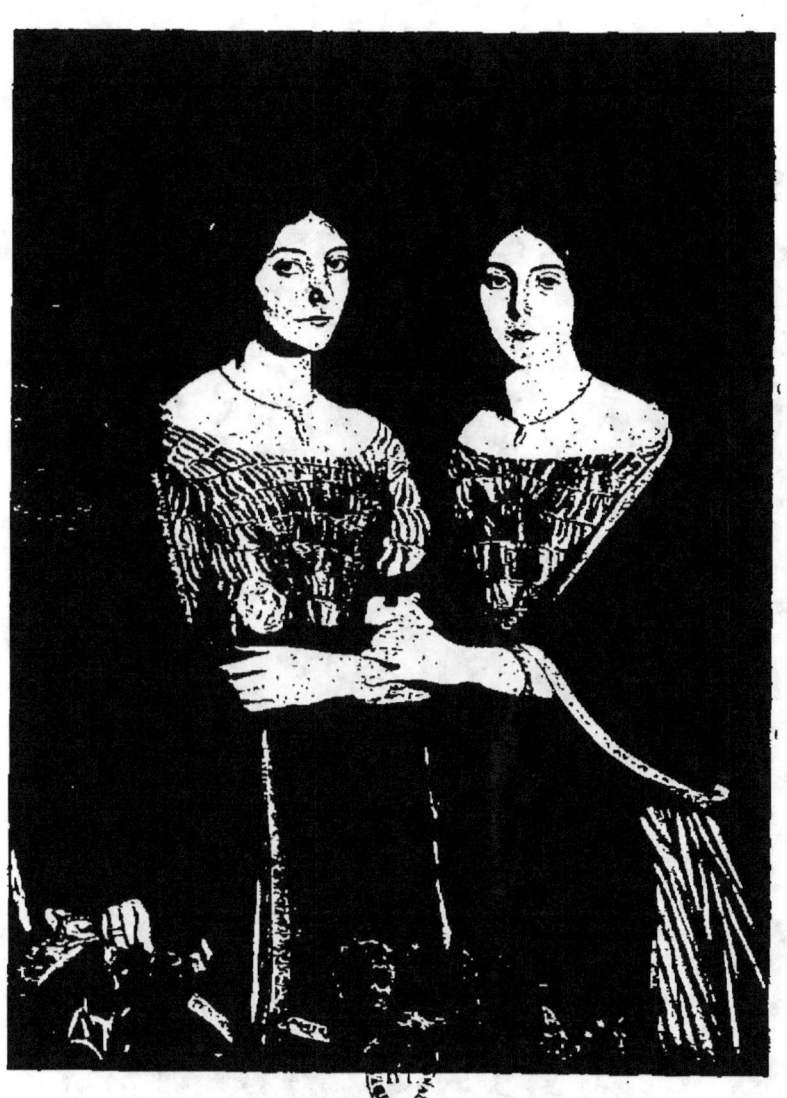

87. — T. Chasseriau (1819-1856).
Les deux Sœurs.
(Appartient à M. Arthur Chassériau).

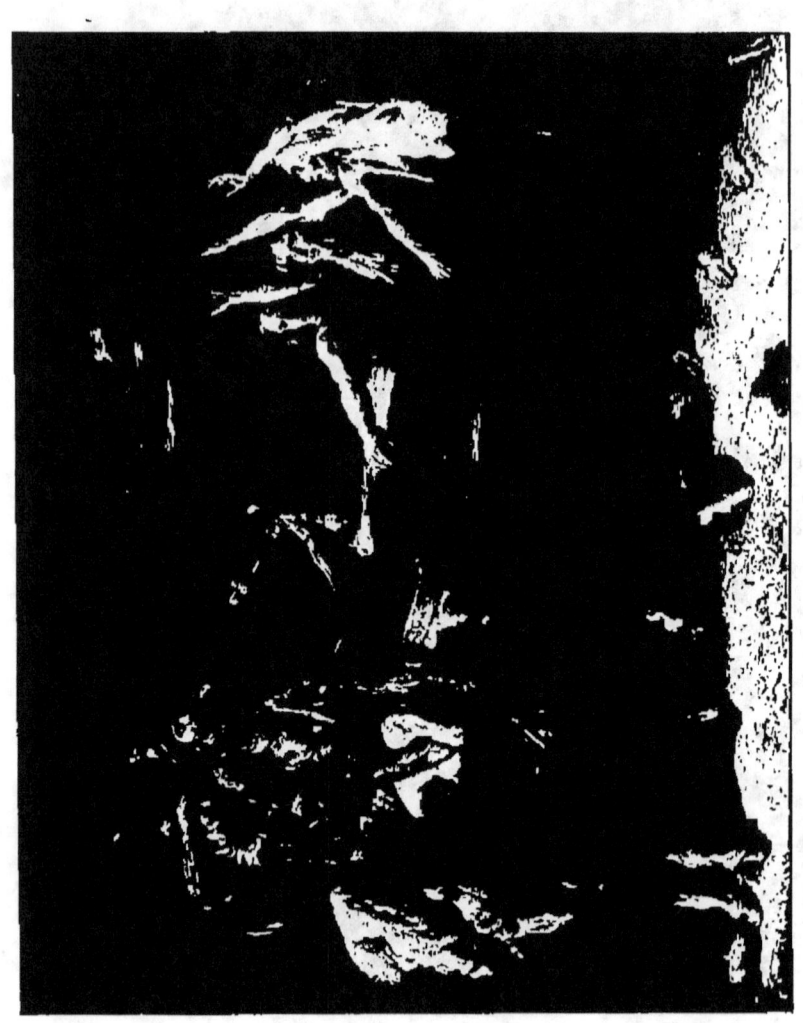

401. — T. Chasseriau (1719-1856).
Macbeth rencontrant les sorcières.
(Appartient à M. Arthur Chasseriau).

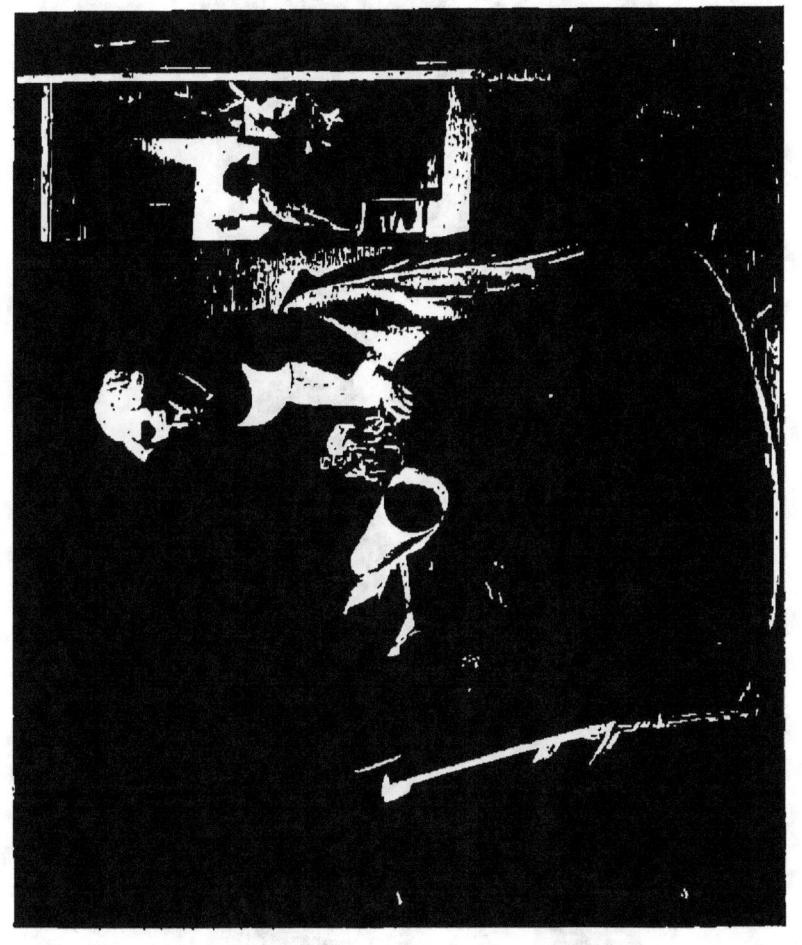

49. — F.-S. Boivin (1817-1887).
La Servante apprêtant la table.
(Appartient à M. Vever.)

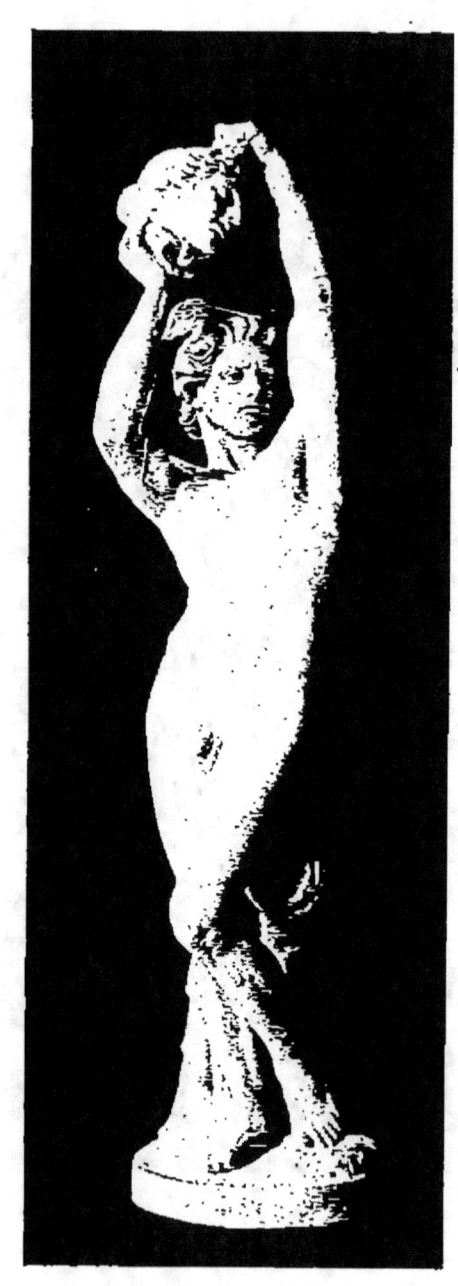

1825. — J. Tournois (1830-1891).
Persée.
(Palais de Compiègne).

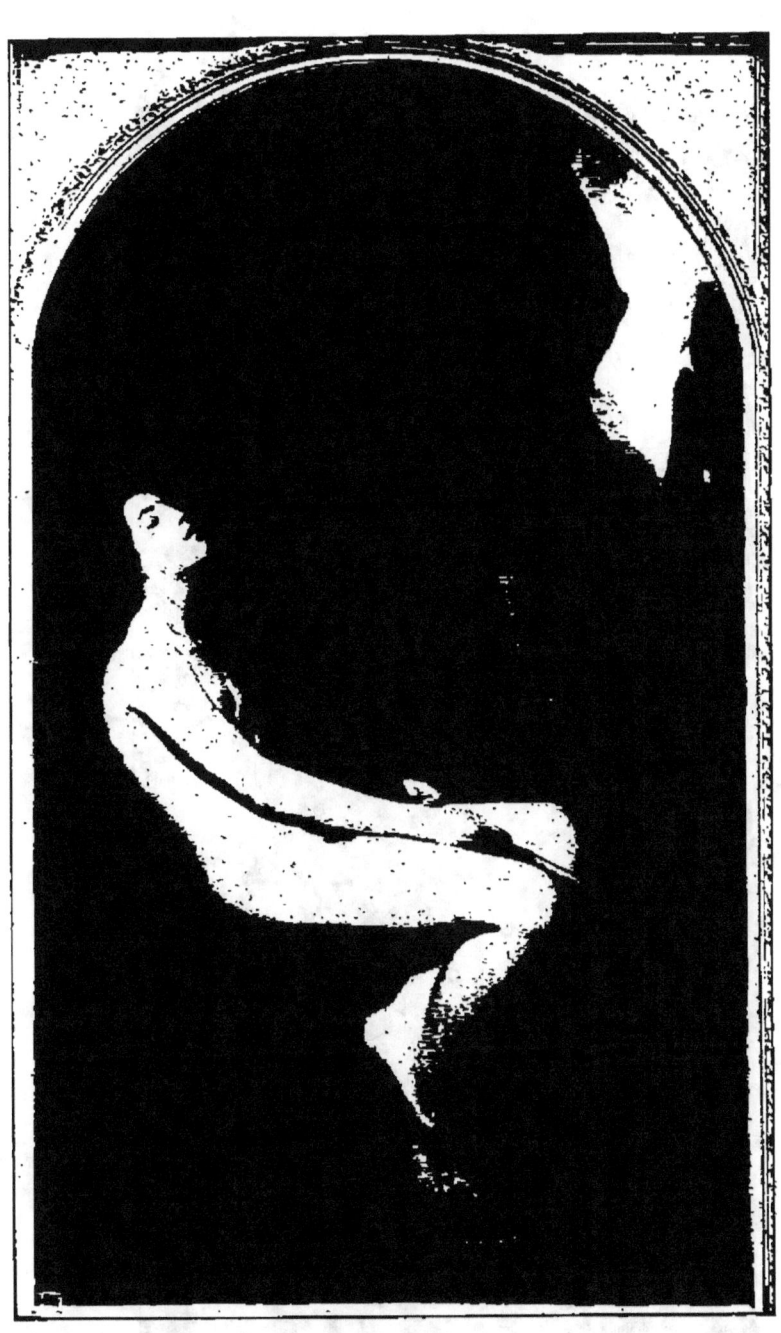

608. — C.-F. SELLIER (1830-1882).
LA MADELEINE ABATTUE PAR LA DOULEUR
(Musée de Nancy).

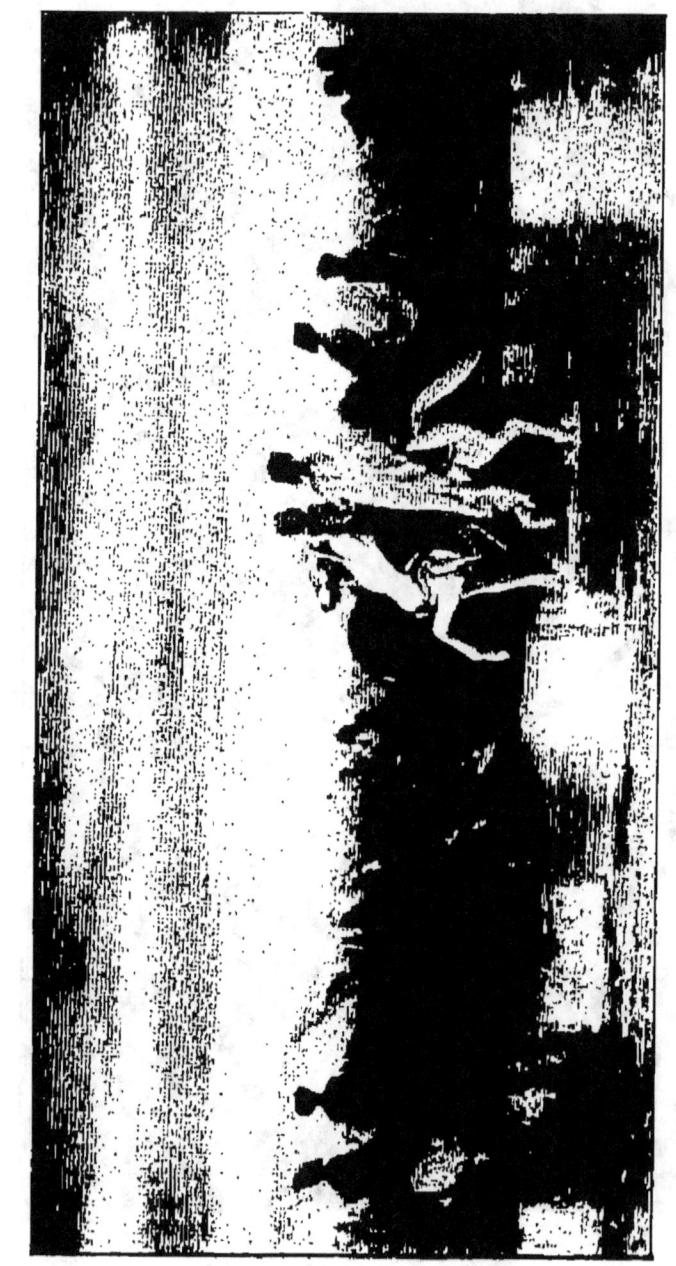

205. — A.-G. Decamps (1803-1860).
Le Passage du gué.
(Appartient à M. Moreau-Nélaton).

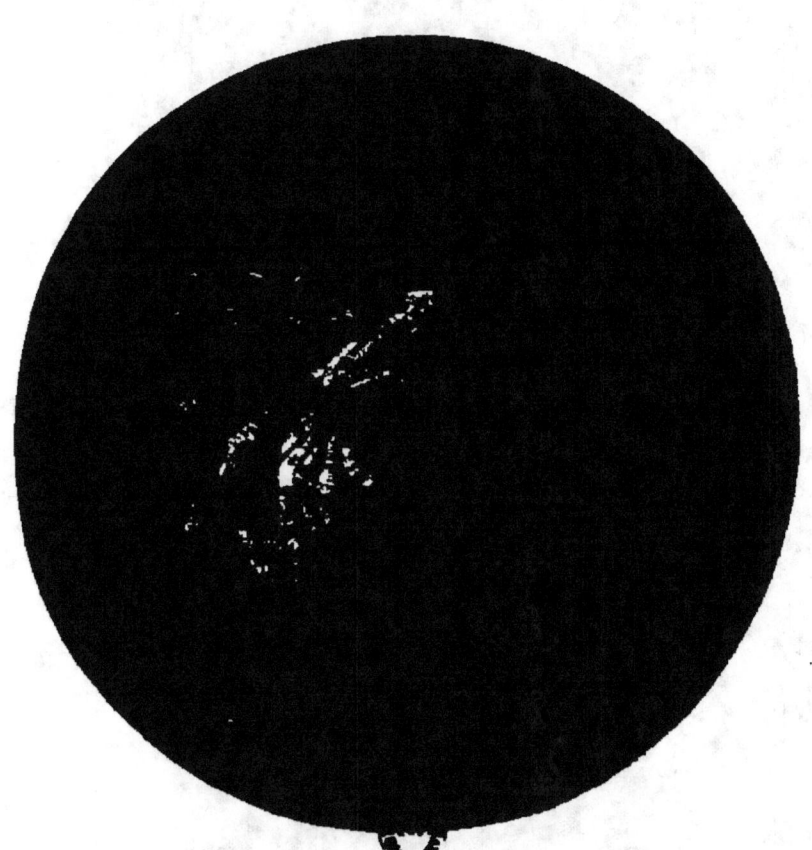

349. — J.-L. Hamon (1821-1874).
L'Envie.
(Appartient au Grand Cercle de Nantes).

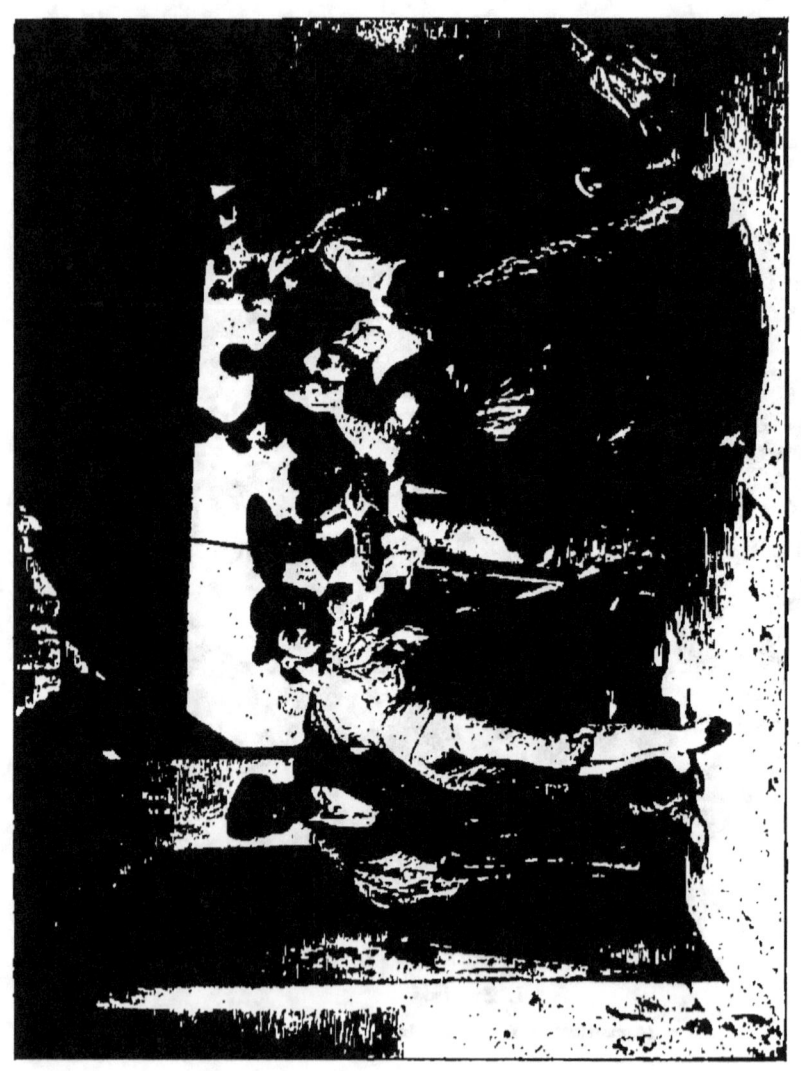

325. — P.-F.-E. Giraud (1806-1881).
La Devise.

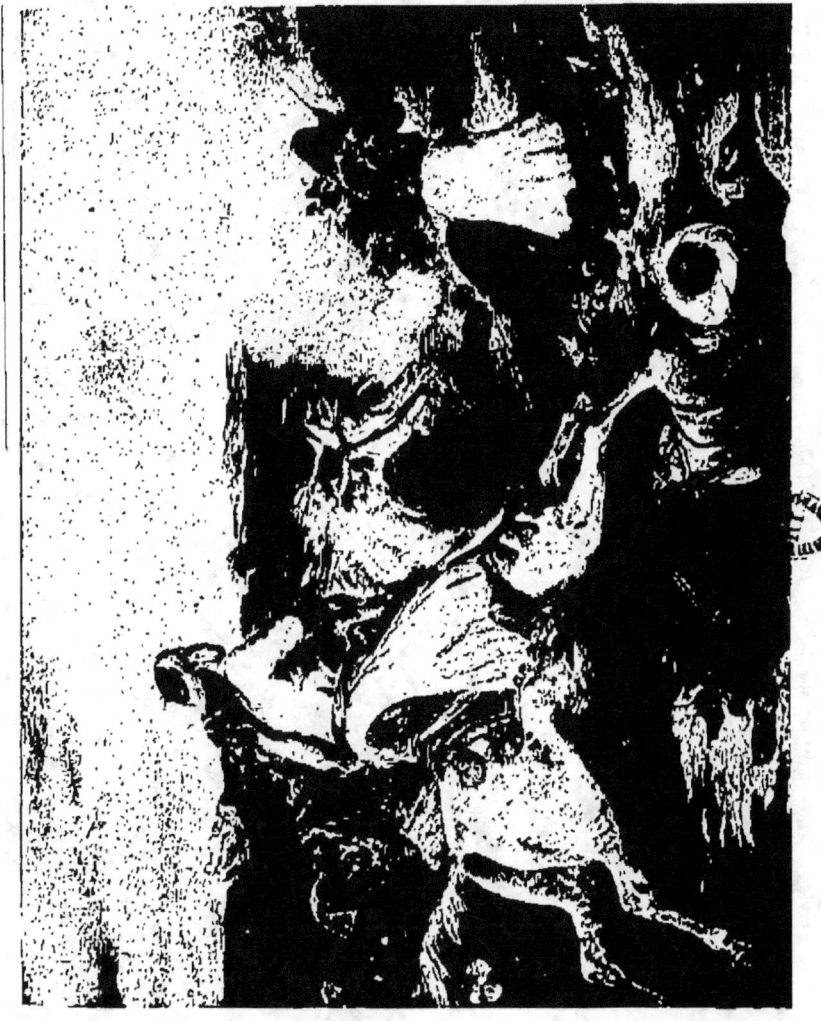

225. — E.-F.-V. Delacroix (1798-1863).
Épisode de la guerre de Grèce.
(Appartient à M. Sarlin).

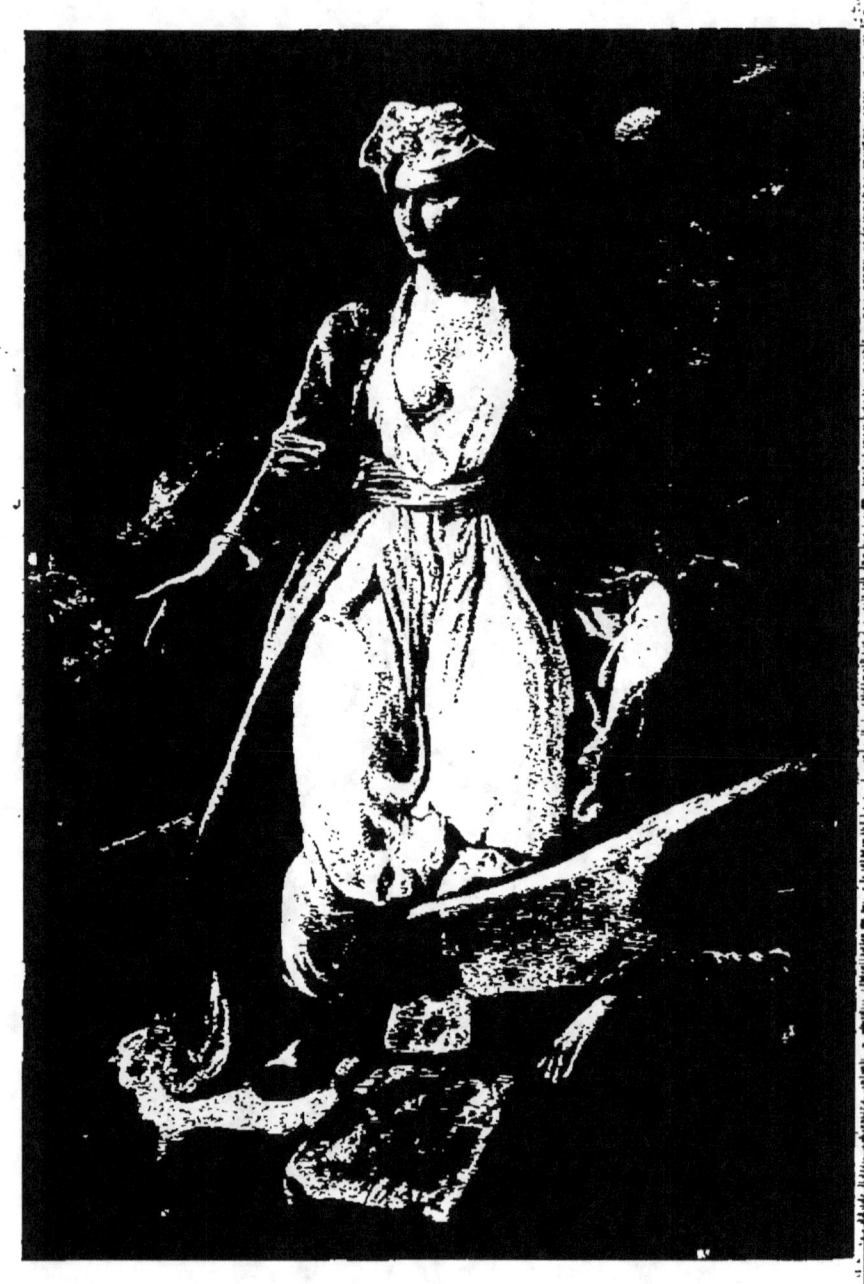

214 — E.-F.-V. Delacroix (1798-1863).
La Grèce expirante sur les ruines de Missolonghi.
(Musée de Bordeaux)

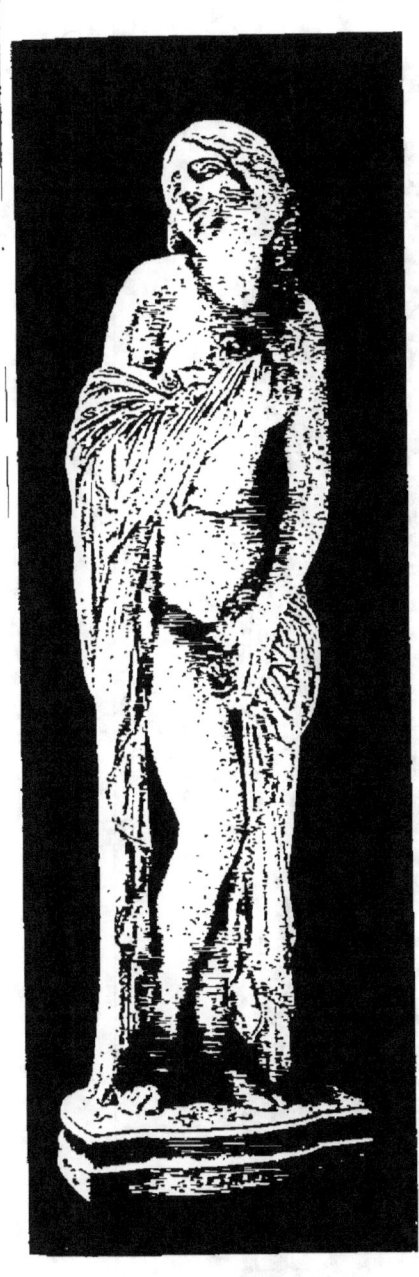

1766. — J. Pradier (1792-1852).
CHLORIS.
(Musée de Toulouse).

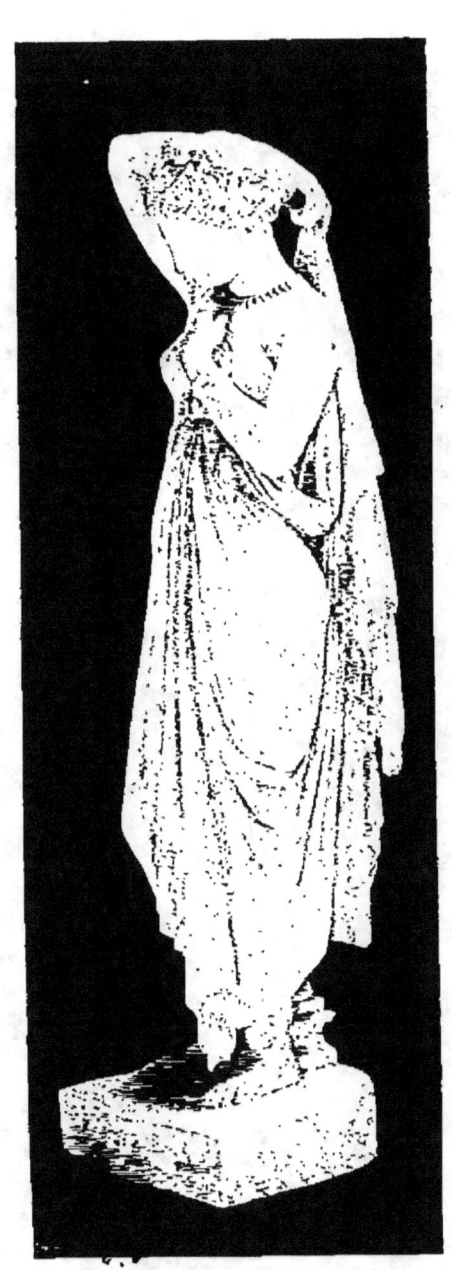

1765. — J. Pradier (1792-1852)
PHRYNÉ.
(Musée de Troyes).

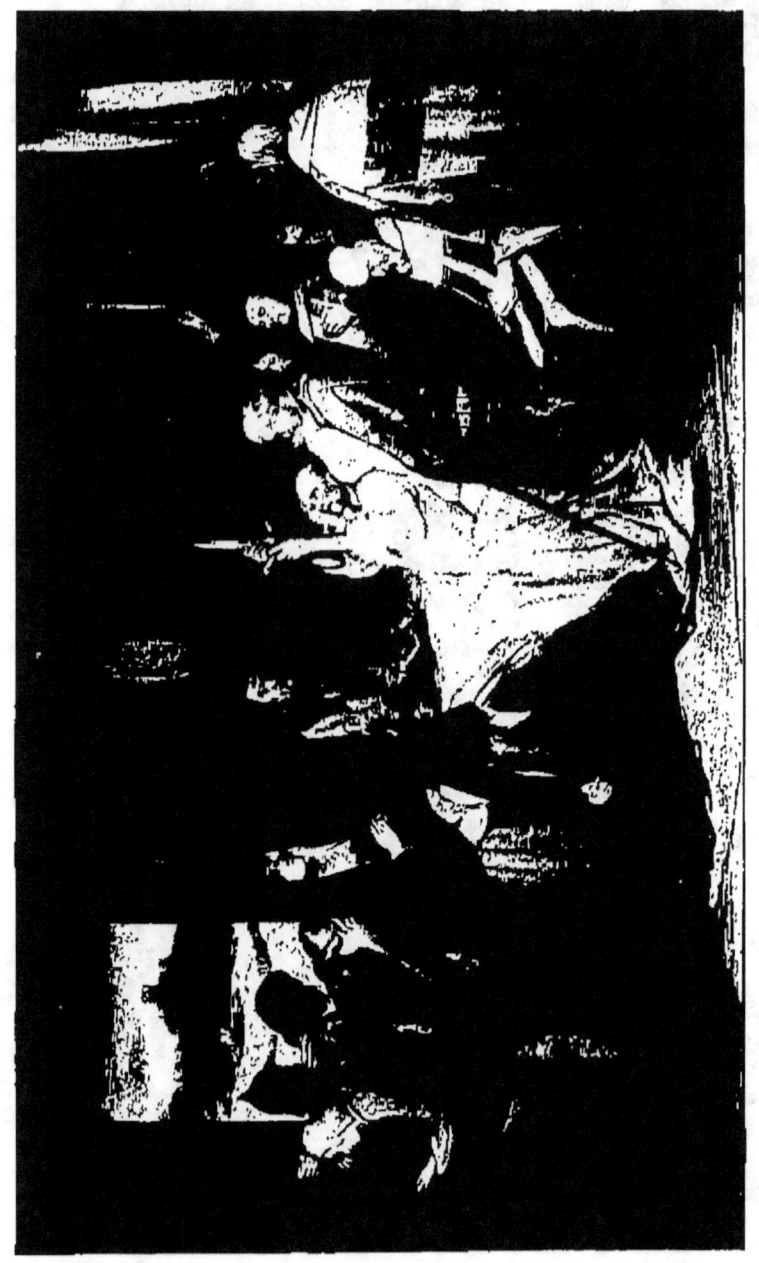

389. — Tony Johannot (1803-1852).
Mort de Duguesclin.
(Appartient à M. Alexis Rouart).

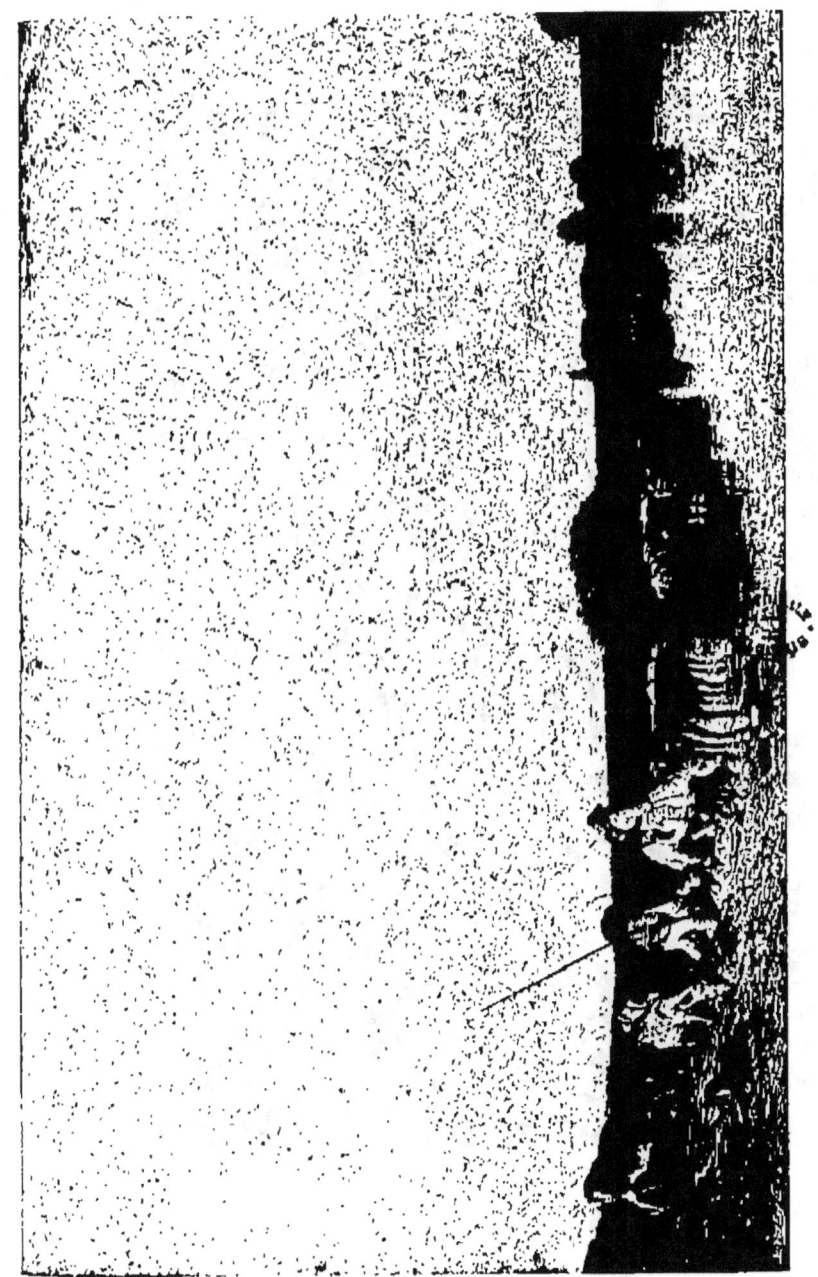

268. — L.-J. Dupré (1811-1889). Le Passage du gué.
(Appartient à M. Moreau-Nélaton).

242. — E.-A.-A. Dehodencq (1822-1882).
Bohémiens et Bohémiennes au retour d'une fête en Andalousie.
(Musée de Chaumont).

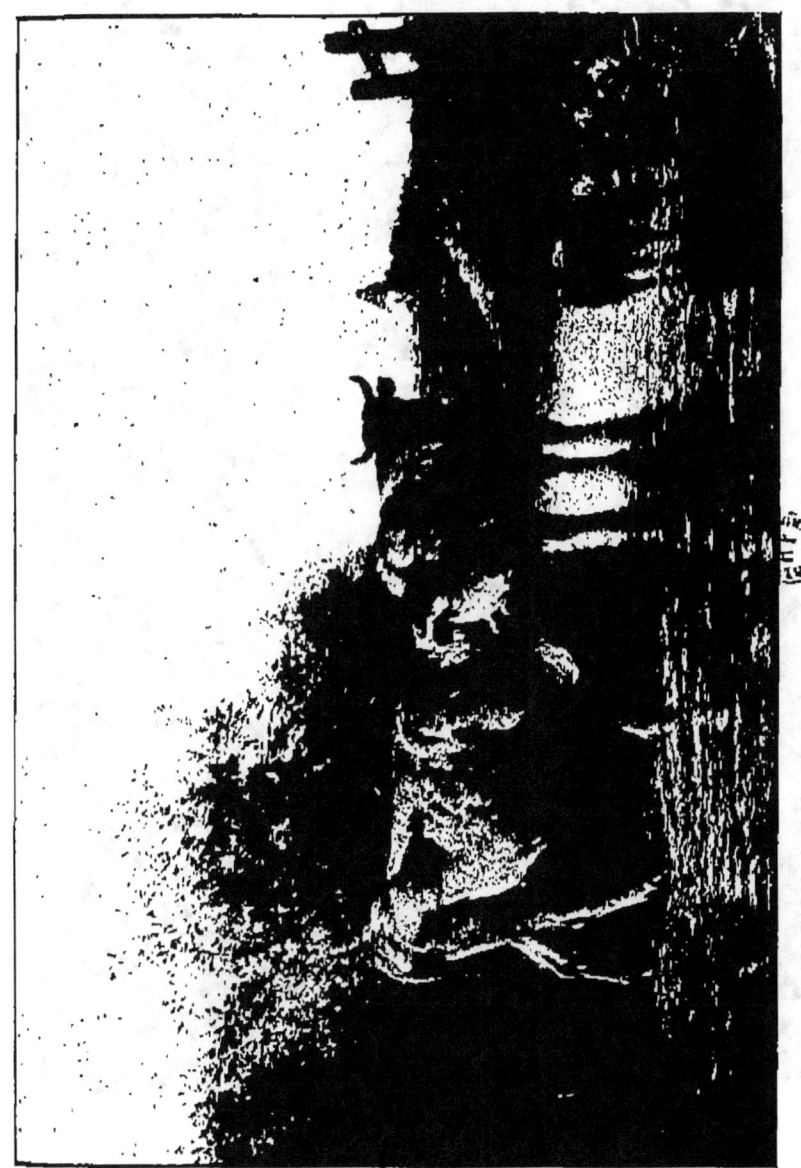

637. — C. Troyon (1810-1865). Le Passage du gué.
(Appartient à M. Moreau-Nélaton).

853. — GAVARNI (1804-1866).
LES DEUX PIERROTS.
(Appartient à Mme Esnault-Pelterie).

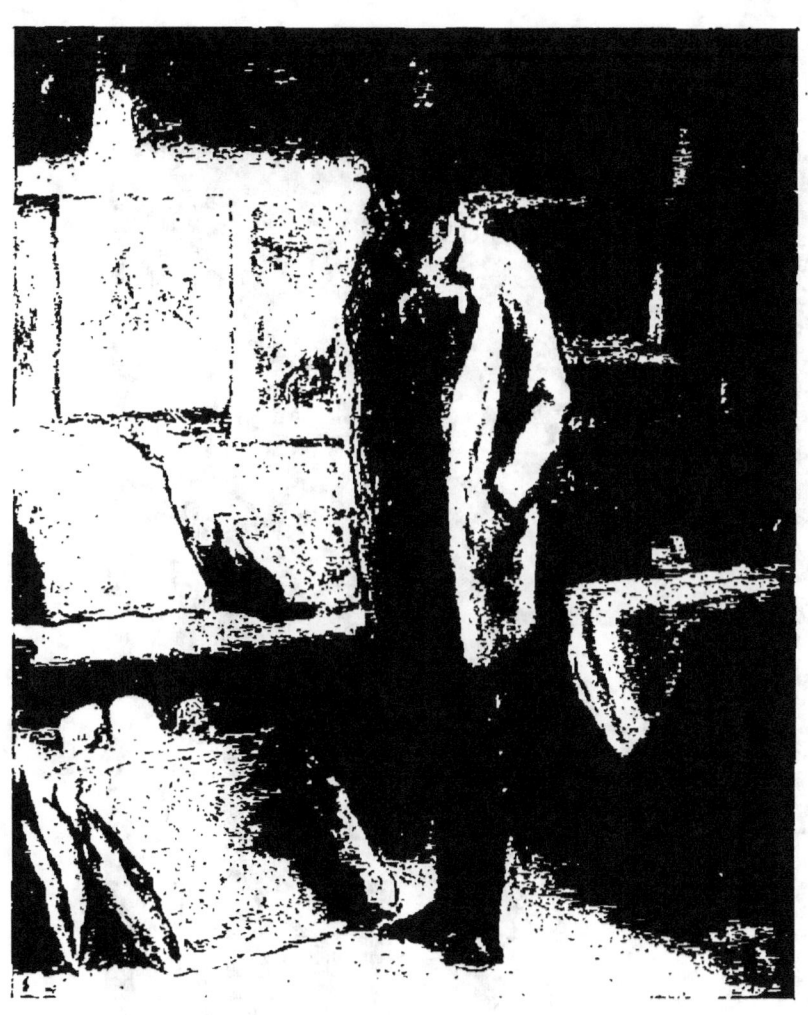

182. — H. Daumier (1808-1879).
L'Amateur.
(Appartient à M. Viau).

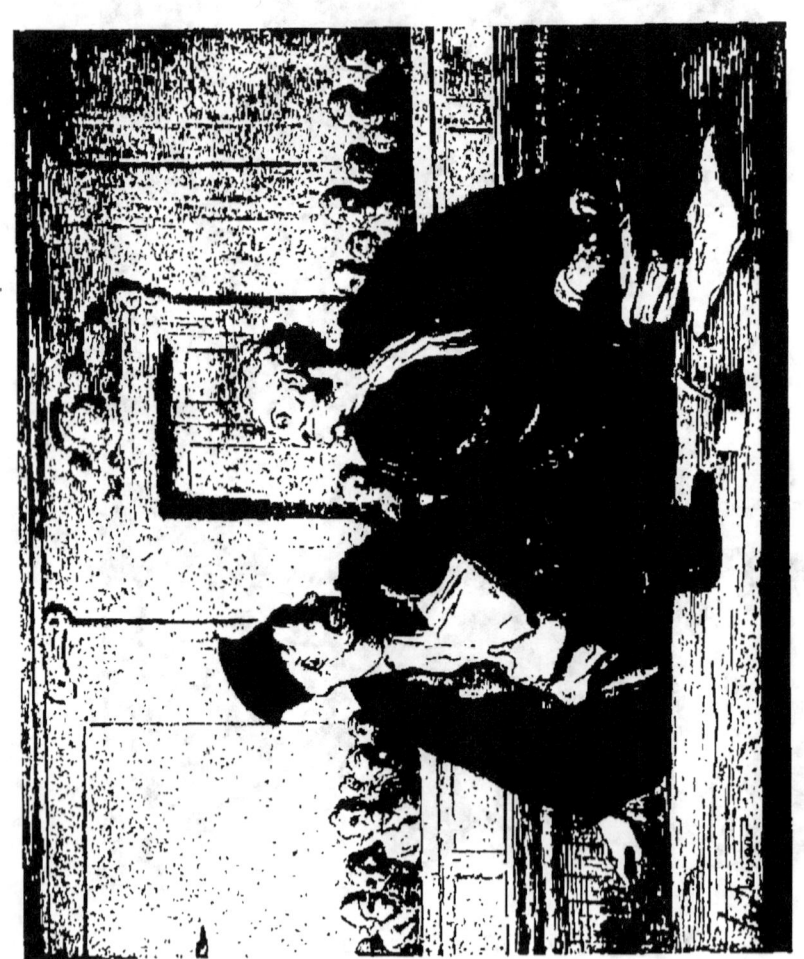

846. — H. Daumier (1808-1879).
Après l'audience.
(Appartient à M. Jacault-Pelletrie).

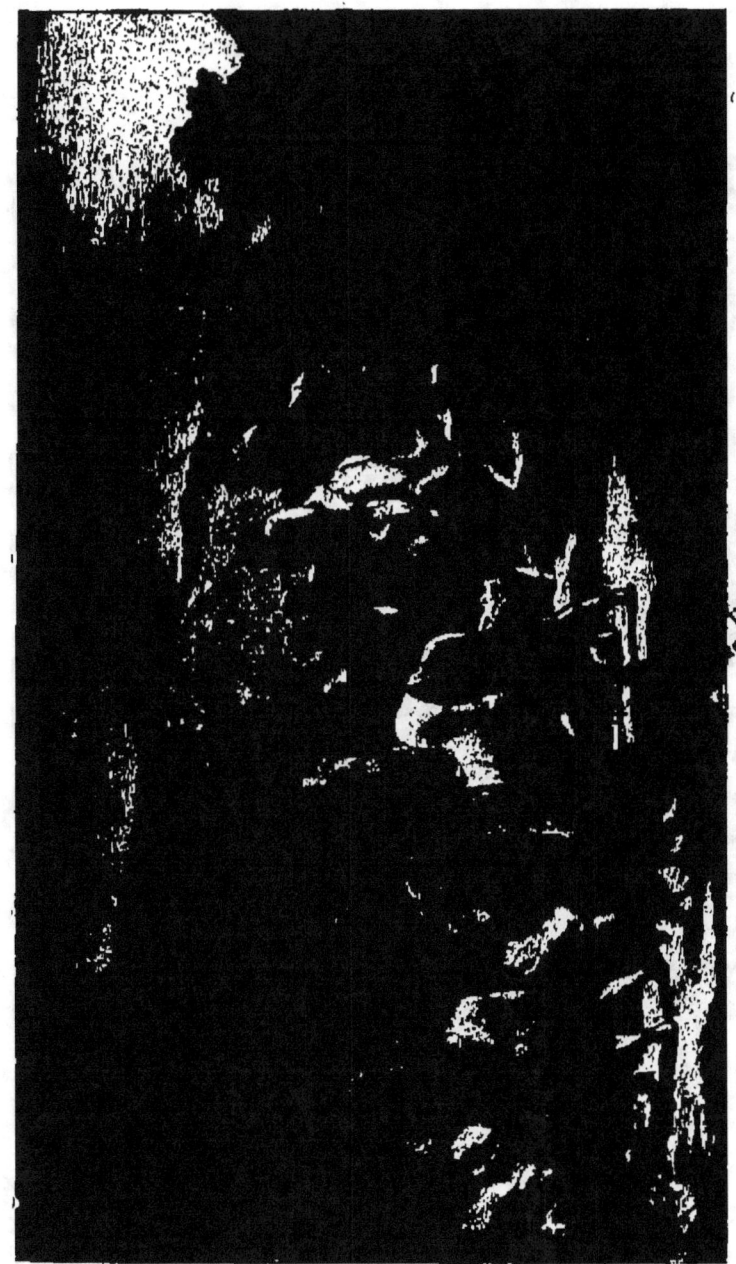

181. — H. DAUMIER (1808-1879).
LES ÉMIGRANTS.
(Appartient à M. Sarlin).

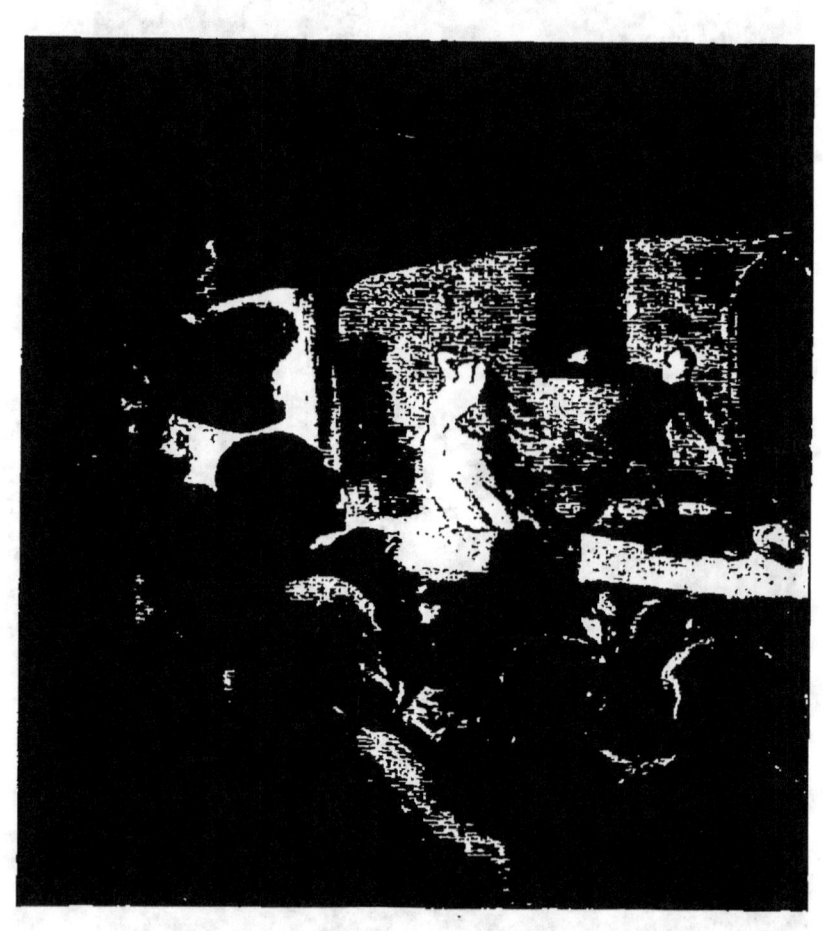

183. — H. Daumier (1808-1879).
Le Drame.
(Appartient à M. Viau).

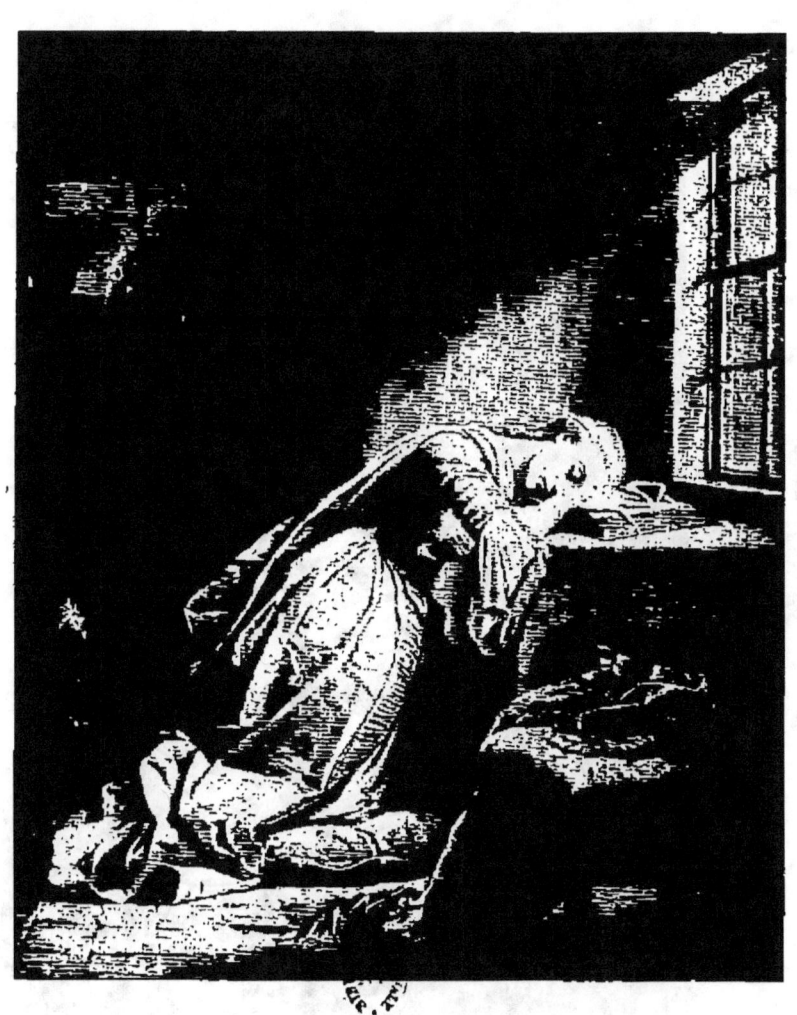

260. — Ed. Dubufe (1820-1883).
Clarisse Harlowe.
(Appartient à M. G. Dubufe).

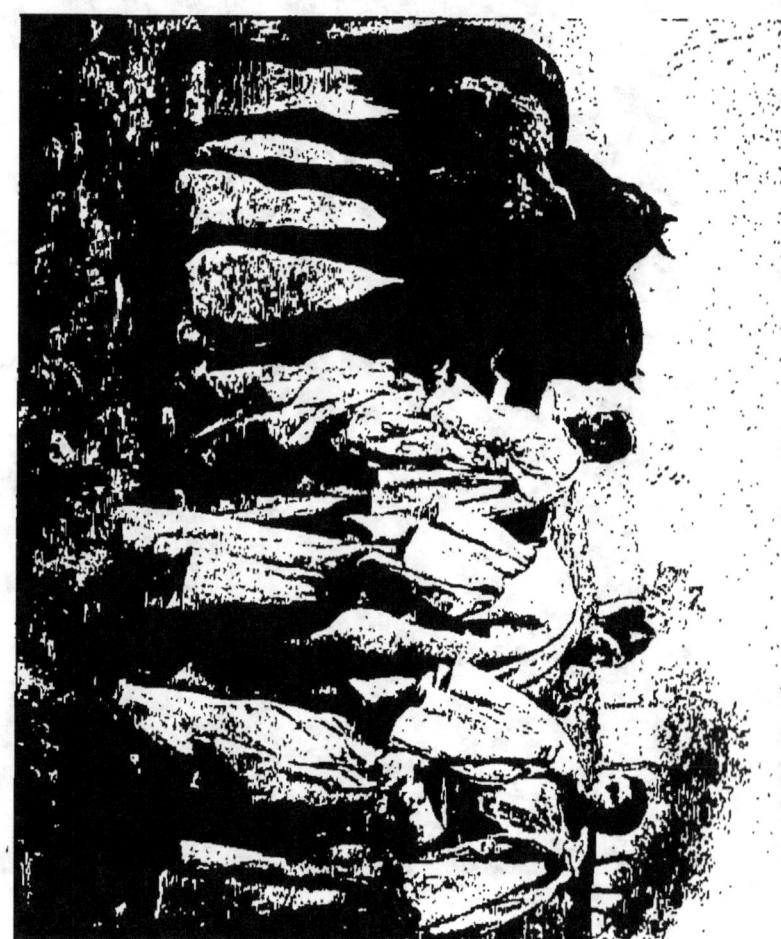

548. — G.-P.-U. Régamey (1837-1875).
Campagne de Crimée; cuirassiers.
(Appartient à M. Félix Régamey).

547. — G.-P.-U. Régamey (1837-1875).

Une Batterie de tambours des grenadiers de la garde. (Campagne d'Italie).

(Musée de Pau).

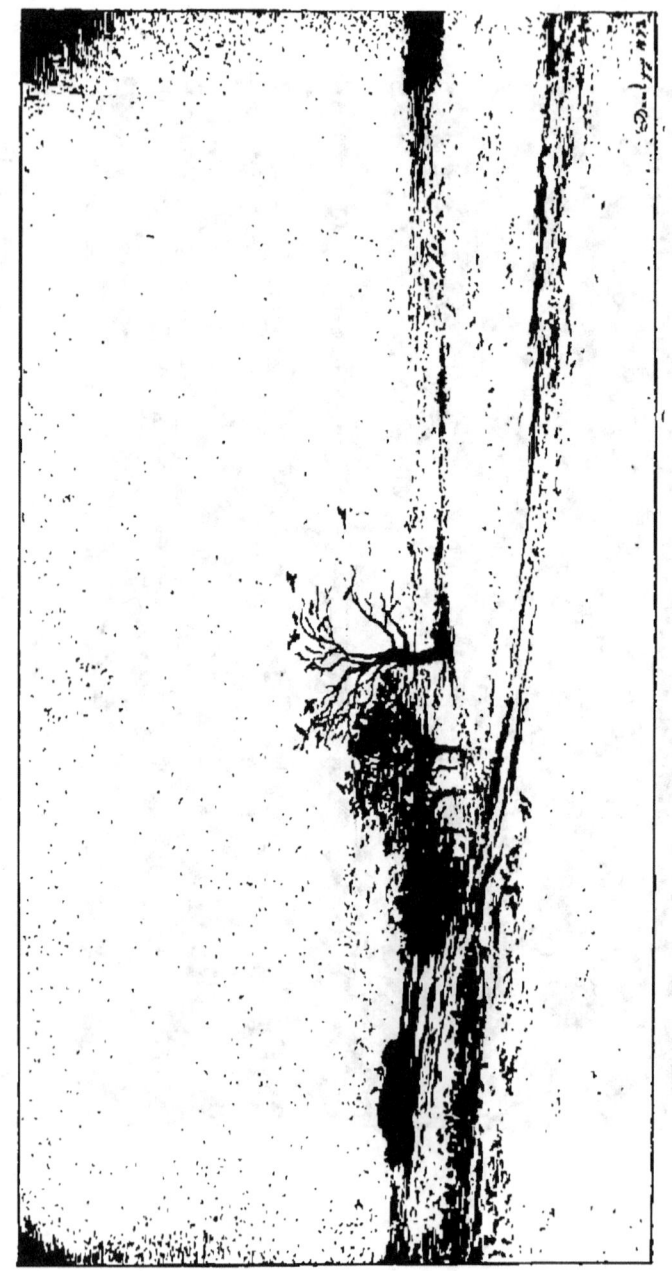

462. — C.-F. DAUBIGNY (1817-1878).
L'HIVER.
(Appartient à M. Gillibert).

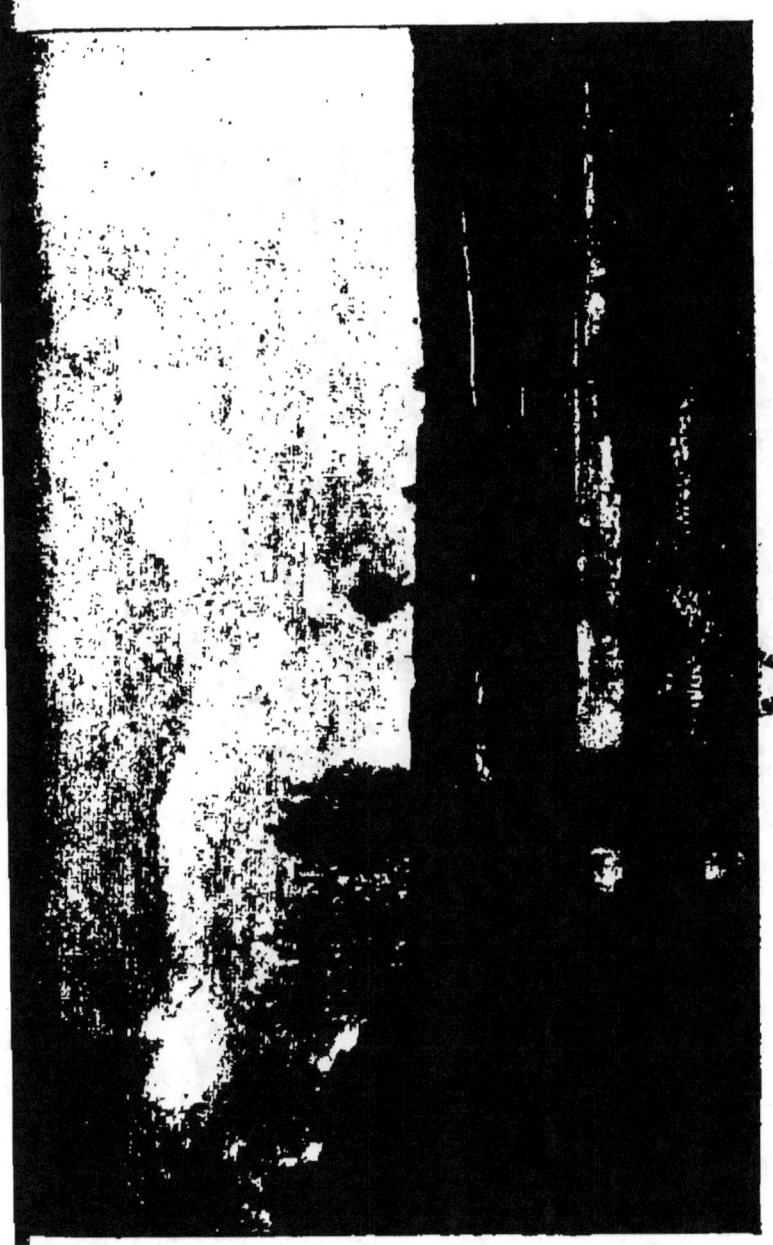

468. — C.-F. DAUBIGNY (1817-1878).
LE MARAIS D'OPTEVOZ.
(Appartient à M. Sarlin.)

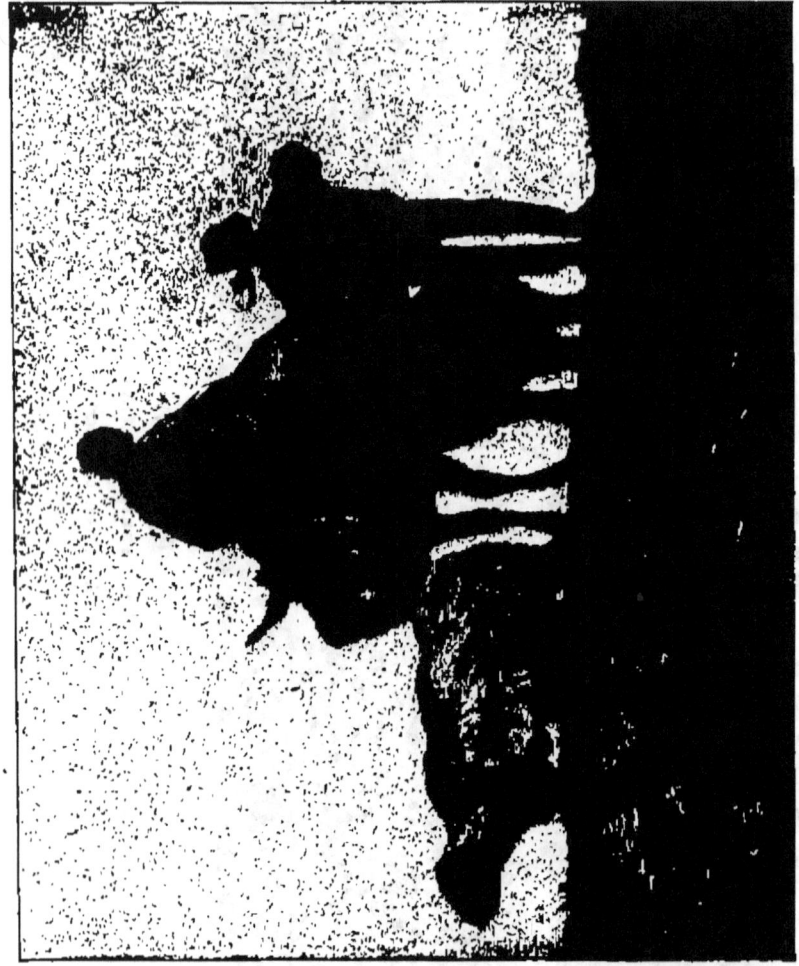

471. — J.-F. Millet (1814-1875).
Le Retour des champs.

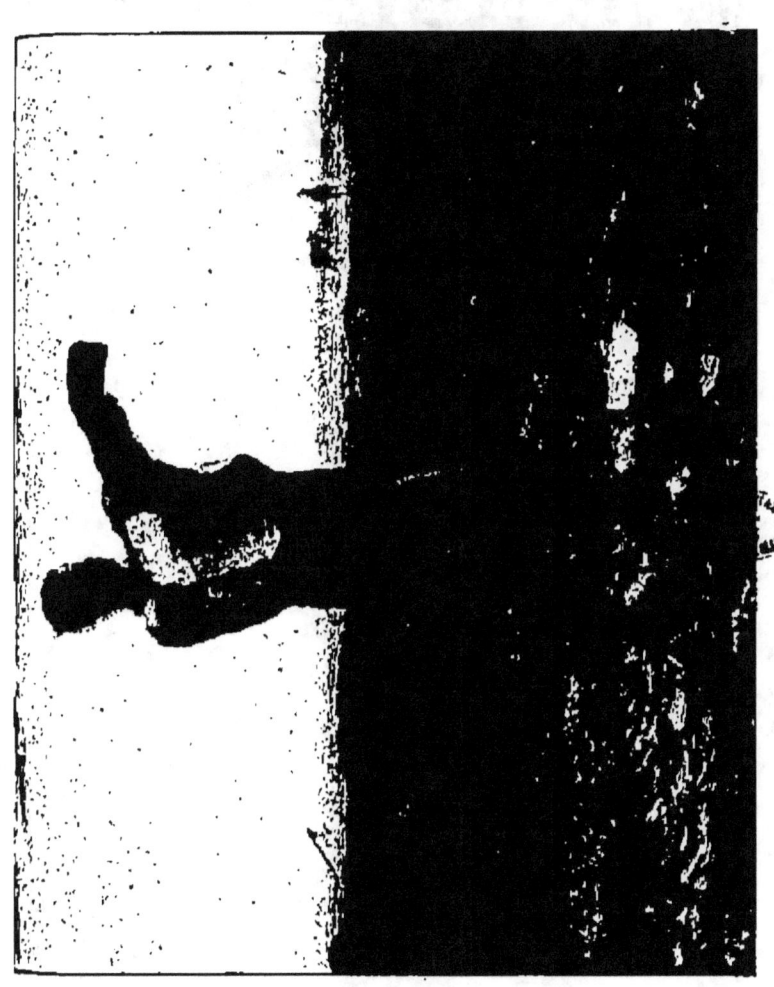

473. — J.-F. MILLET (1814-1875).
L'HOMME A LA VESTE.
(Appartient à M. Henri Rouart).

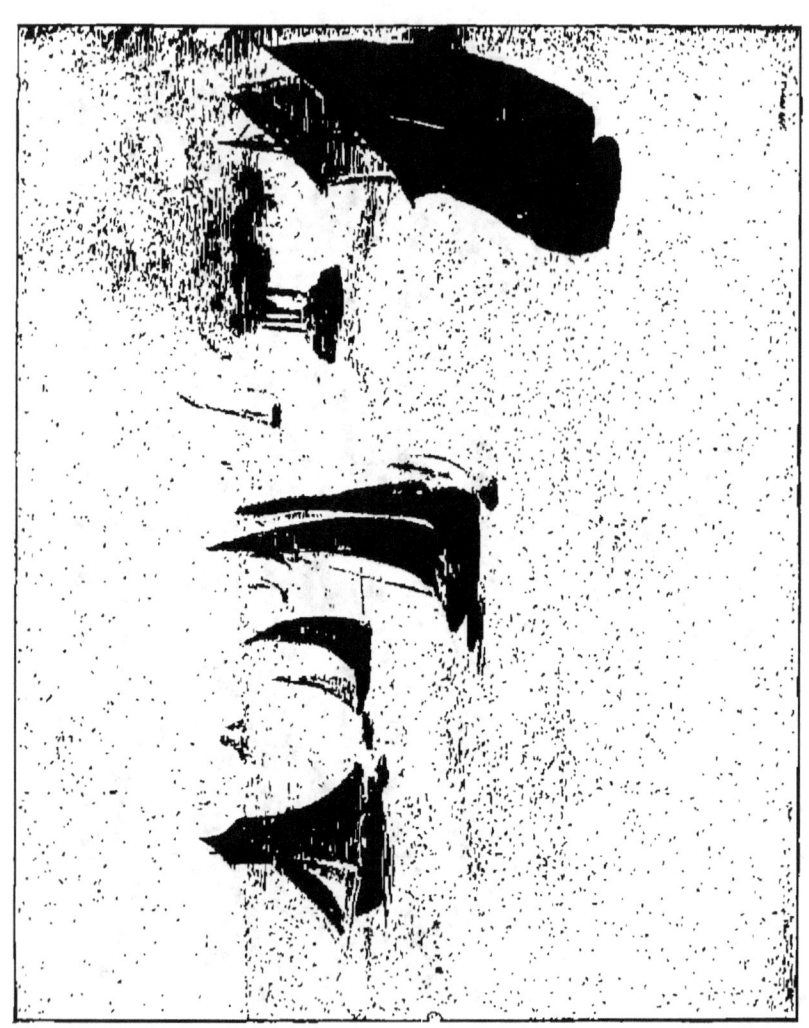

442. — Ed. Manet (1832-1883). Boulogne, sortie du port.

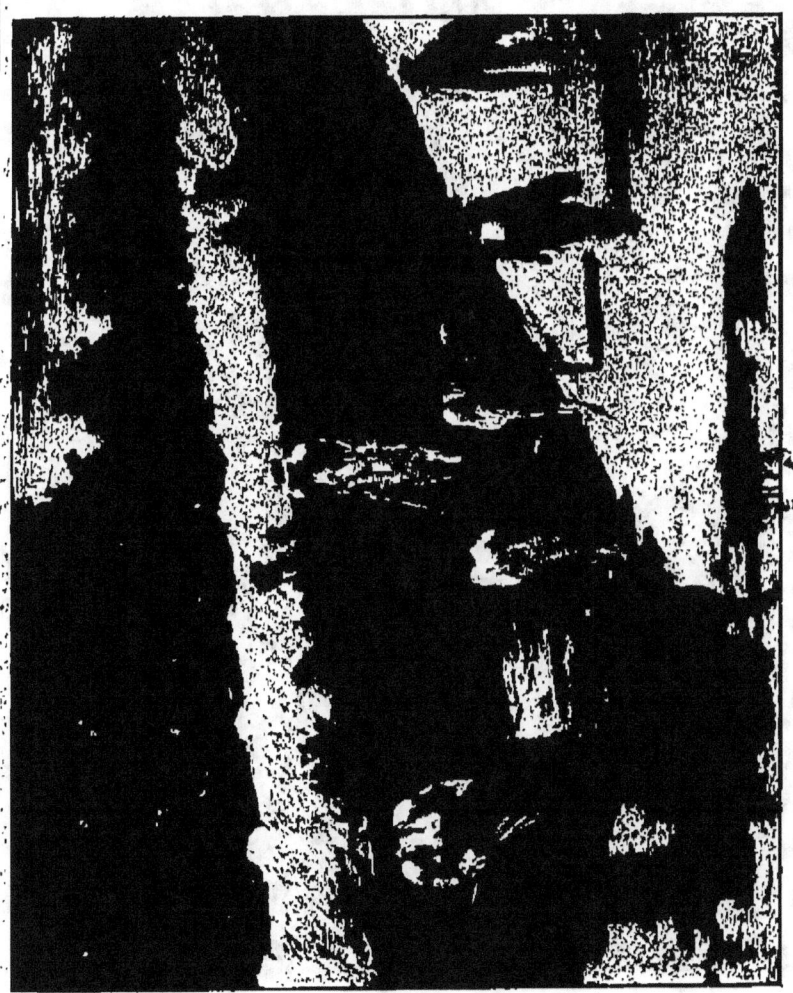

441. — Ed. Manet (1832-1883).
Combat de taureaux.
(Appartient à M. A. F. Aude).

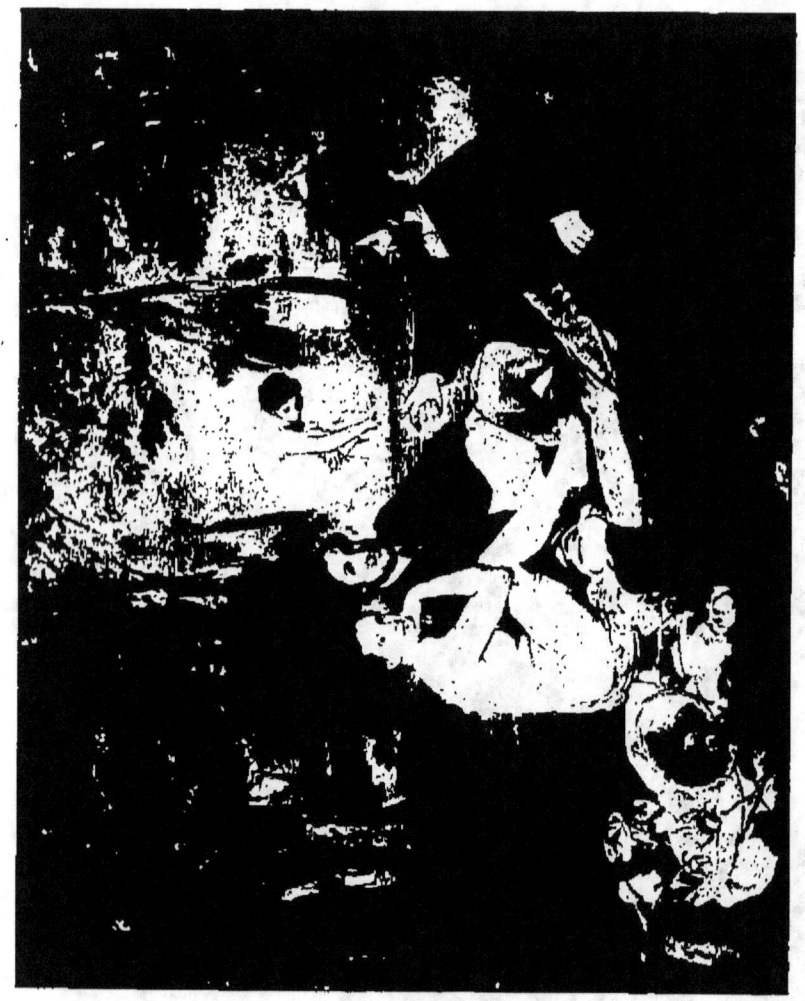

440. — Ed. Manet (1832-1883).
(Le Déjeuner sur l'herbe.
(Appartient à M. Moreau-Nélaton).

148. — G. COURBET (1819-1877).
LA VAGUE.
(Appartient à M. Albert Cahen).

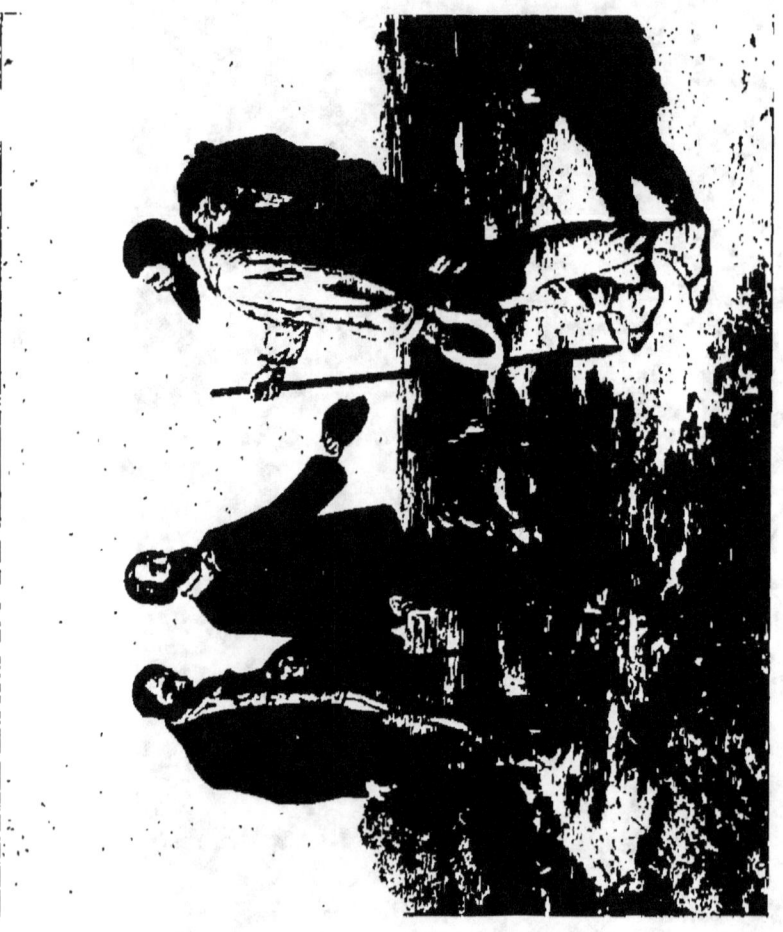

143. — G. Courbet (1819-1877).
« Bonjour, Monsieur Courbet. »
(Musée de Montpellier).

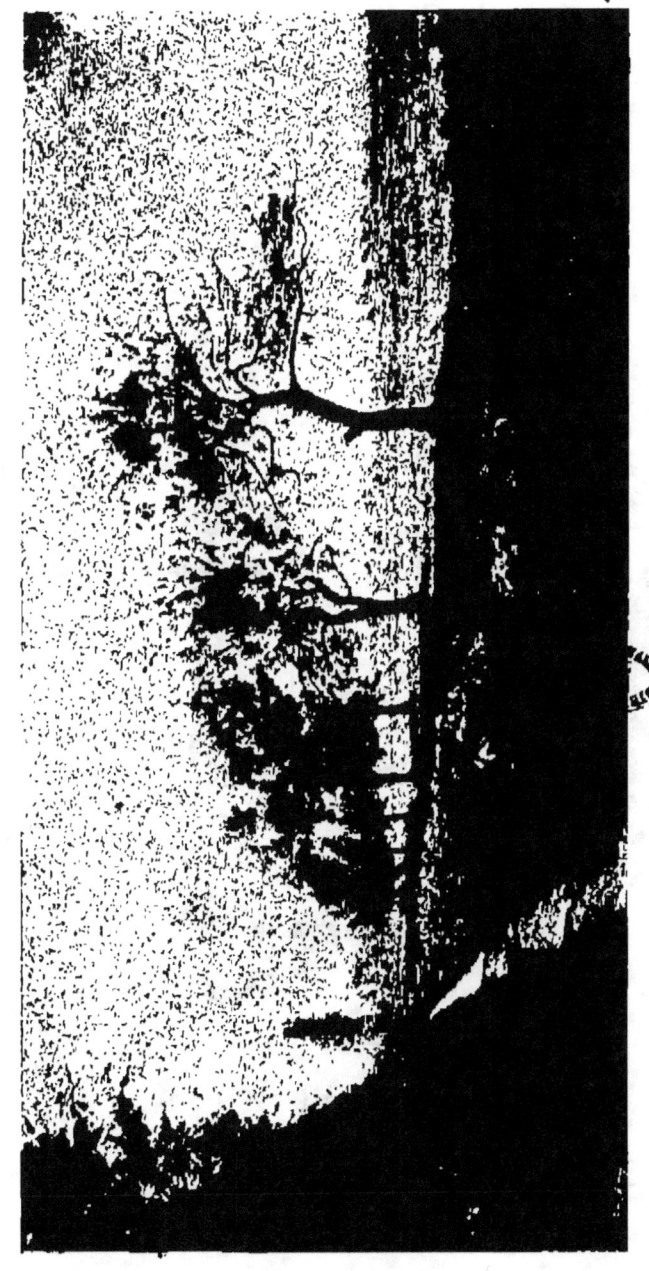

106. — A. Chintreuil (1814-1873).

La Rigole d'Igny : Journée de printemps par un temps de giboulée.
(Appartient à Mme Espault-Pelterie).

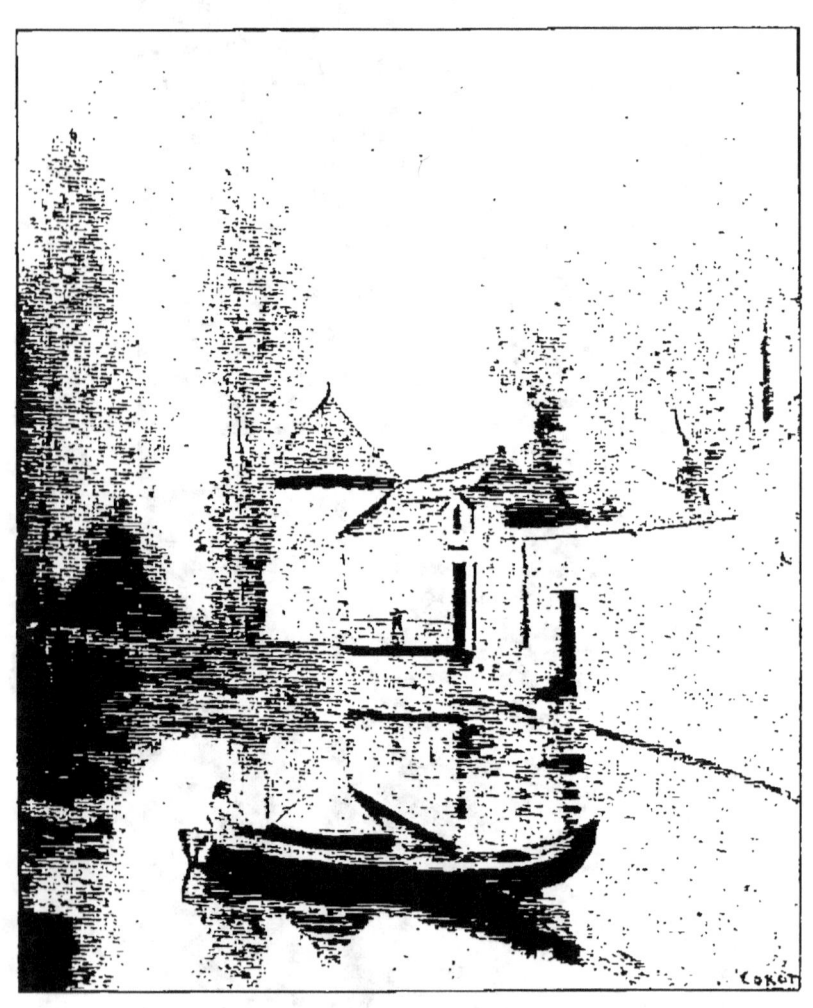

134. — J.-B.-C. Corot (1796-1875).
Le Manoir de Beaune-la-Rolande.
(Appartient à M. Sarlin).

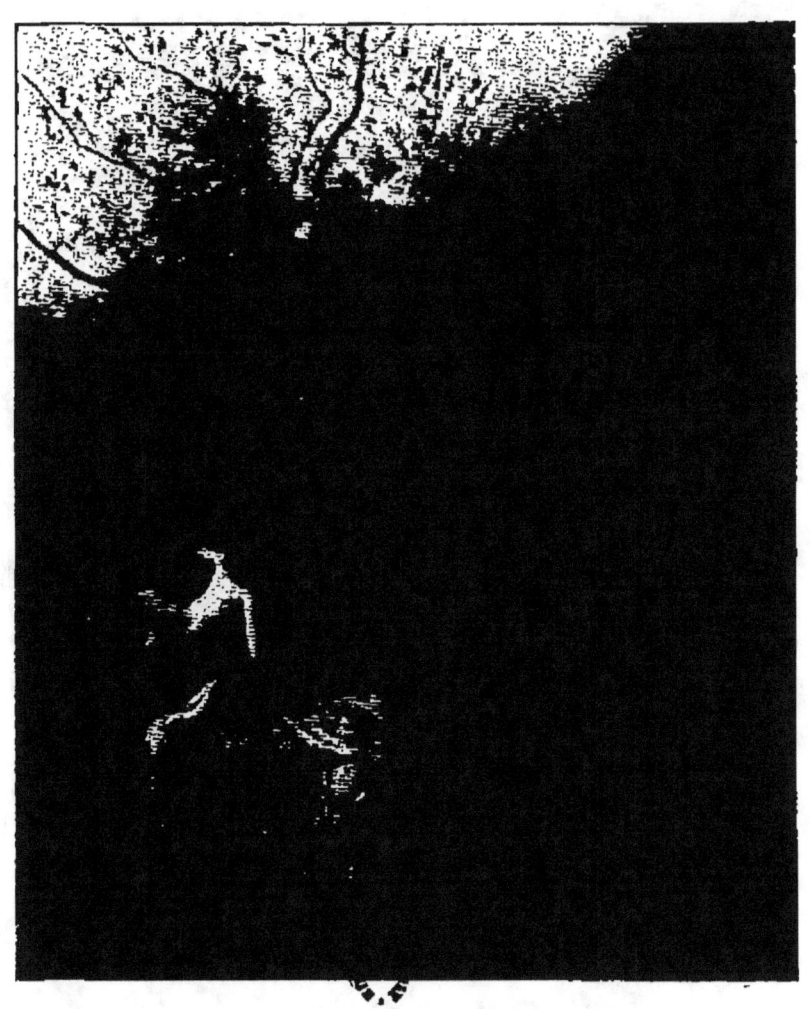

117. — J.-B.-C. COROT (1796-1875).
LE VERGER.
(Musée de Semur).

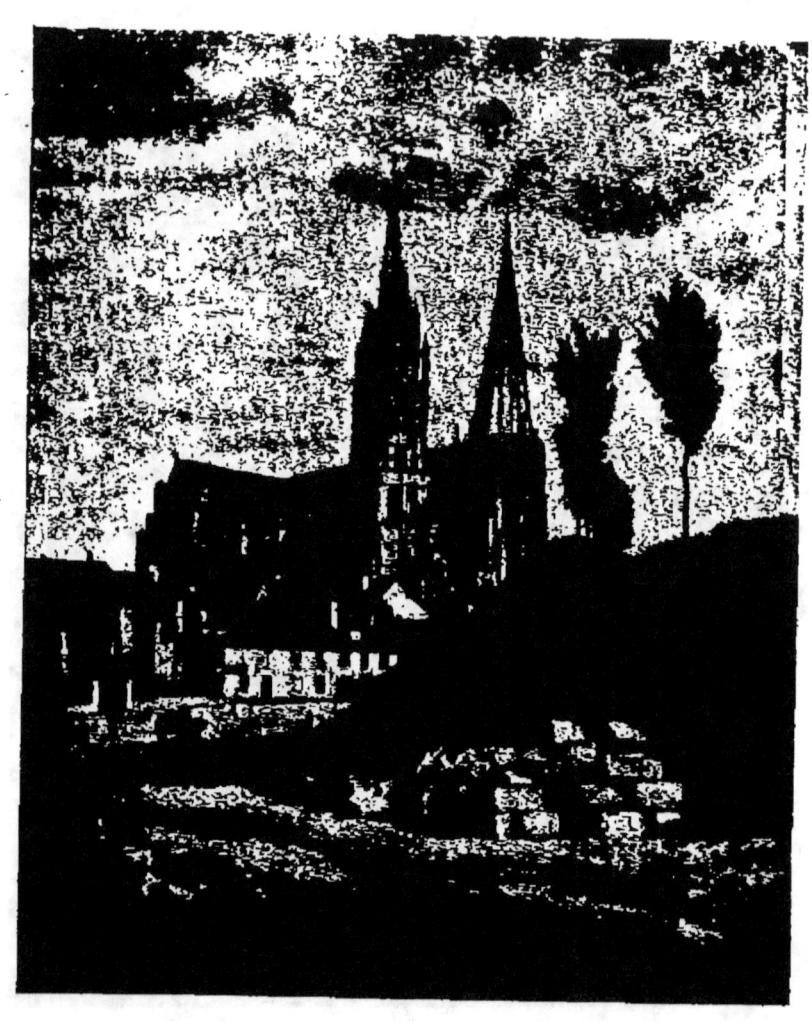

124. — J.-B.-C. COROT (1796-1875).
LA CATHÉDRALE DE CHARTRES.
(Appartient à M. Moreau-Nélaton.)

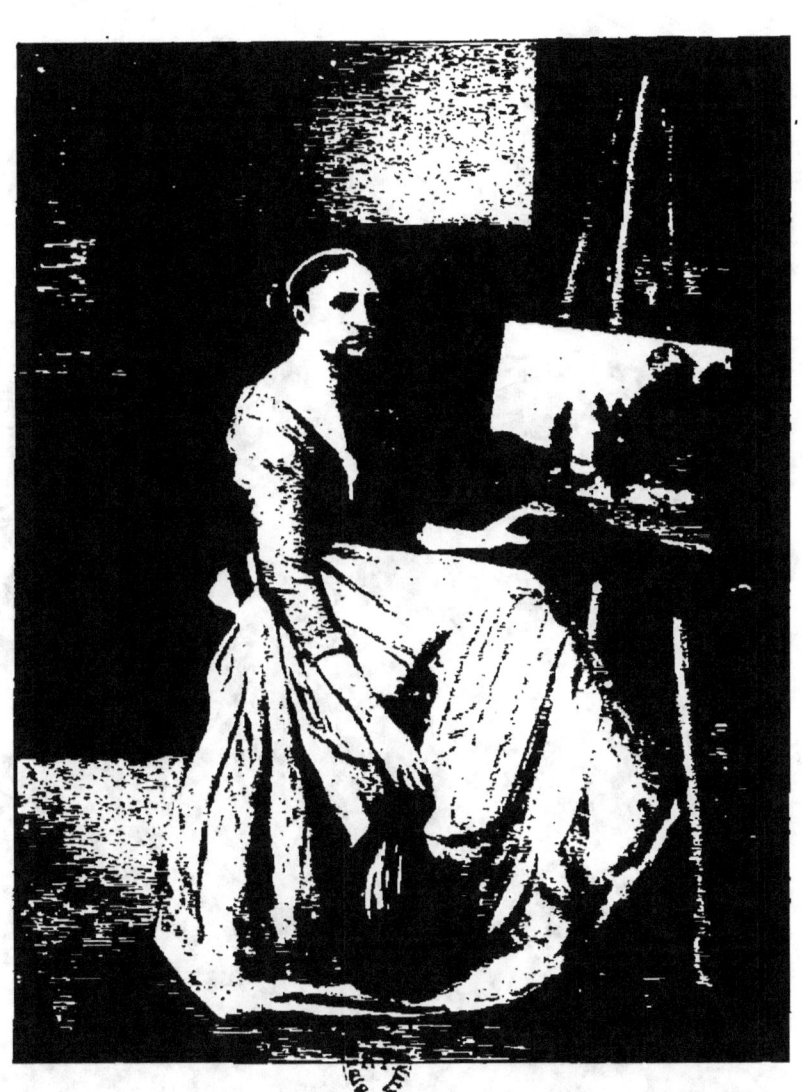

118. — J.-B.-C. Corot (1796-1875).
L'Atelier.
(Appartient à Mme Esnault-Pelterie).

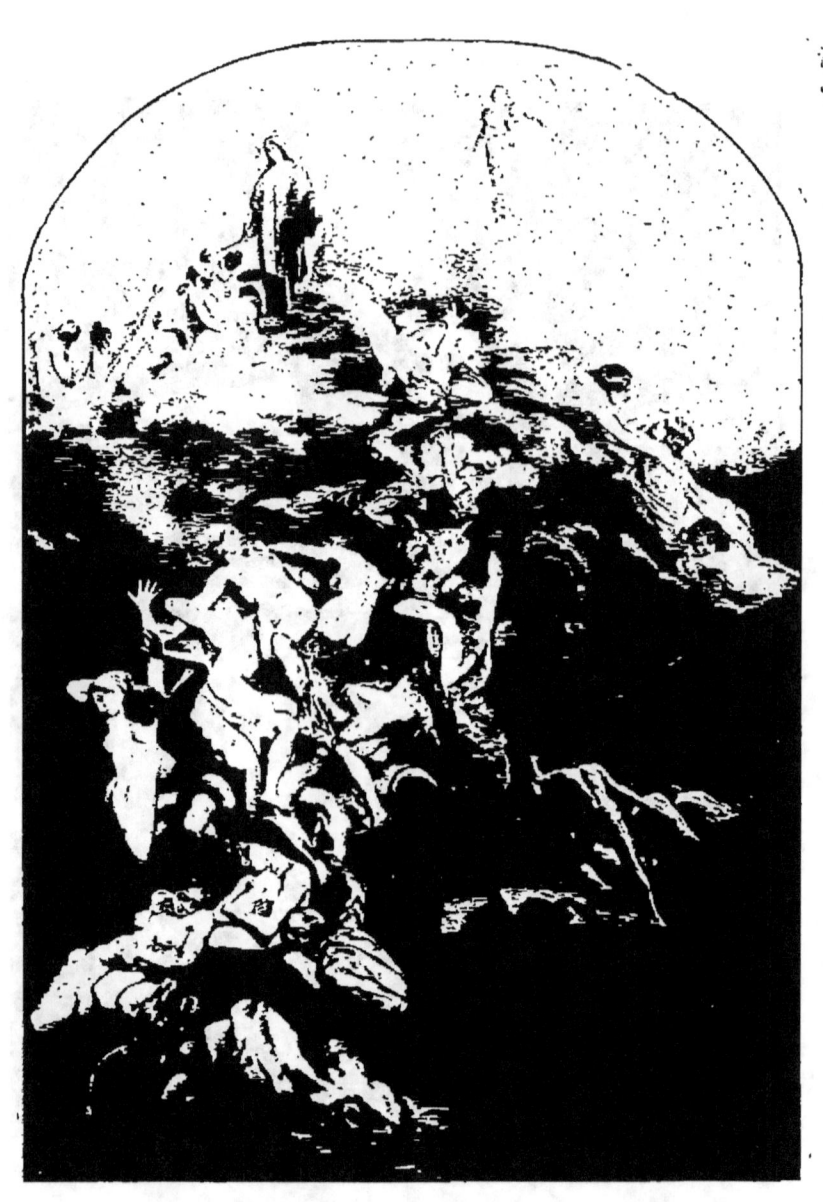

625. — N.-F.-O. TASSAERT (1800-1874).
CIEL ET ENFER.
(Musée de Montpellier).

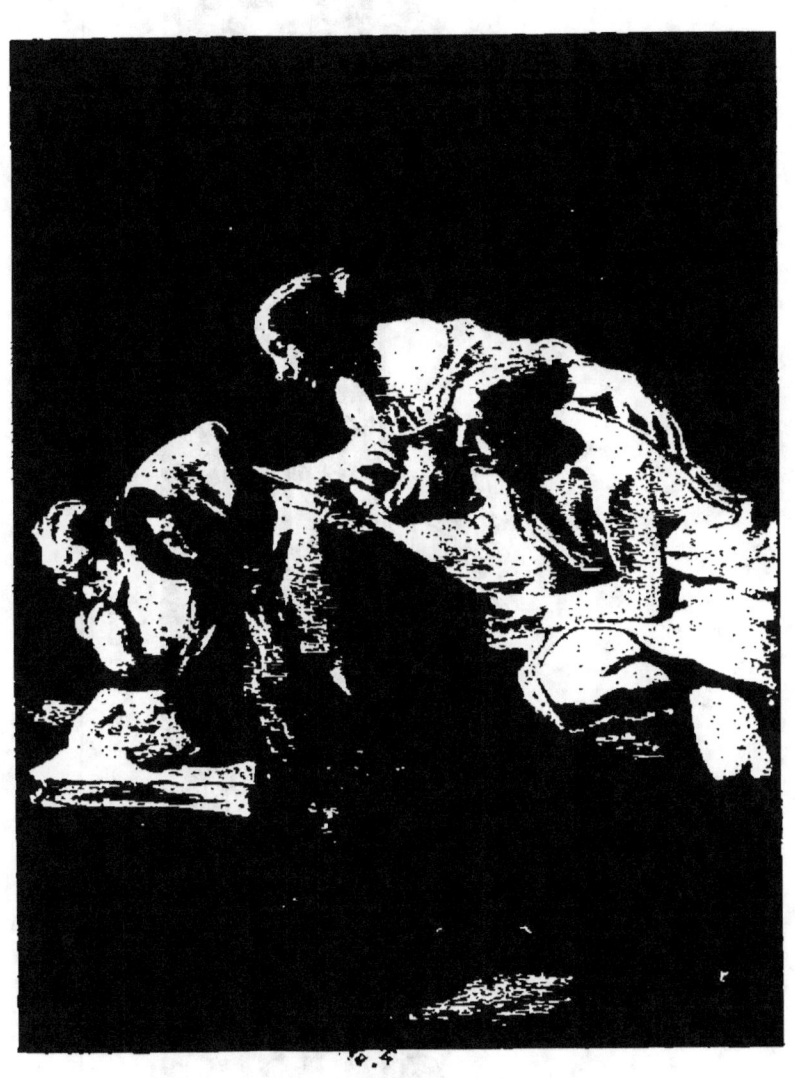

630. — N.-F.-O. Tassaert (1800-1874).
Tentation de saint Hilarion.
(Appartient à M. Henri Rouart).

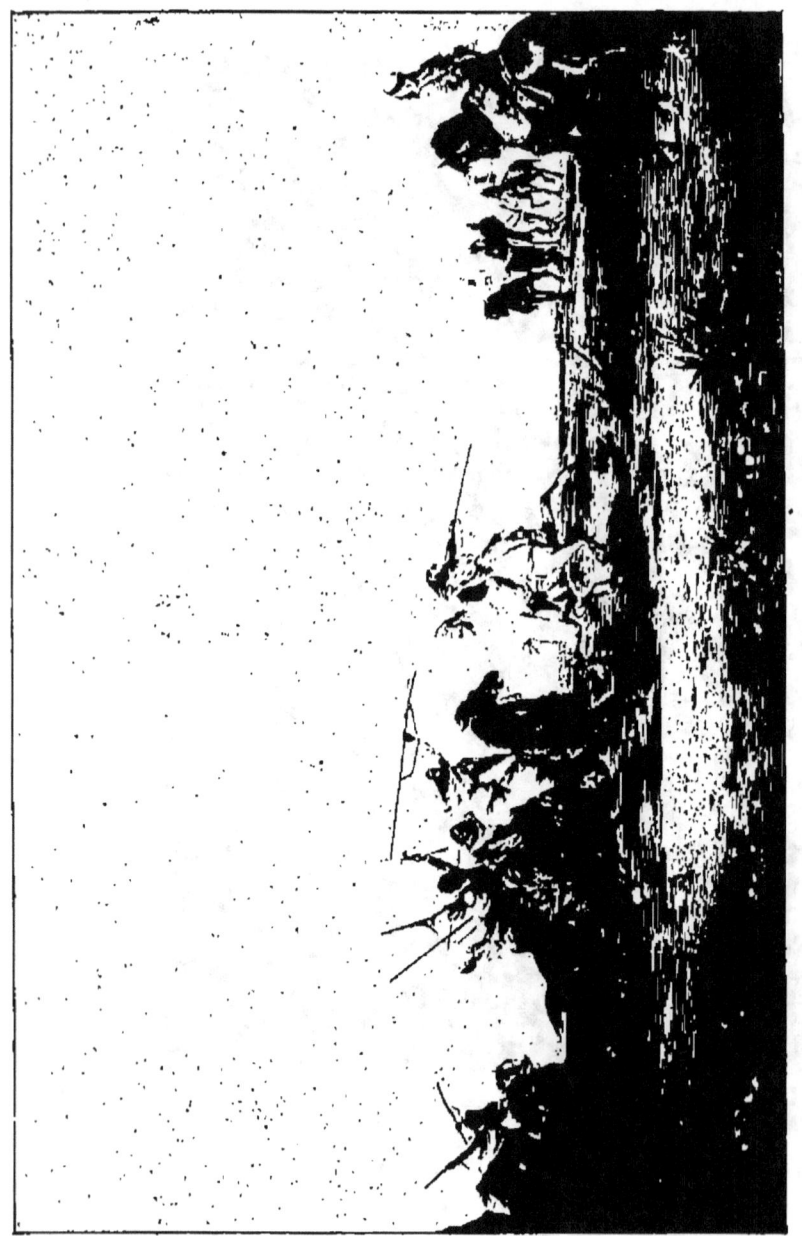

296. — E.-S.-A. Fromentin (1820-1876).
Fantasia arabe.

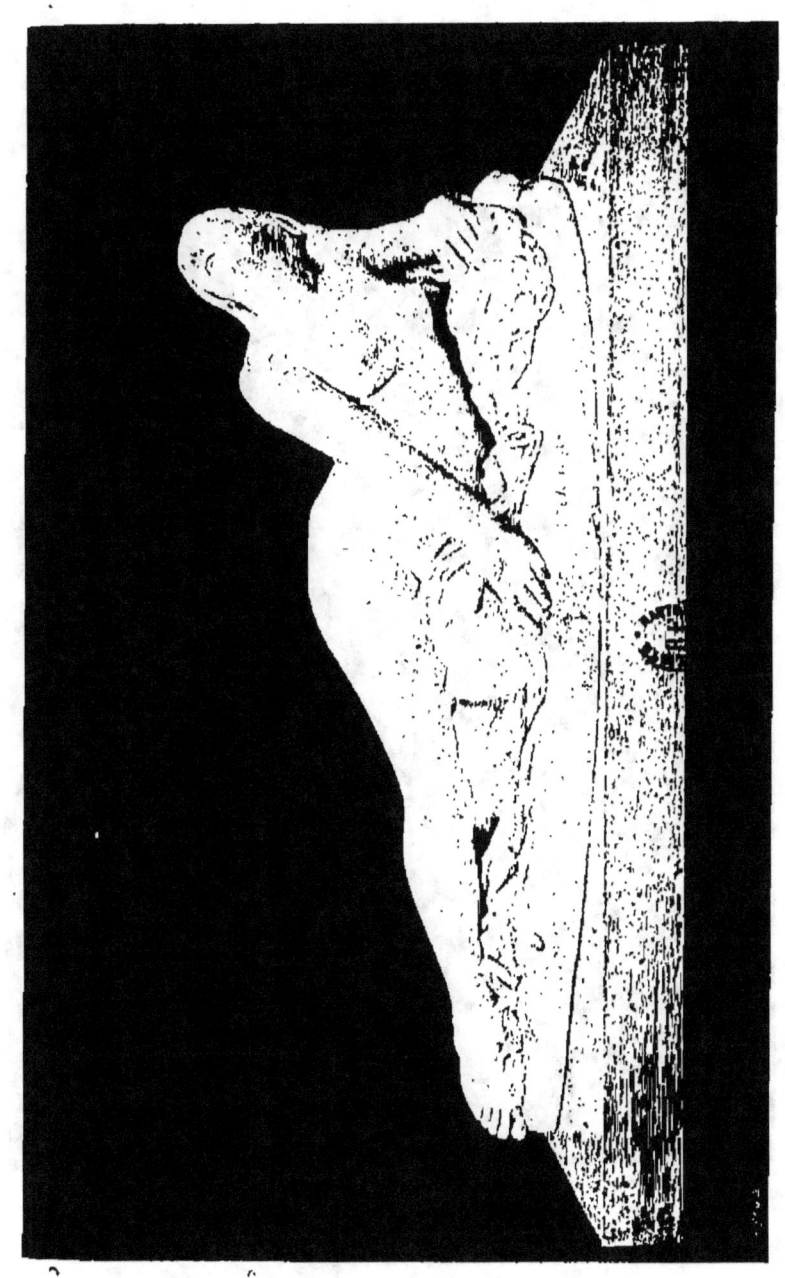

1642. — A. Etex (1808-1888).
Olympia.
(Palais de Trianon).

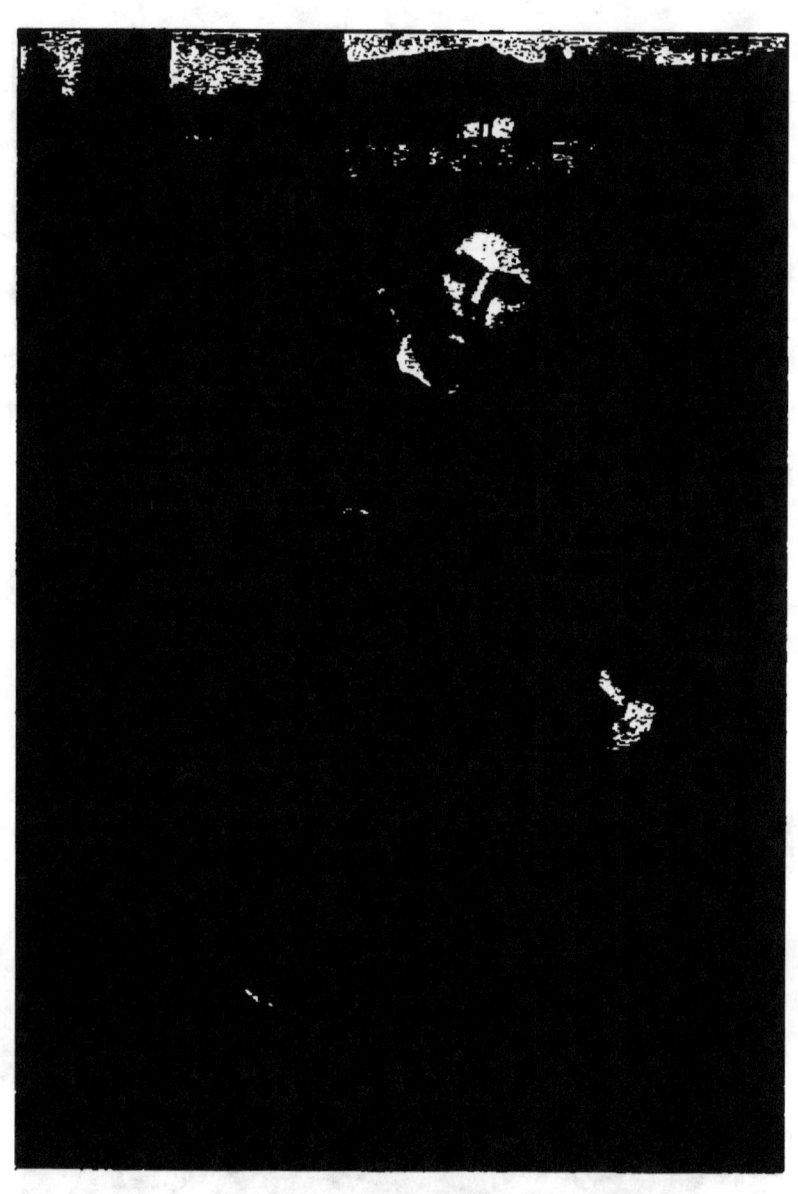

12. — JULES BASTIEN-LEPAGE (1848-1884).
« PAS MÈCHE. »

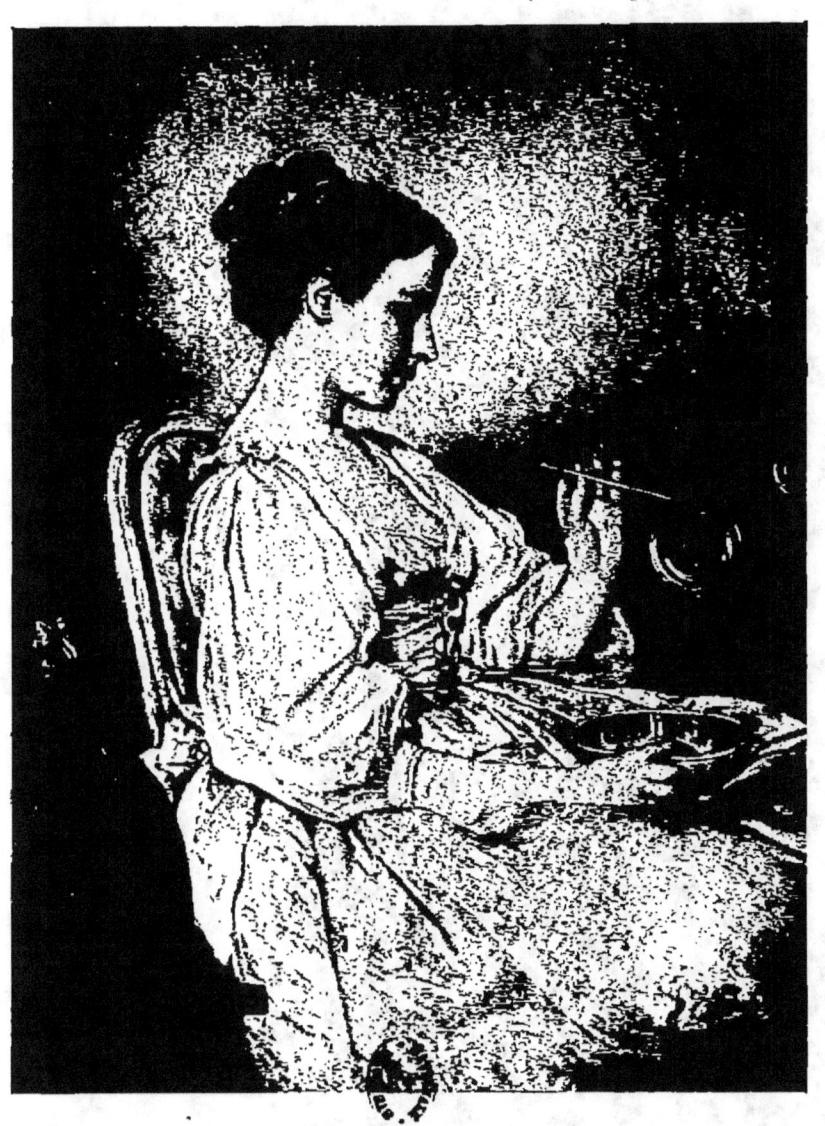

89. — Ch. Chaplin (1825-1891).
Les Bulles de savon.
(Palais de Fontainebleau).

91. — Cr. Chaplin (1825-1891).
L'Étoile.
(Appartient à Mme Philippe Gille).

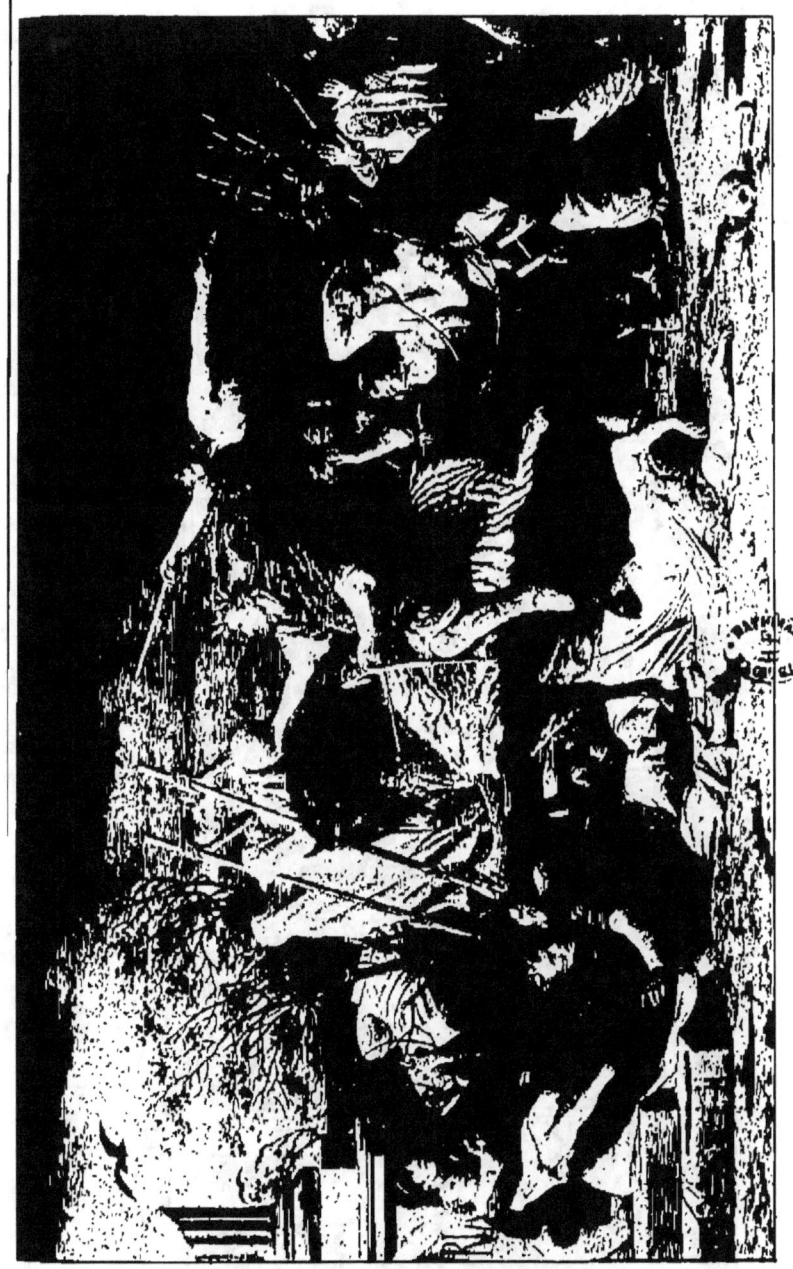

669. — A. Yvon (1817-1893).
César.
(Musée d'Arras).

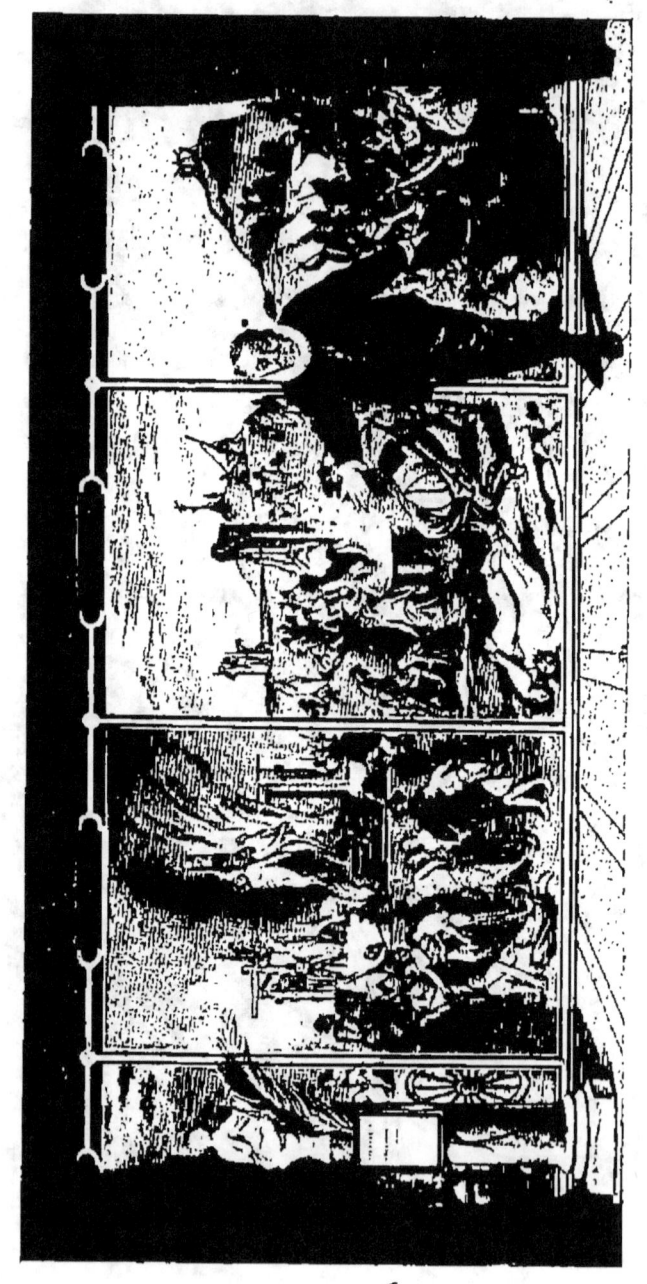

328. — A.-B. Glaize (1807-1893).
Spectacle de la Folie humaine.
(Musée d'Arras).

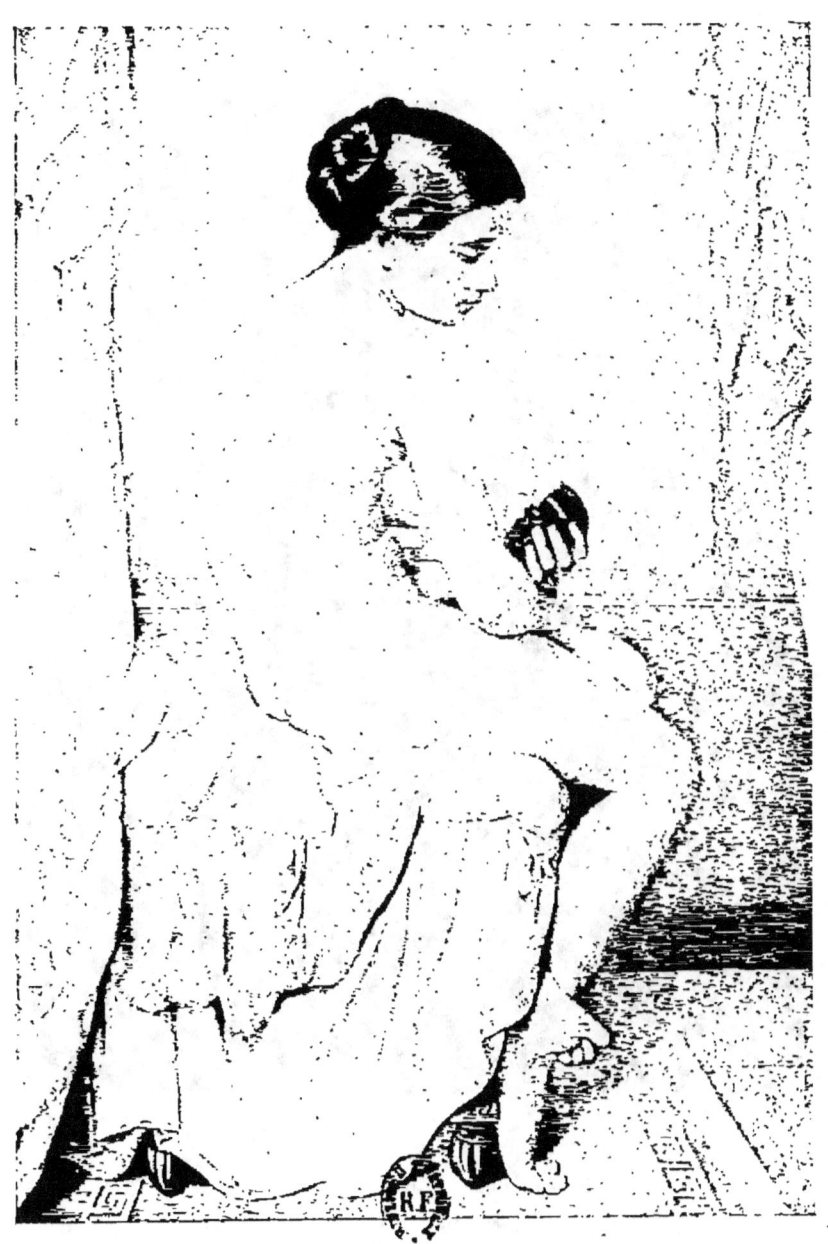

6. — E. Amaury-Duval (1808-1885).
Étude d'enfant.
(Musée de Calais).

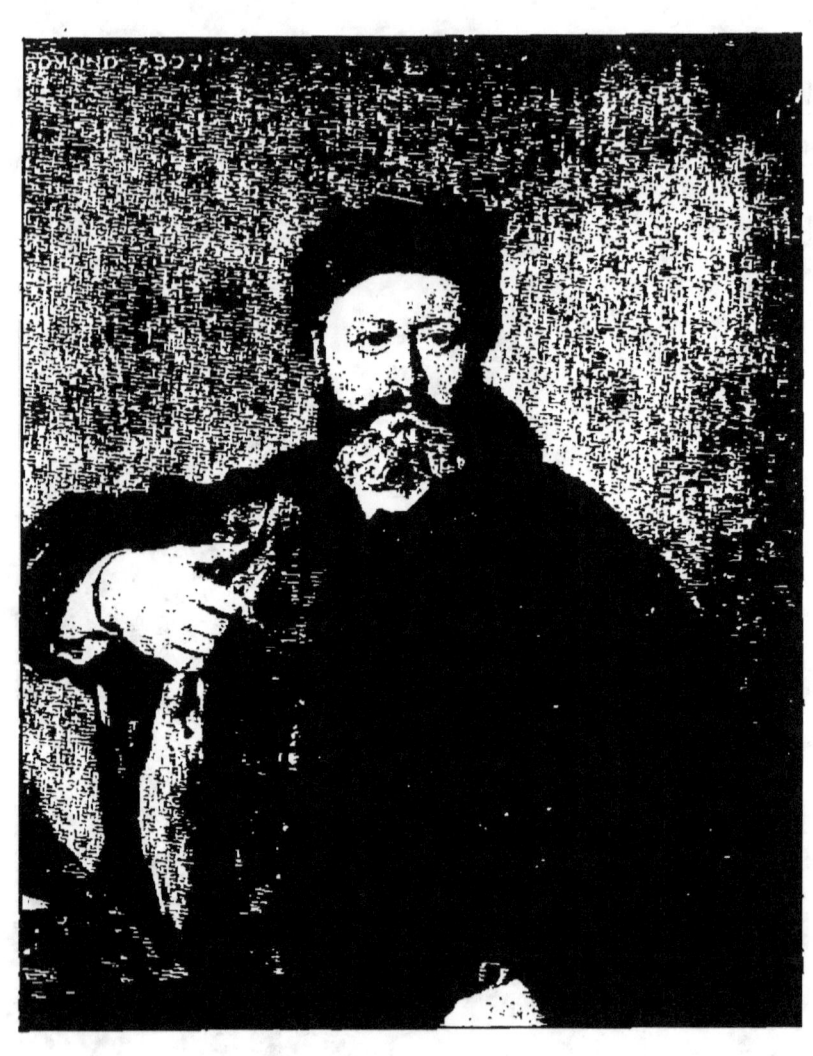

20. — PAUL BAUDRY (1828-1886).
PORTRAIT D'EDMOND ABOUT.
(Appartient à Mme Ed. About).

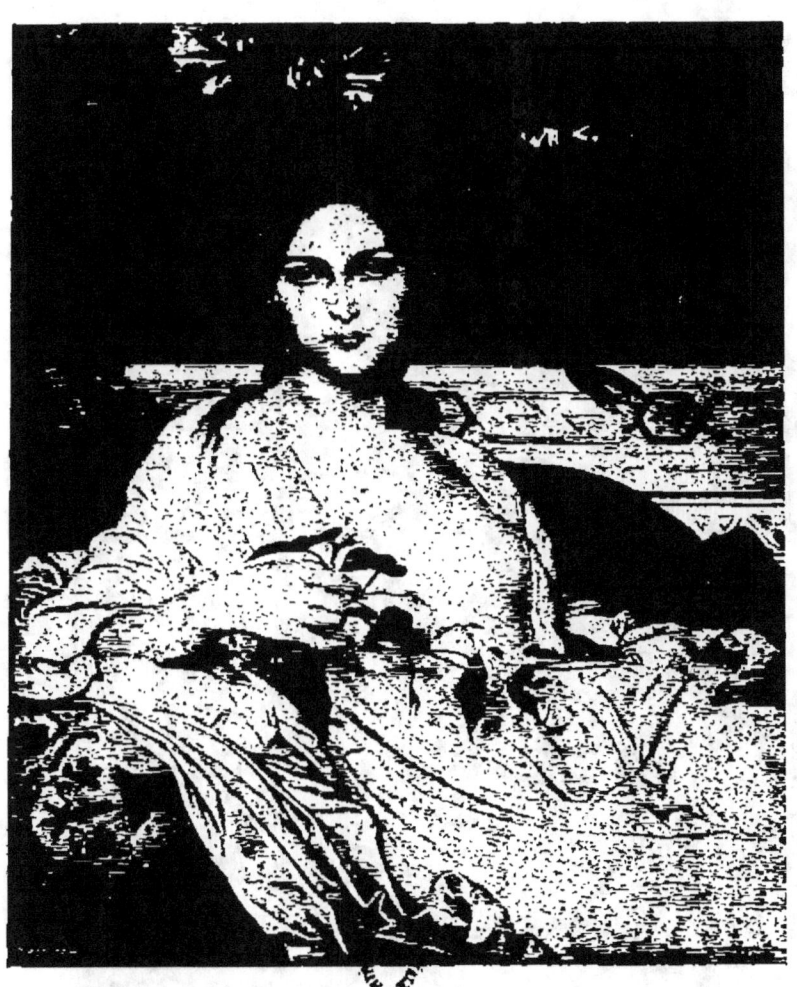

71. — A. CABANEL (1824-1889).
ALBAYDÉ.
(Musée de Montpellier).

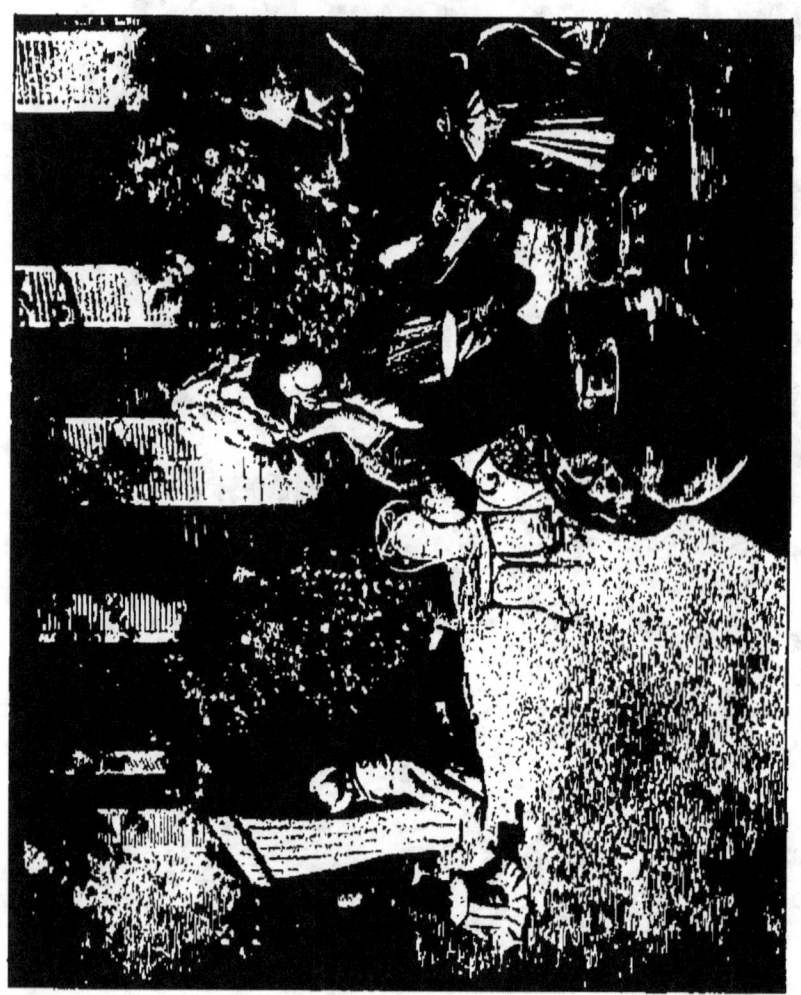

263. — E.-A. Duez (1843-1896).
Le Déjeuner sur la terrasse (Villerville).
(Appartient à M. Bovilion).

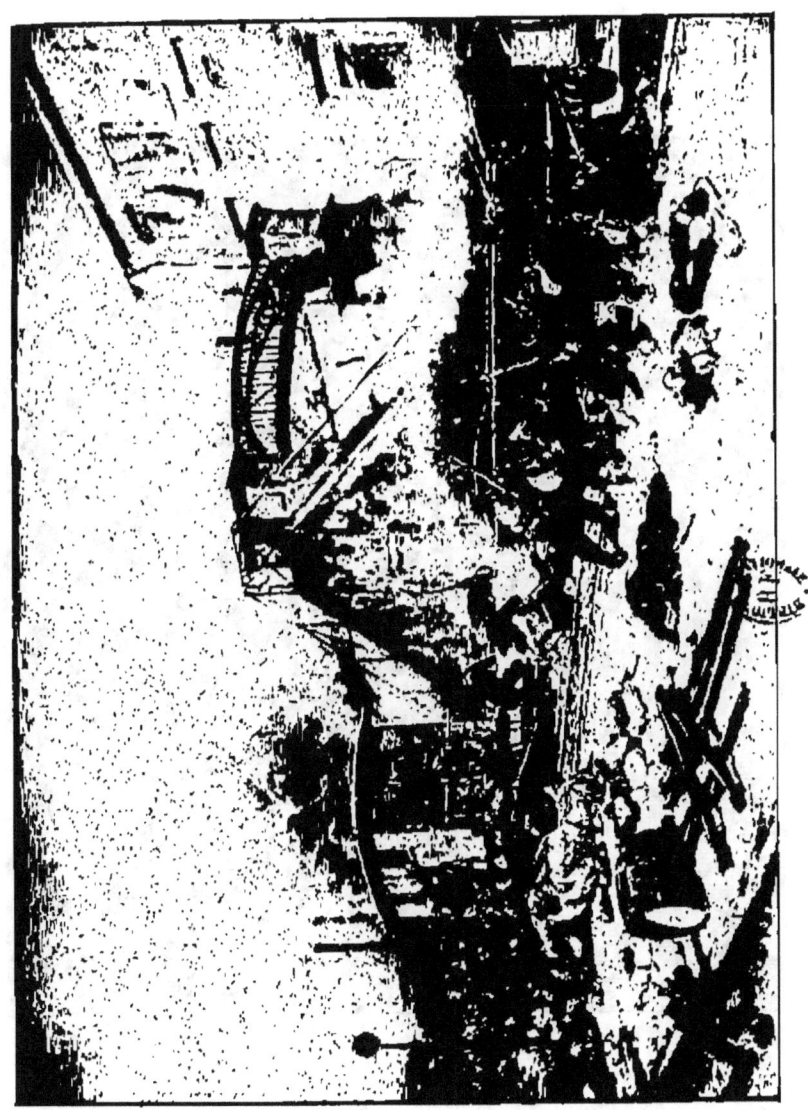

540. — A.-M.-A. de Neuville (1836-1885).
La Passerelle de la gare de Styring, bataille de Forbach, le 6 aout 1870.
(Musée de Péronne).

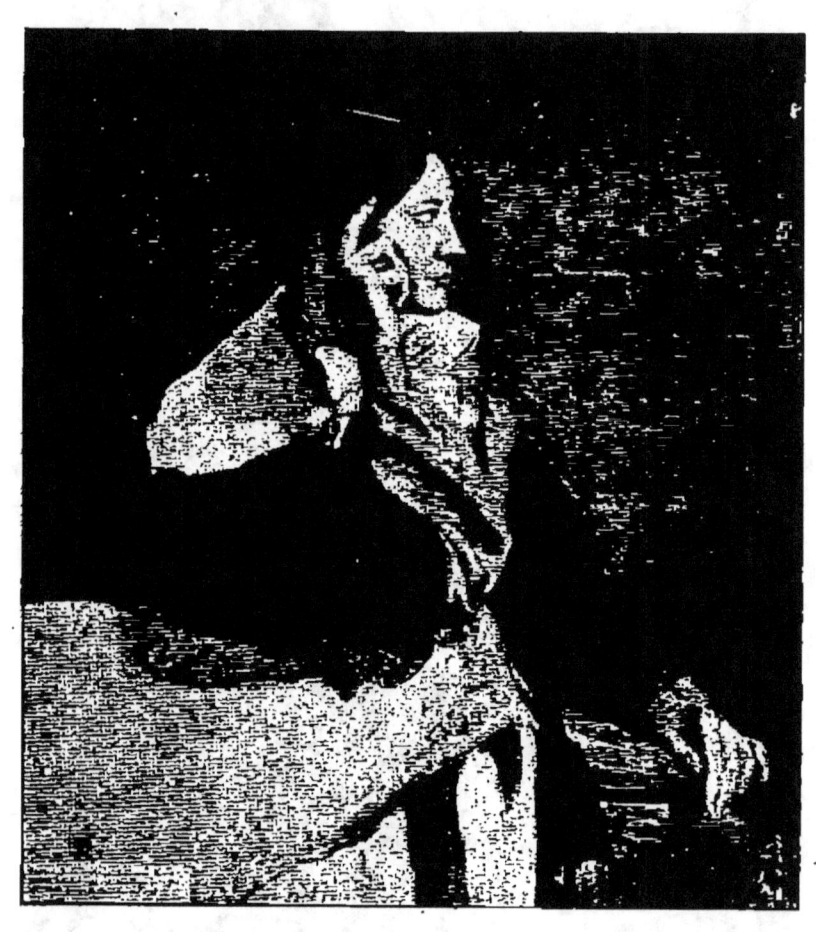

507. — V.-L. MOTTEZ (1809-1897).
PORTRAIT DE Mme M..., PEINT A LA FRESQUE.
(Appartient à M. H. Mottez).

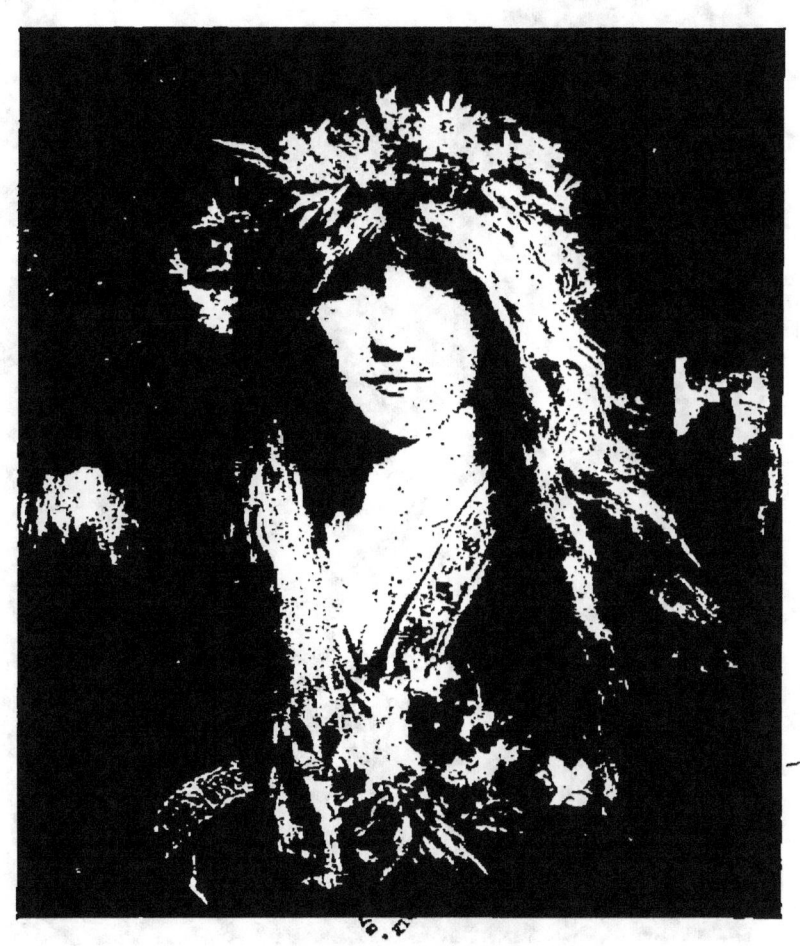

231. — J.-E. Delaunay (1828-1891).
Ophélie.
(Musée de Bordeaux).

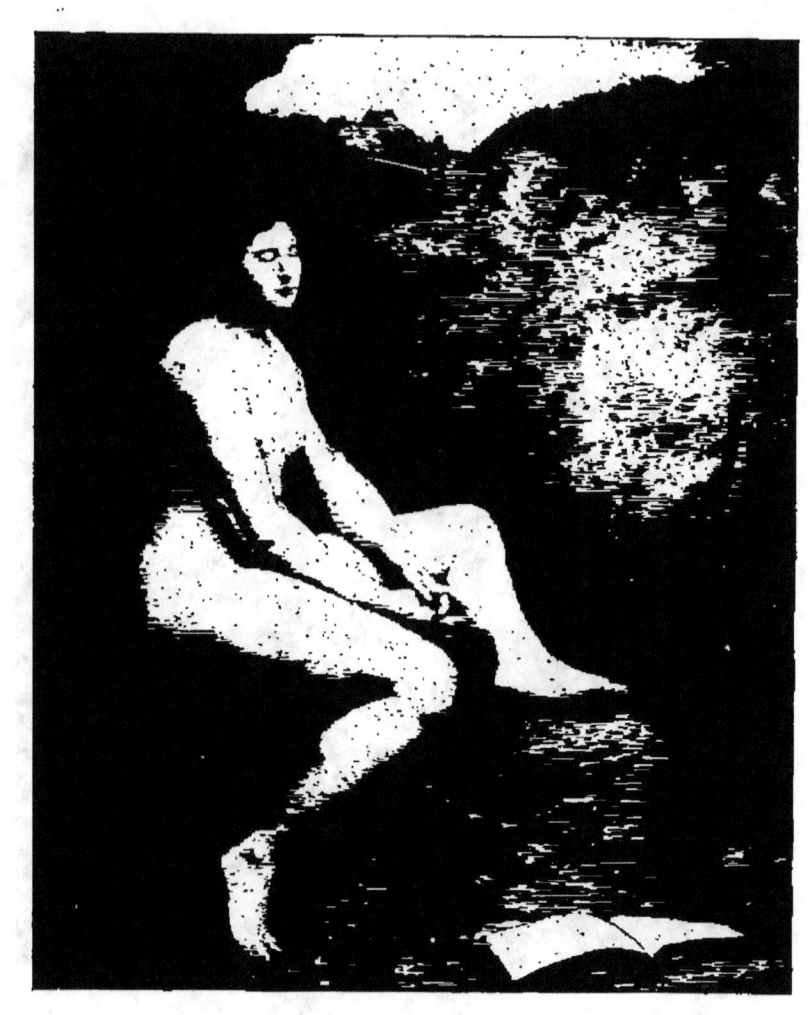

278. — J.-A.-J. FALGUIÈRE (1831-1900).
MADELEINE.
(Musée de Pau).

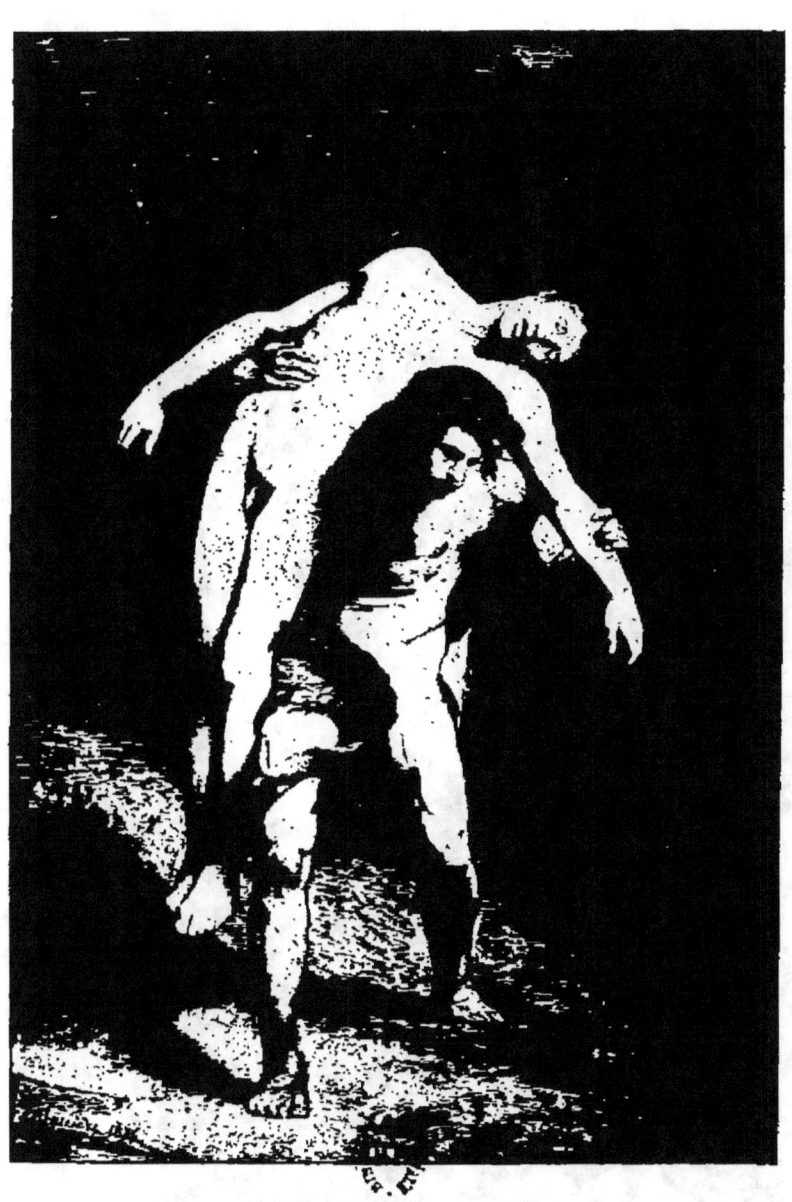

277. — J.-A.-J. Falguière (1831-1900).
Caïn portant Abel.
(Musée de Carcassonne).

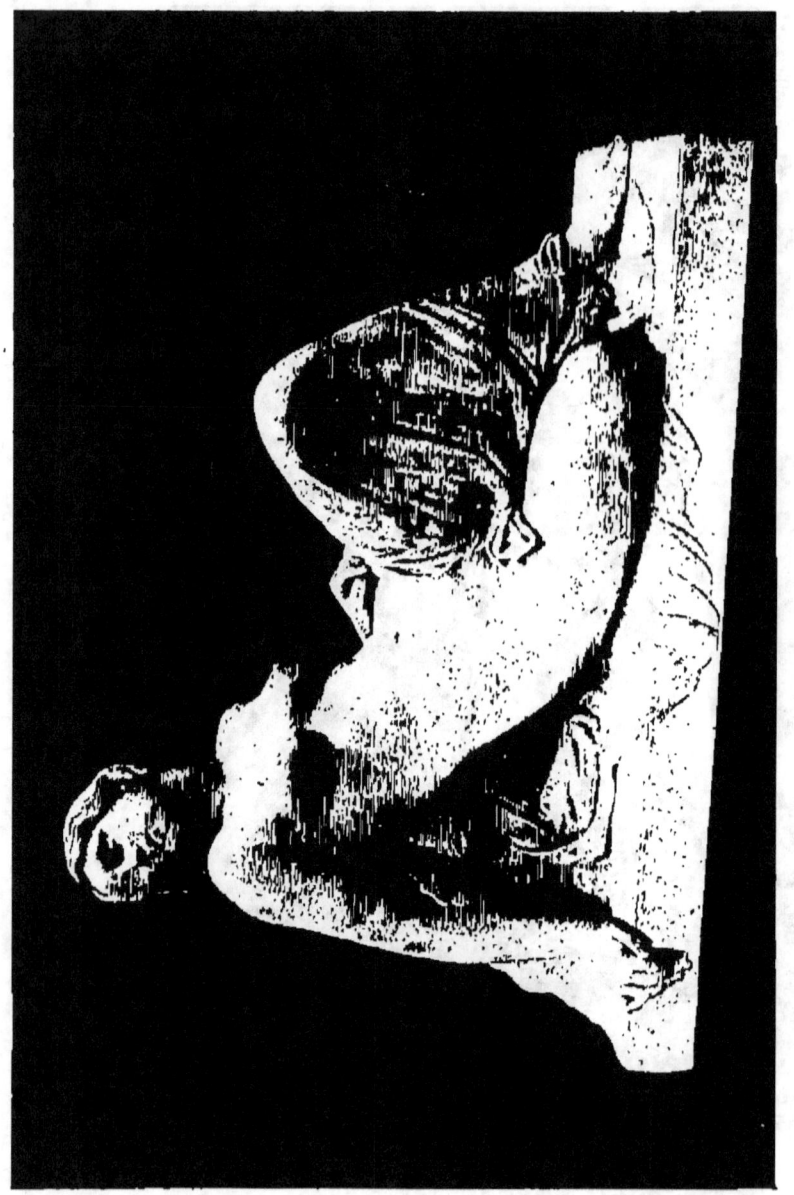

1699. — F. JOUFFROY (1806-1882).
ARIANE ABANDONNÉE PAR THÉSÉE DANS L'ILE DE NAXOS
(Musée de Toulon).

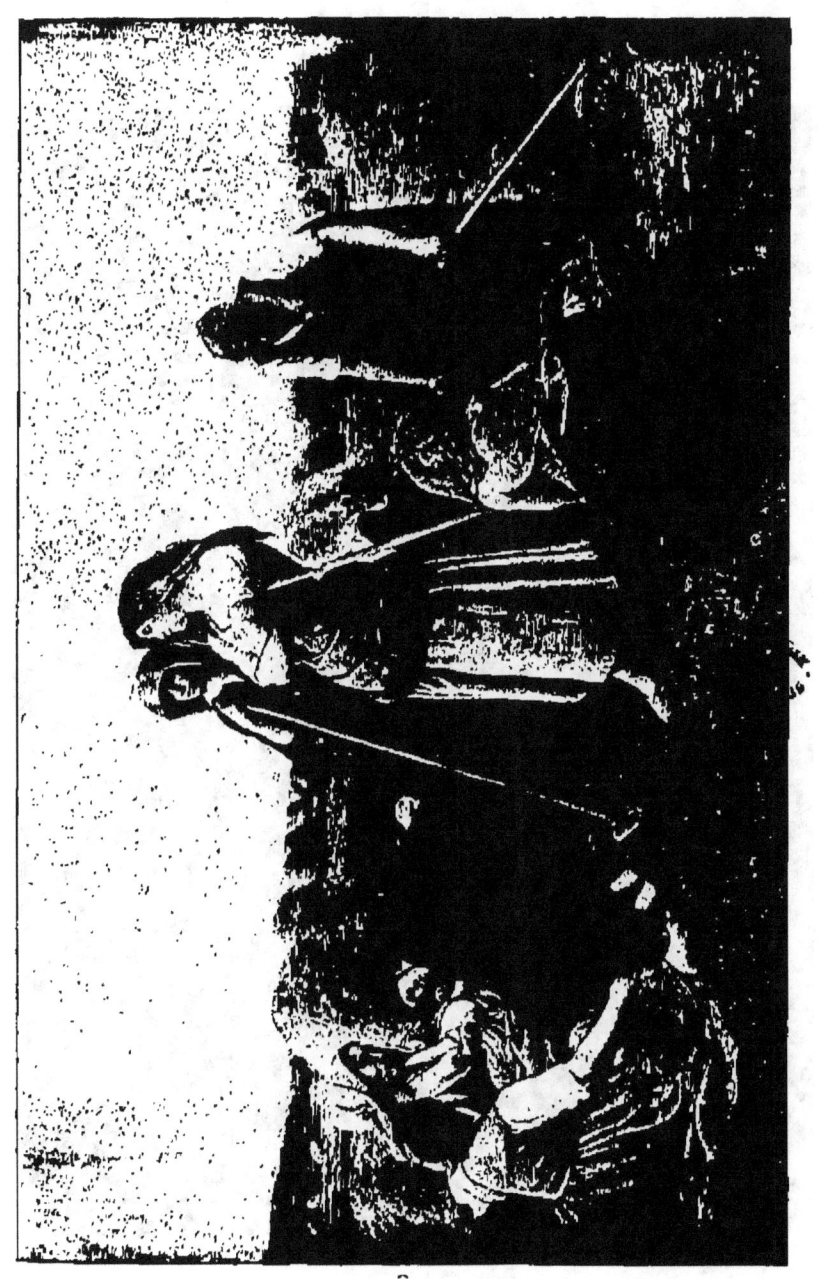

63. — A.-A.-L. Jules Breton.
La Fin de la Journée.
(Appartient à M. Gallice).

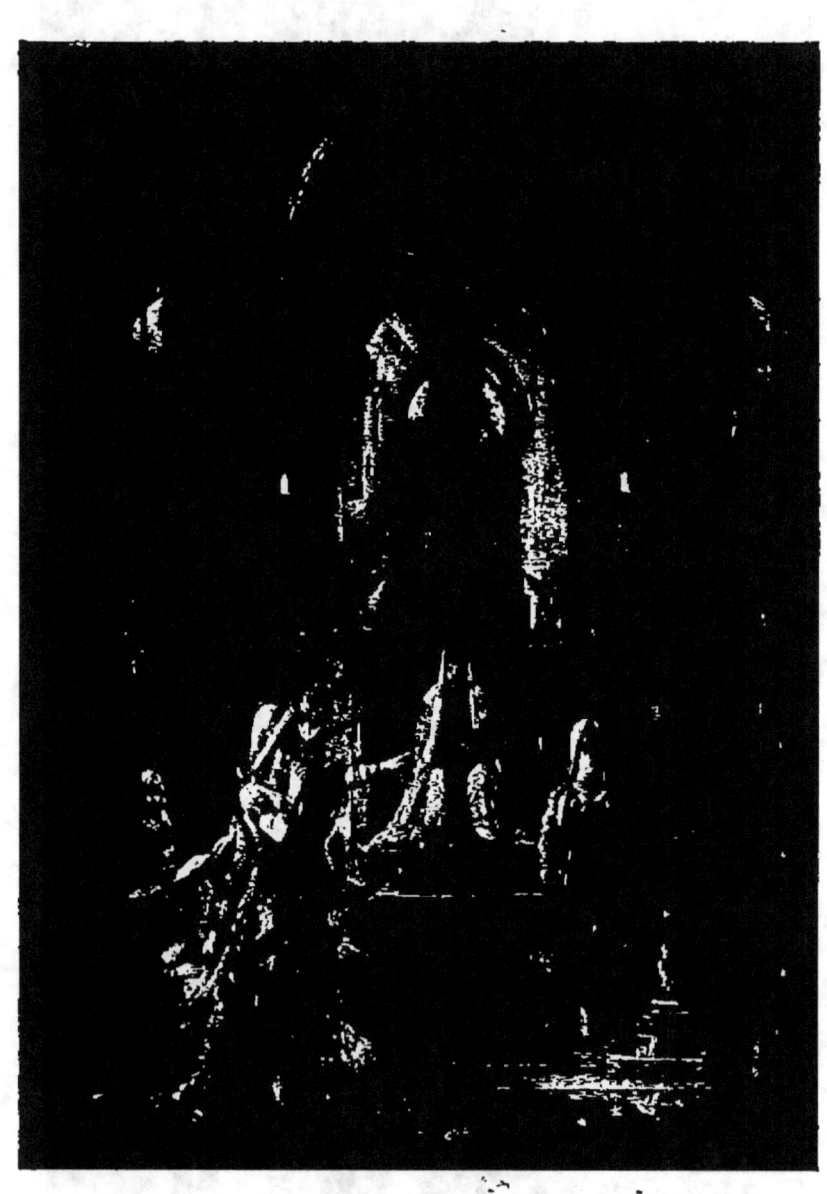

499. — G. MOREAU (1826-1898).
SALOMÉ.
(Appartient à M. L. Mante).

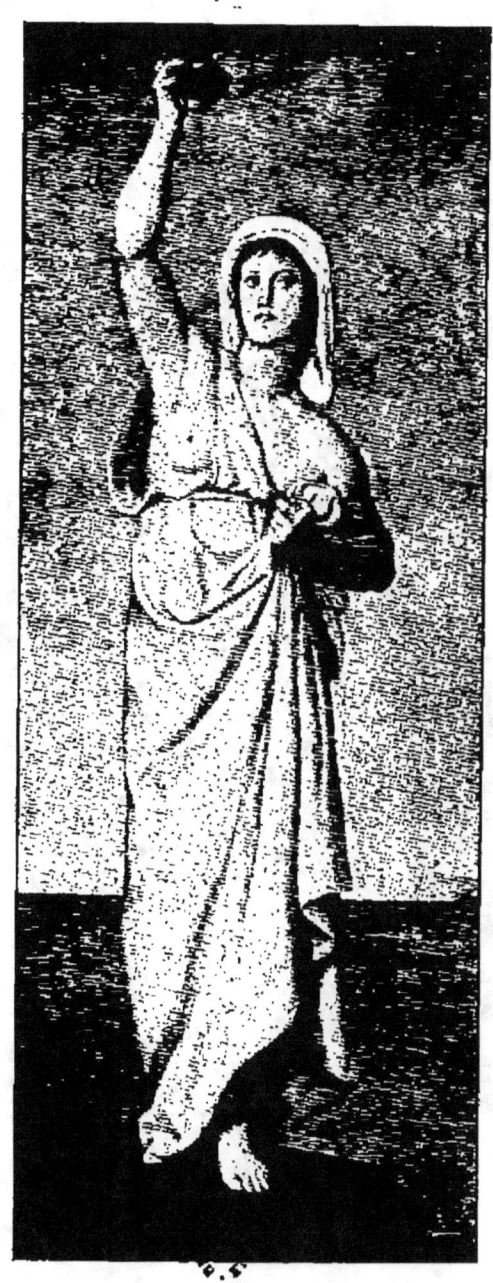

538 *bis*. — P. Puvis de Chavannes (1824-1898).
La Vigilance.
(Appartient à M. Durand-Ruel).

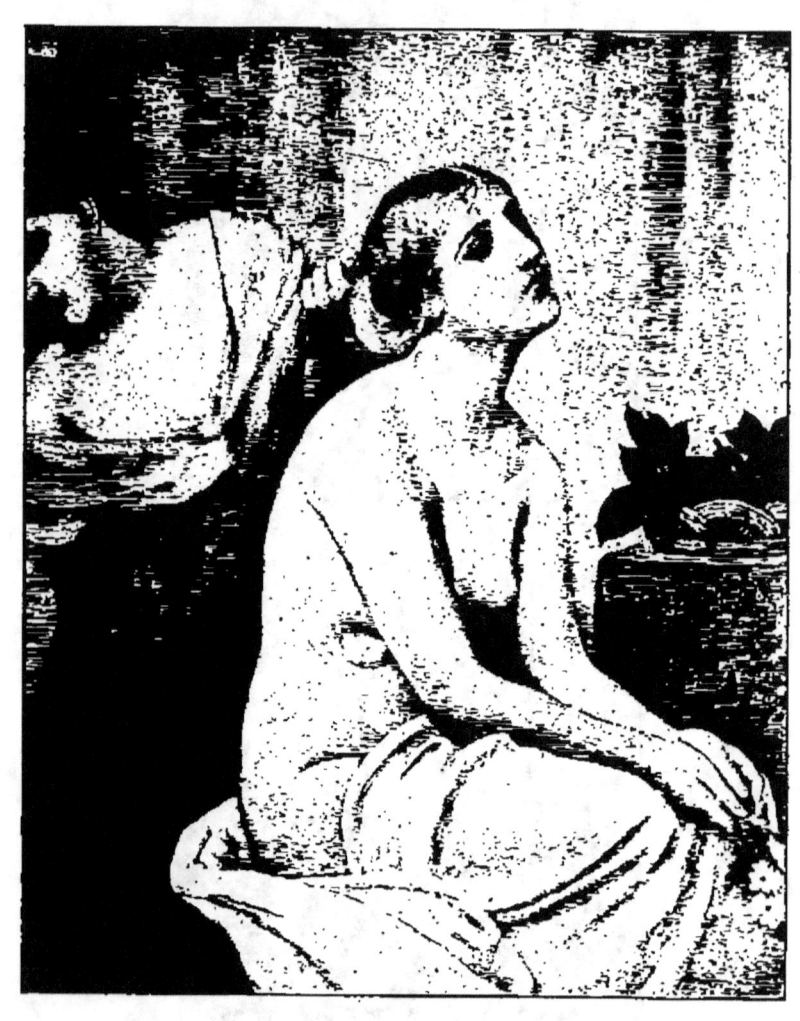

536. — P. Puvis de Chavannes (1824-1898).
La Toilette.
(Appartient à M. Haviland).

537. — P. Puvis de Chavannes (1824 1898).
La Famille du Pêcheur.
(Appartient à M. Durand-Ruel).

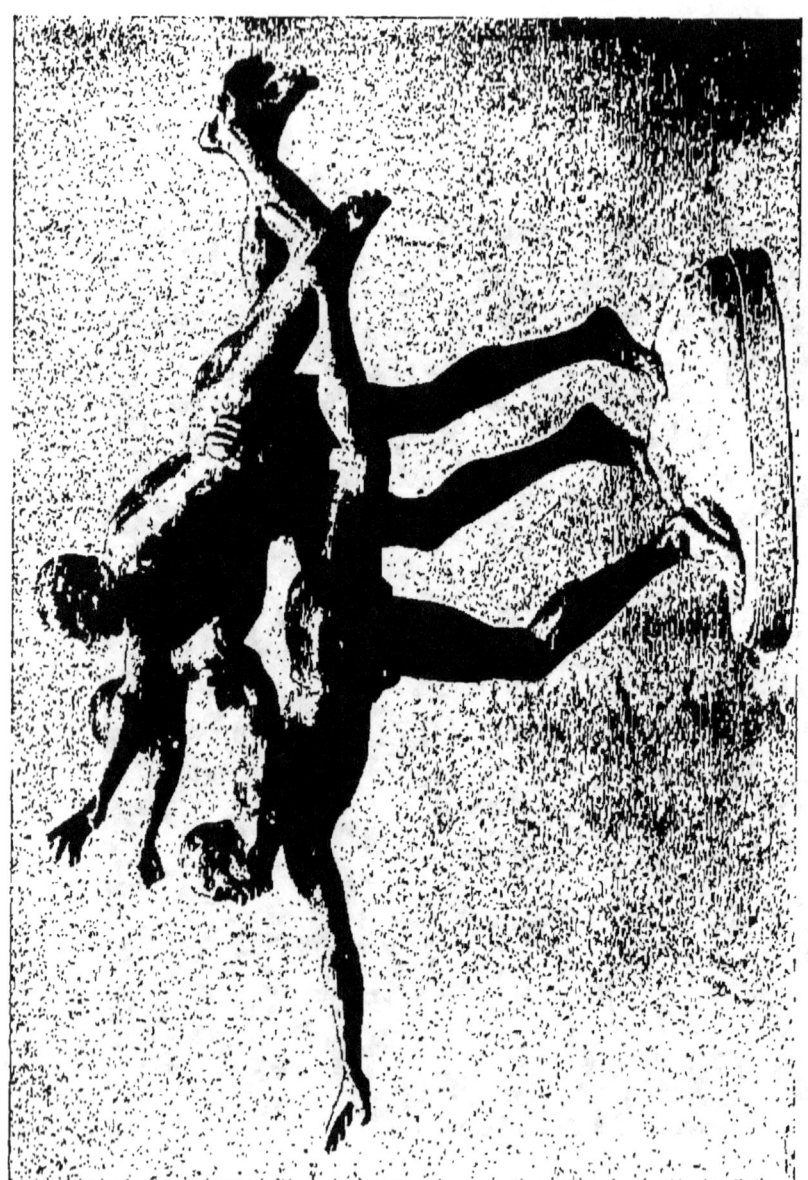

1489. — A. BOUCHER.
AU BUT
(Appartient à M. Boucher).

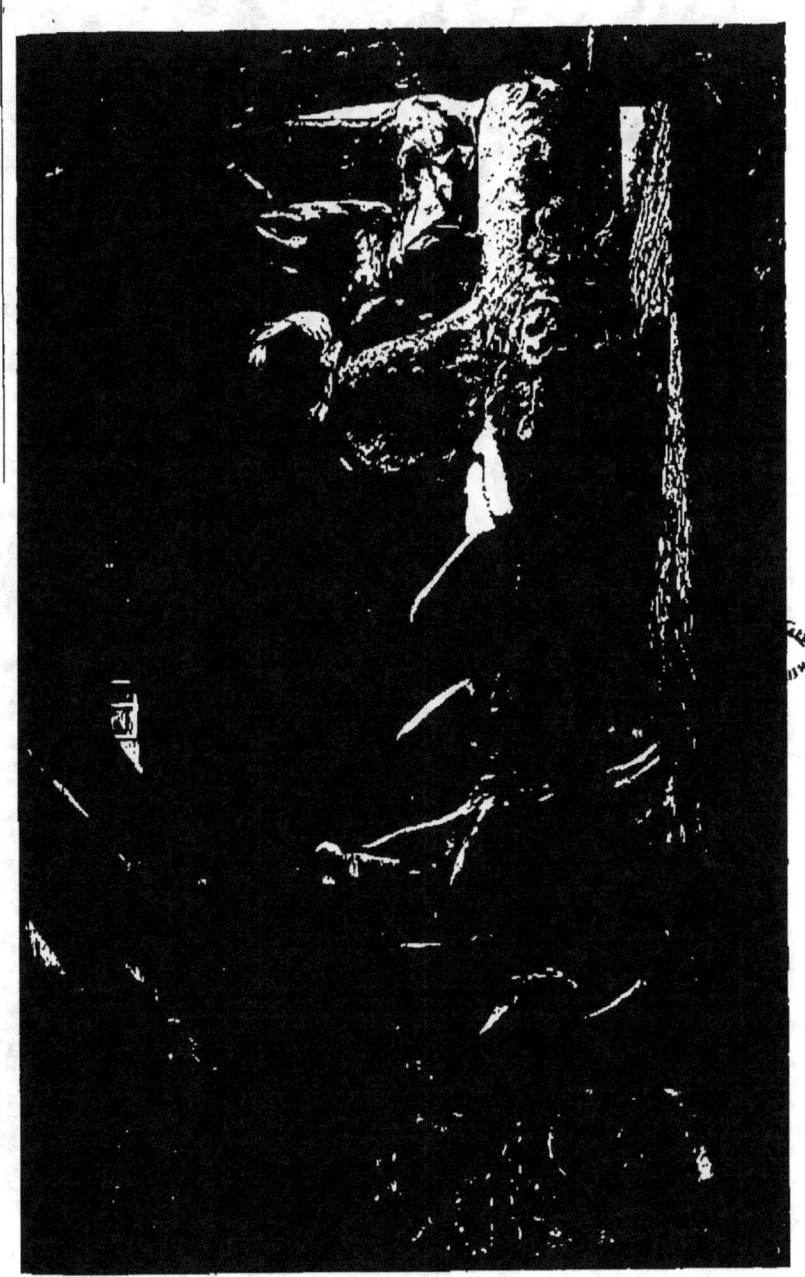

27. — J. J. Benjamin-Constant.
Les Chérifas.
(Musée de Carcassonne).

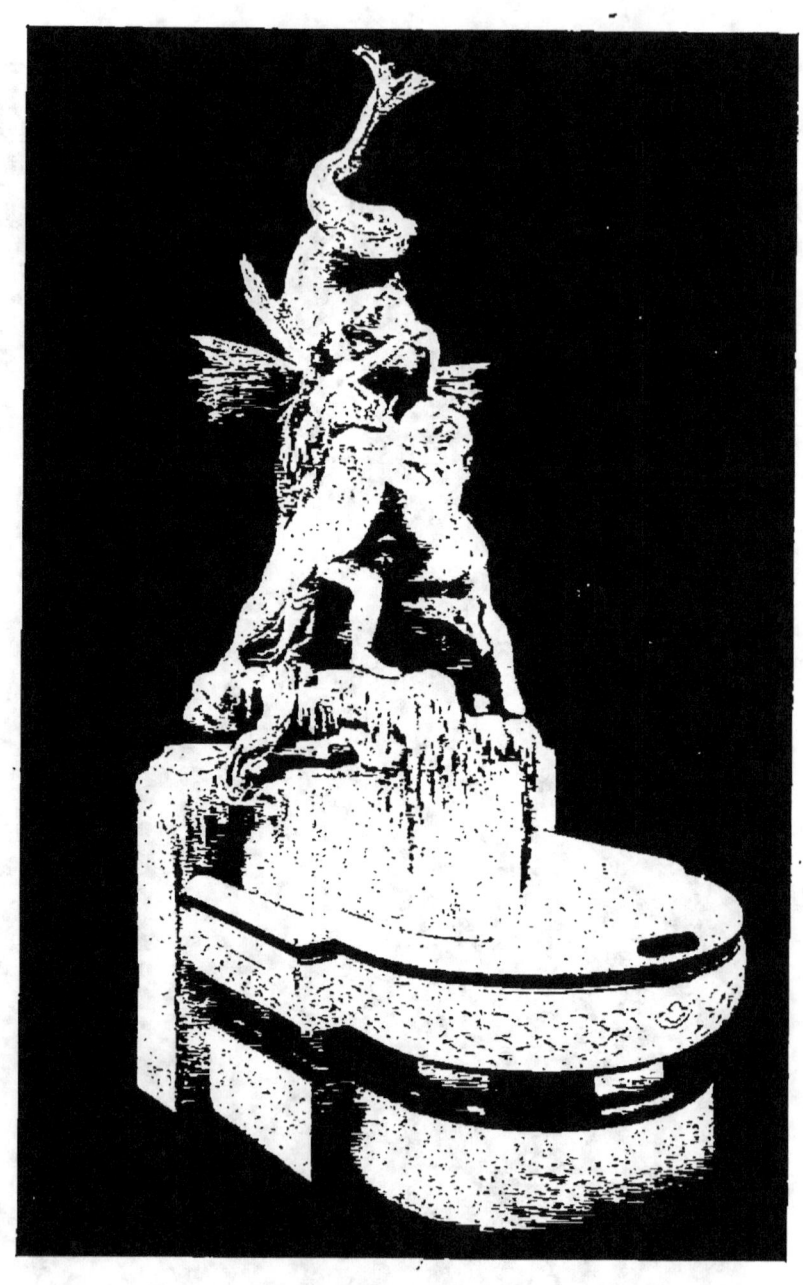

1559. — G.-J. Chéret (1839-1896).
Le Droit du plus fort.
(Modèle de fontaine).

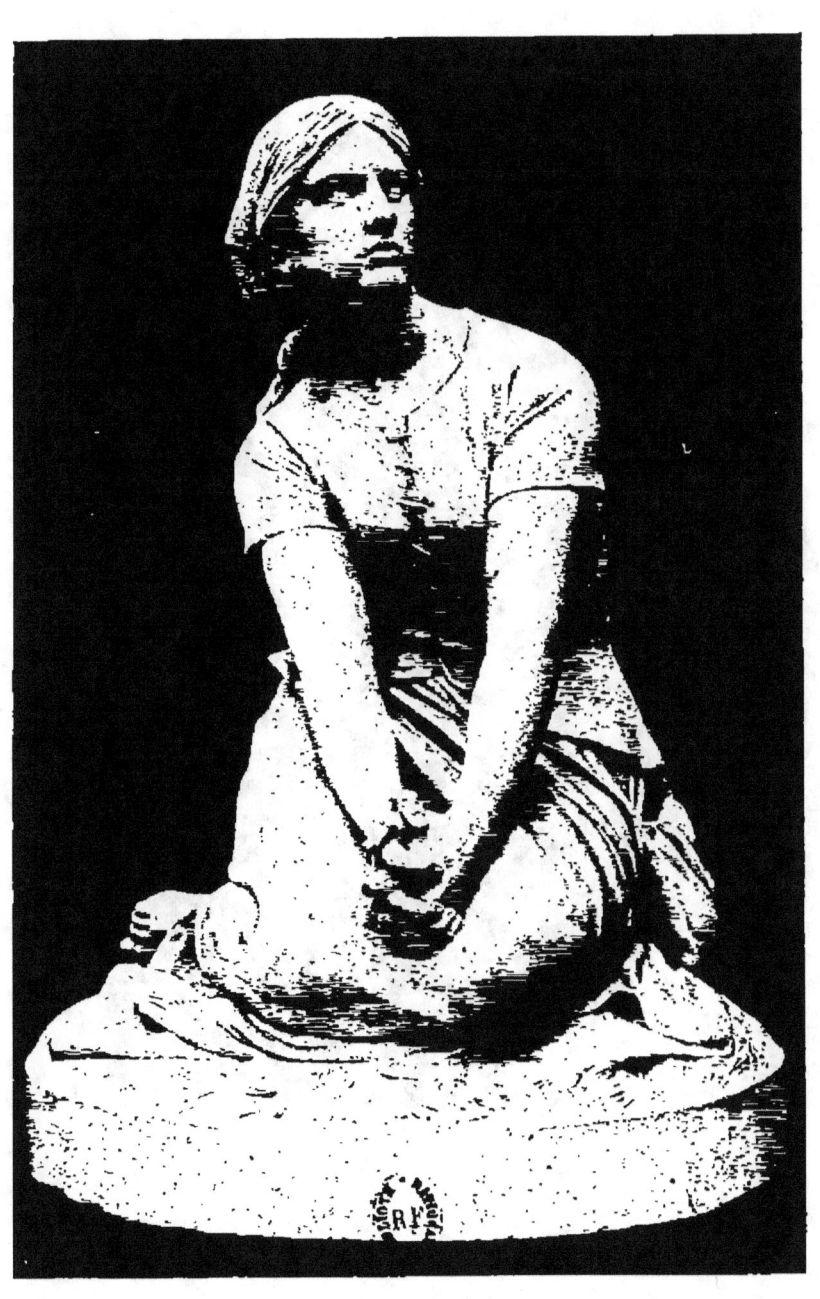

1532. — H.-M.-A. Chapu (1833-1891).
Jeanne d'Arc a Domrémy

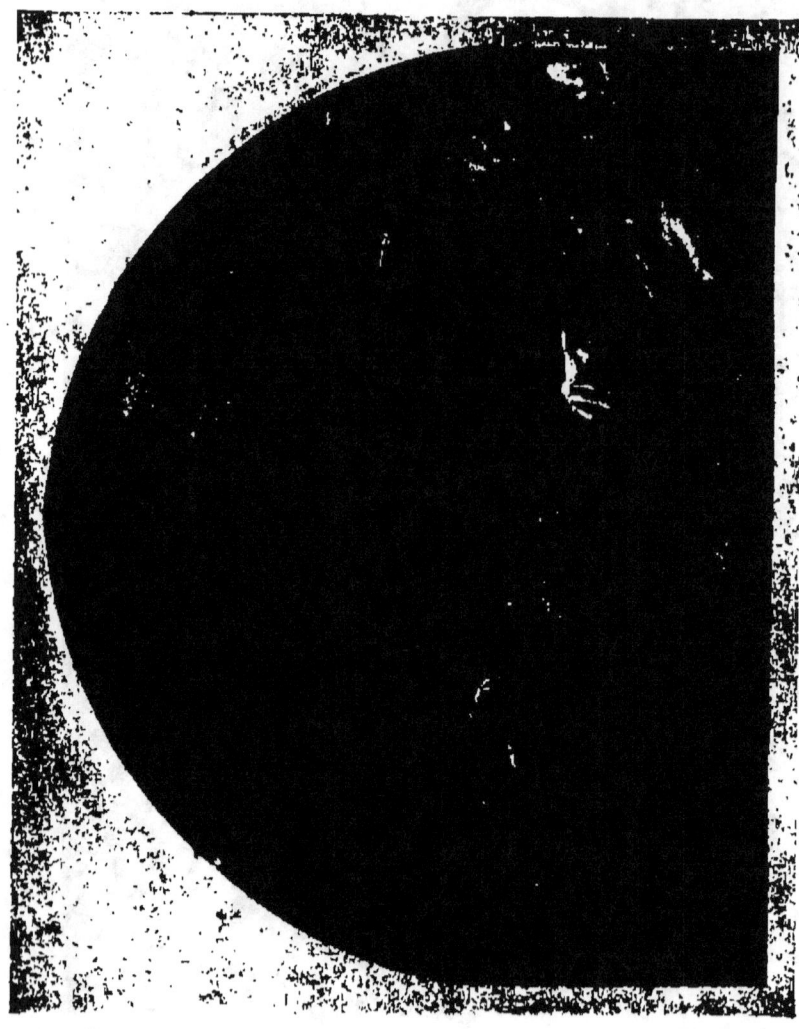

414. — F. CORMON.

RETOUR D'UNE CHASSE, A L'OURS ÂGE DE LA PIERRE POLIE.

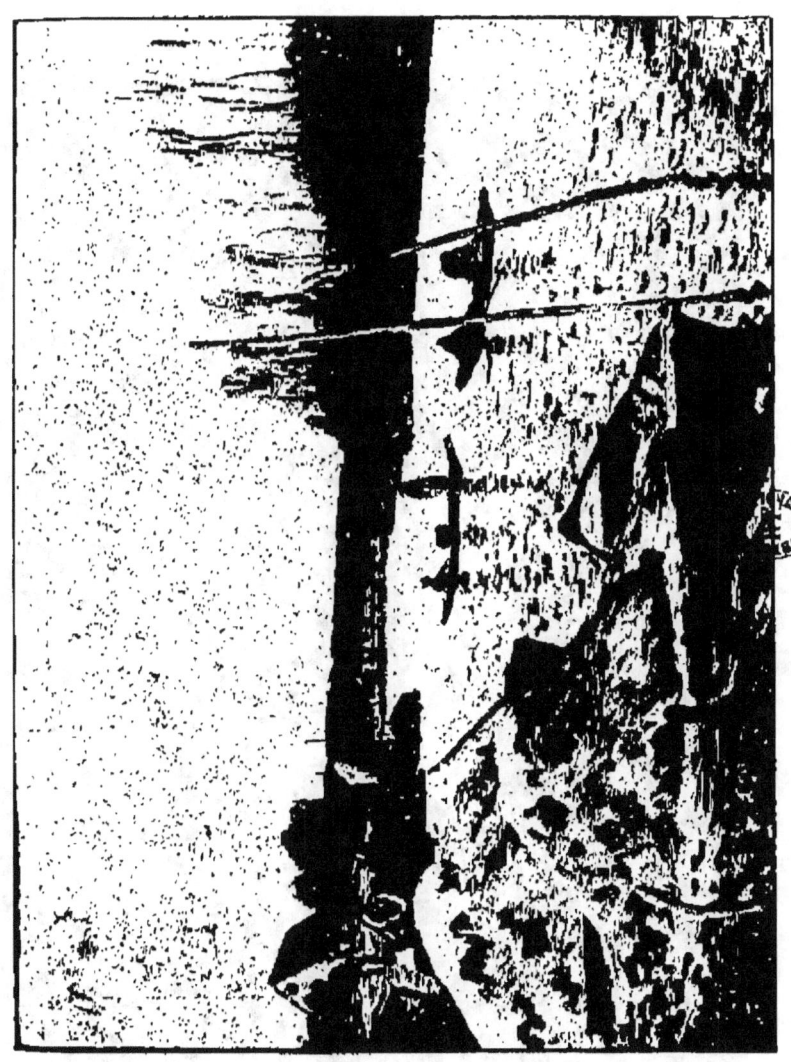

614. — ALF. SISLEY (1839-1899).
LA SEINE A PORT-MARLY.
(Appartient à M. George Viau).

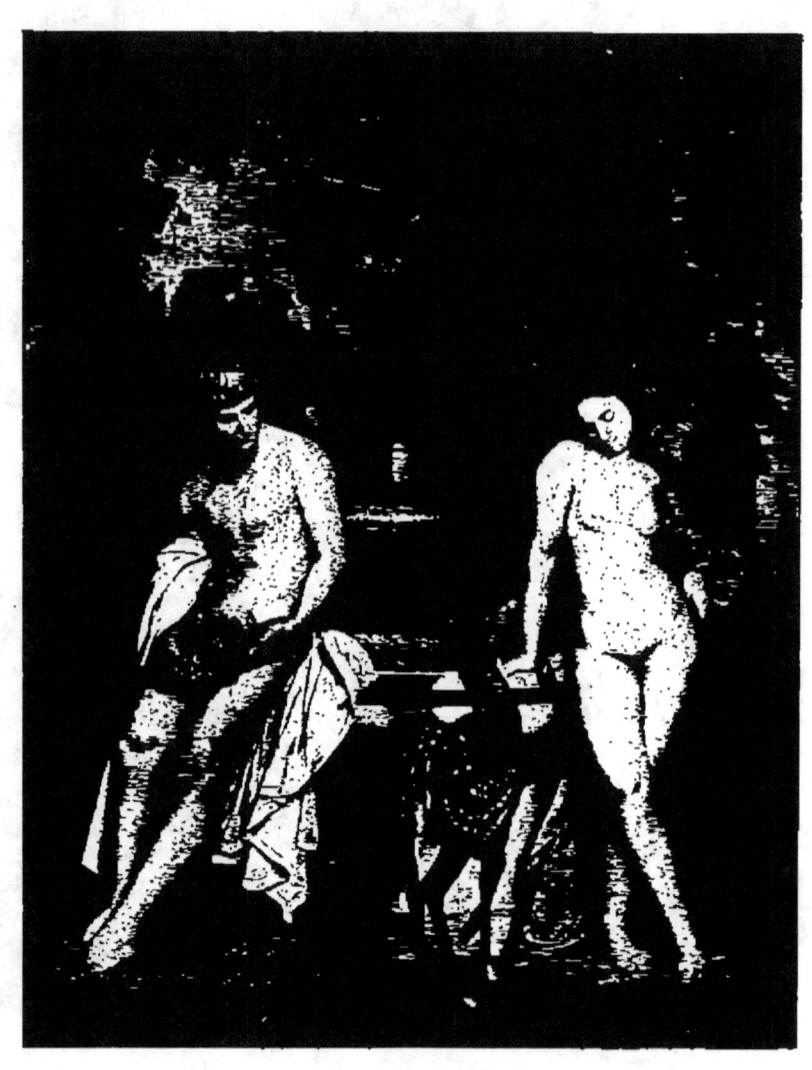

322. — L. Gérôme.
L'Innocence.
(Musée de Tarbes).

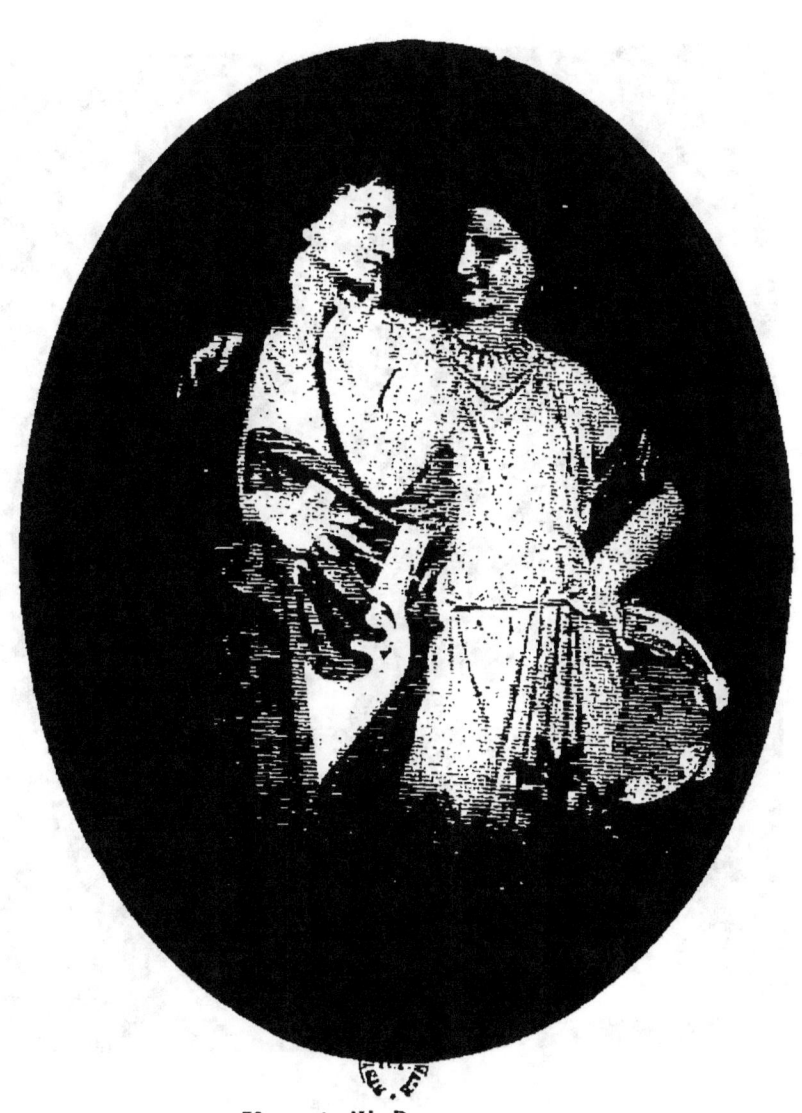

56. — A.-W. BOUGUEREAU.
PHILOMÈLE ET PROGNÉ.
(Palais de Fontainebleau).

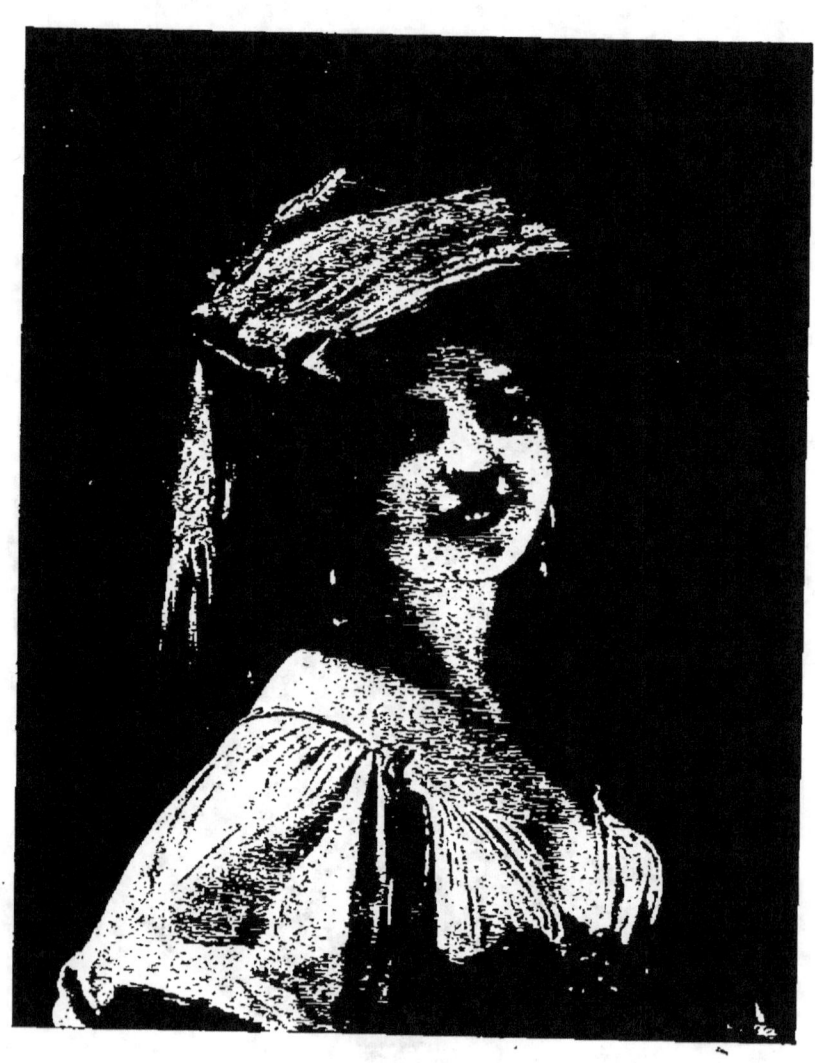

412. — J.-JULES LEFEBVRE.
LA RIEUSE.
(Musée d'Amiens).

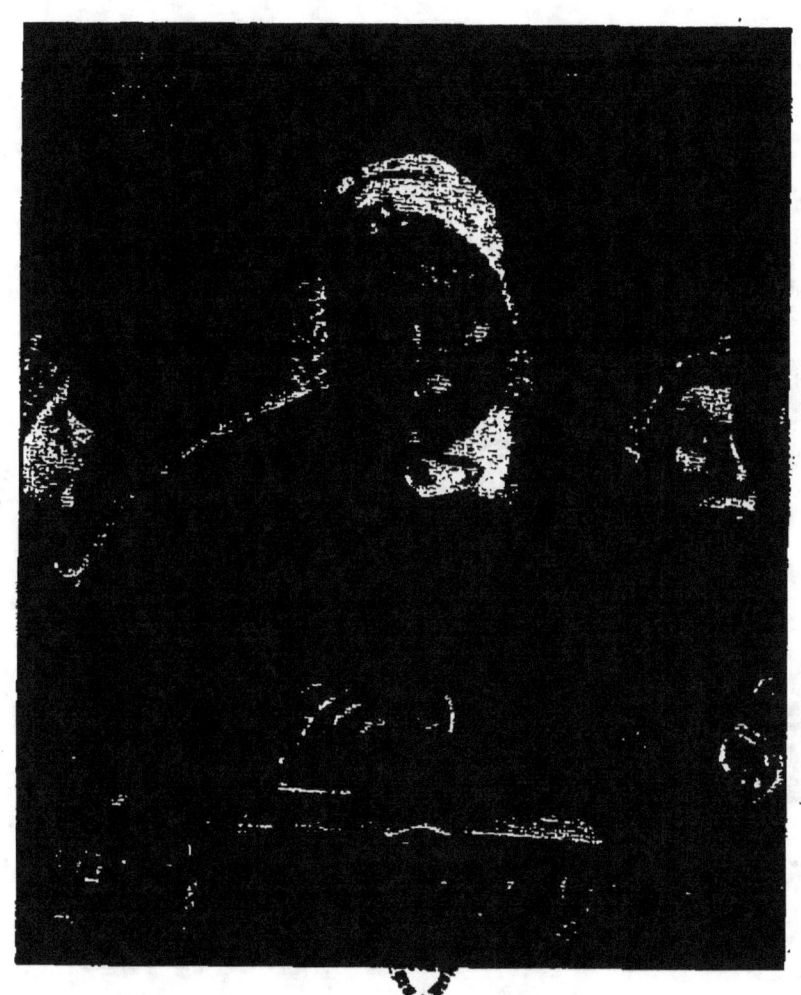

744. — J.-F. Bracquemond.
Une Femme âgée et trois enfants.
(Appartient à M. Ernest May).

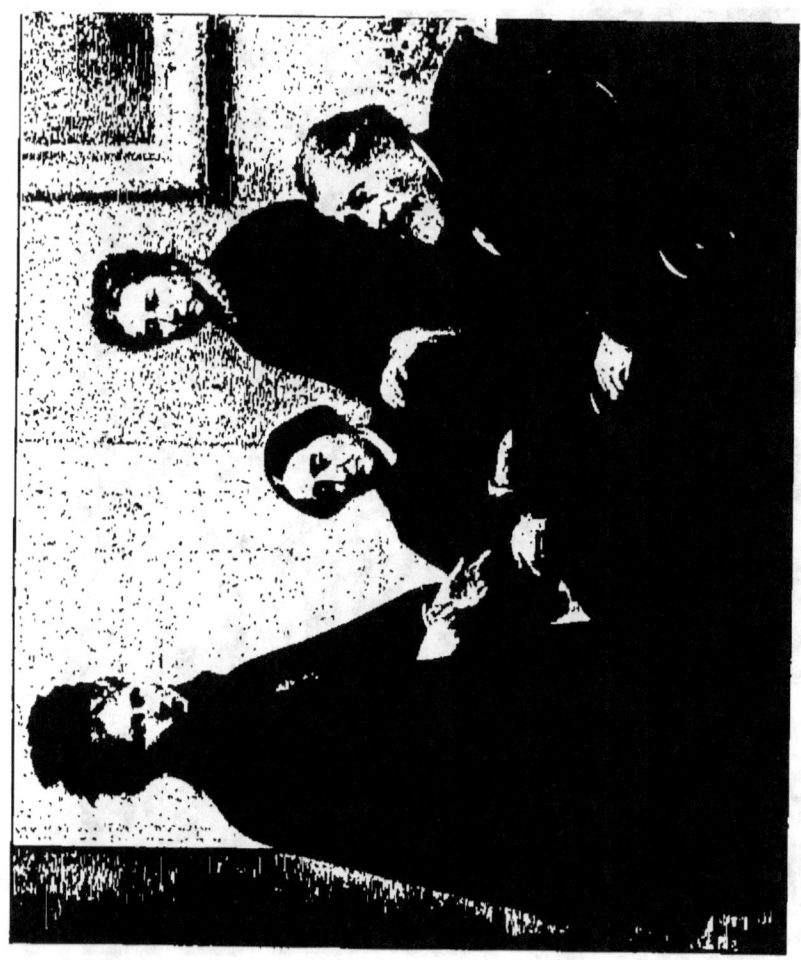

281. — 1.-H.-J.-T. Fantin-Latour.
La Famille D...
(Appartient à M. Fantin-Latour).

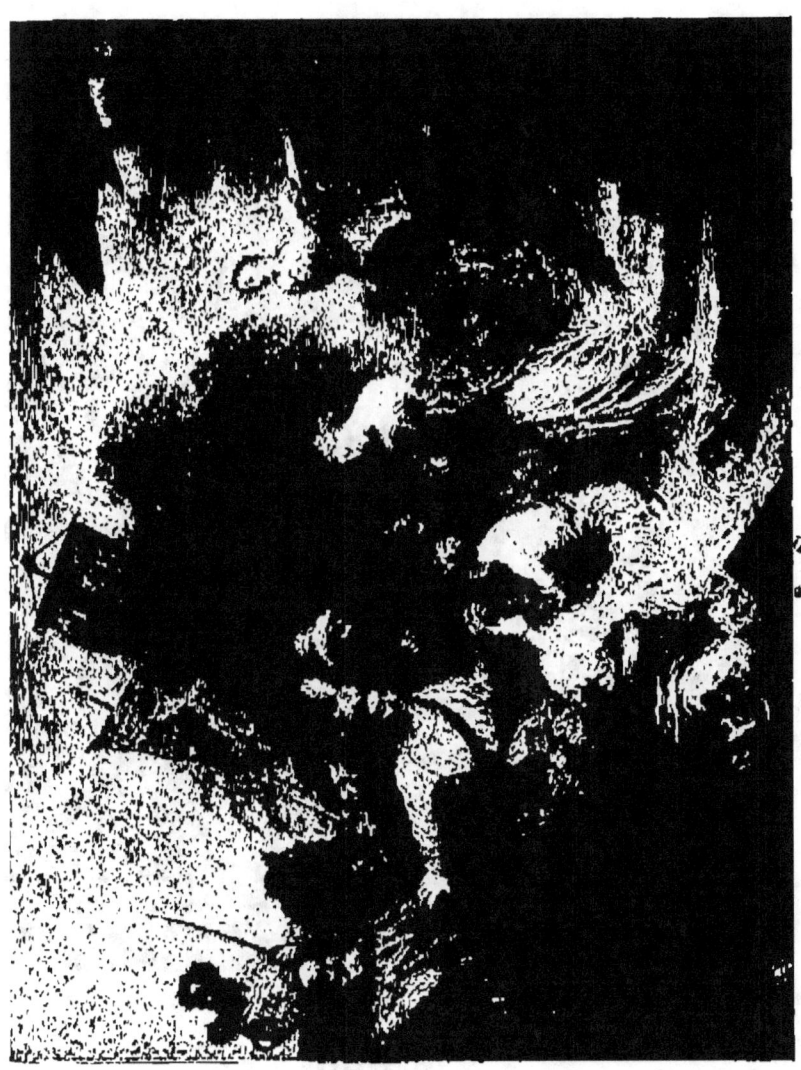

279. — 1.-H.-J.-T. Fantin-Latour.
Féerie.
(Salon des refusés de 1863. — Appartient à M. Haviland).

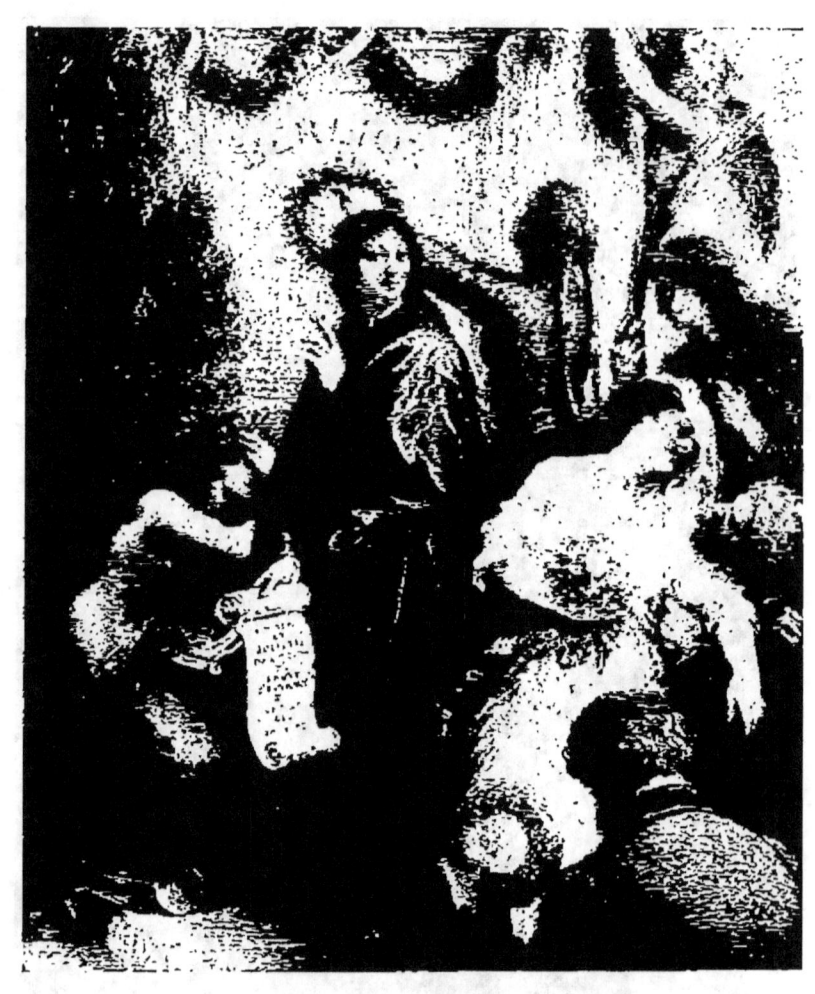

930. — I.-H.-J.-T. FANTIN-LATOUR.
L'ANNIVERSAIRE.
(Appartient à M⁽ʳ⁾ Esnault-Pelterie).

968. — L.-A. WILLETTE.
LA VEUVE DE PIERROT.
(Appartient à Henry Laurent).

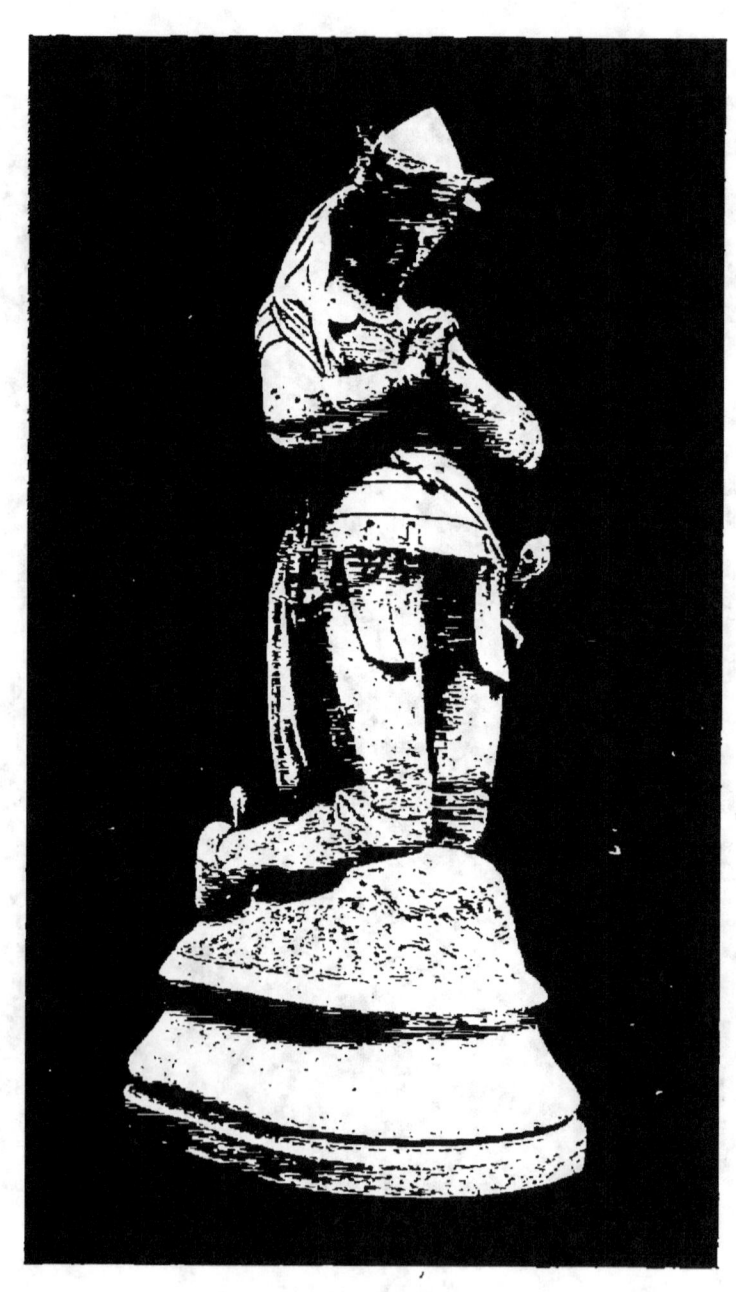

1657. — E. Frémiet.
Jeanne d'Arc a genoux.
(Appartient à M. Frémiet).

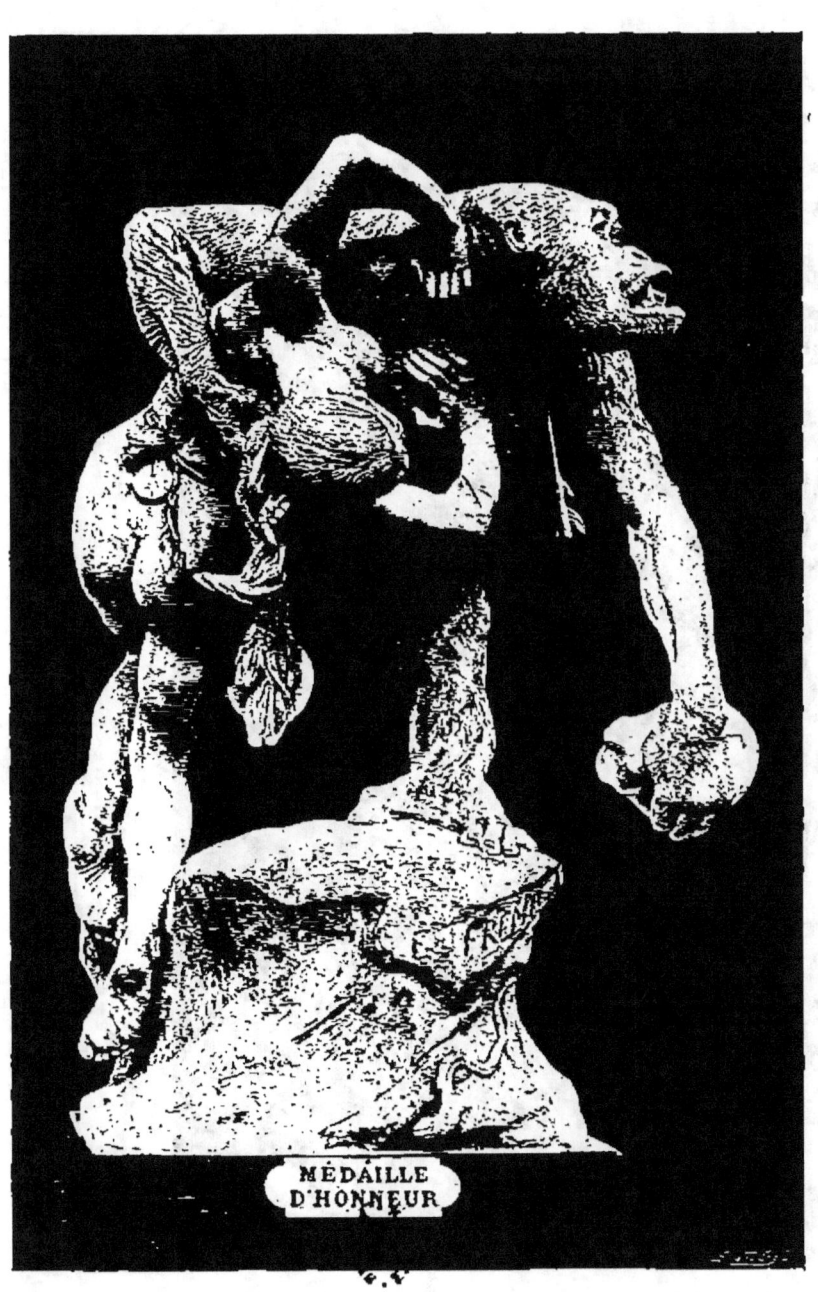

1656 — E. FRÉMIET.
GORILLE ENLEVANT UNE FEMME.
(Appartient à M. Frémiet).

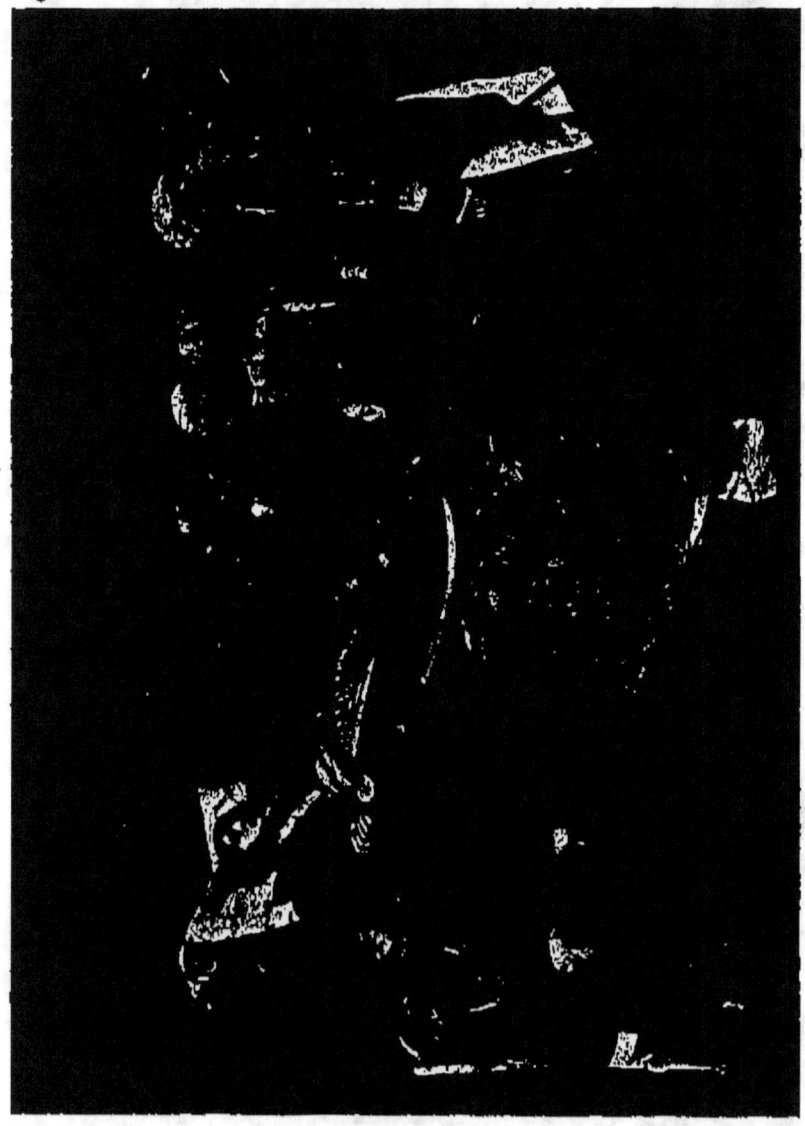

405. — J.-P. LAURENS. L'État-Major Autrichien devant le corps de Marceau.

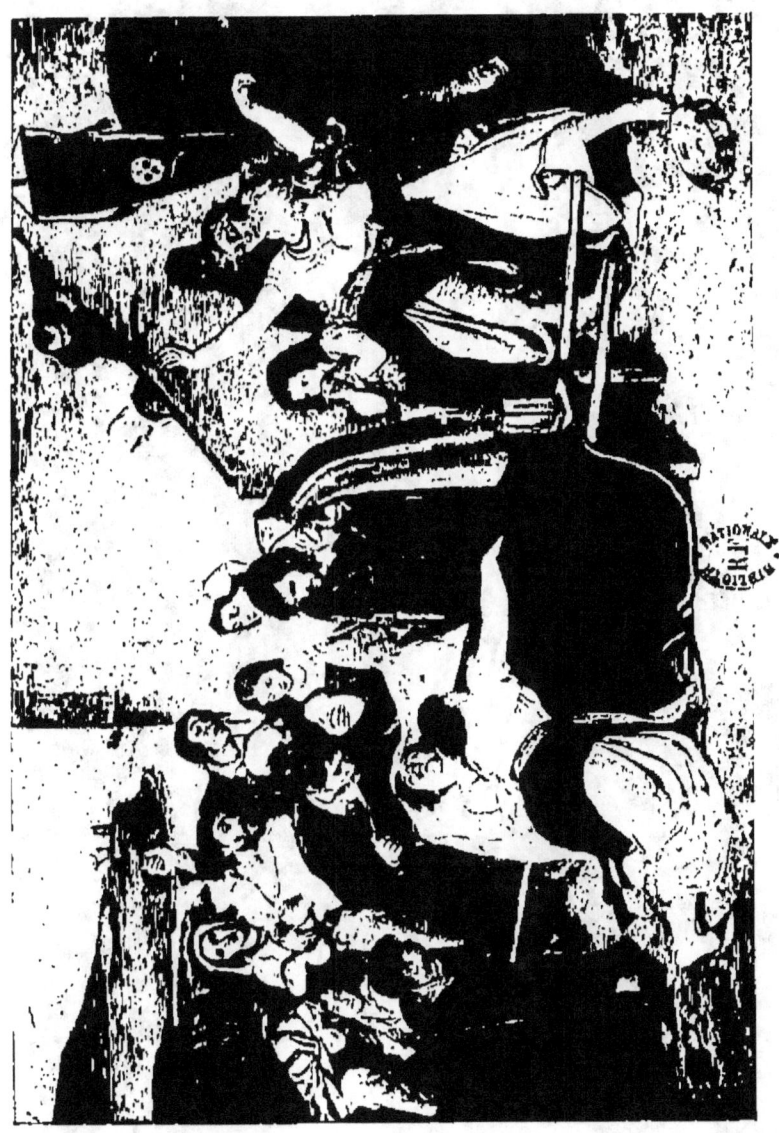

79. — C.-A.-E. Carolus-Duran.
L'Assassiné, souvenir de la Campagne romaine.
(Musée de Lille).

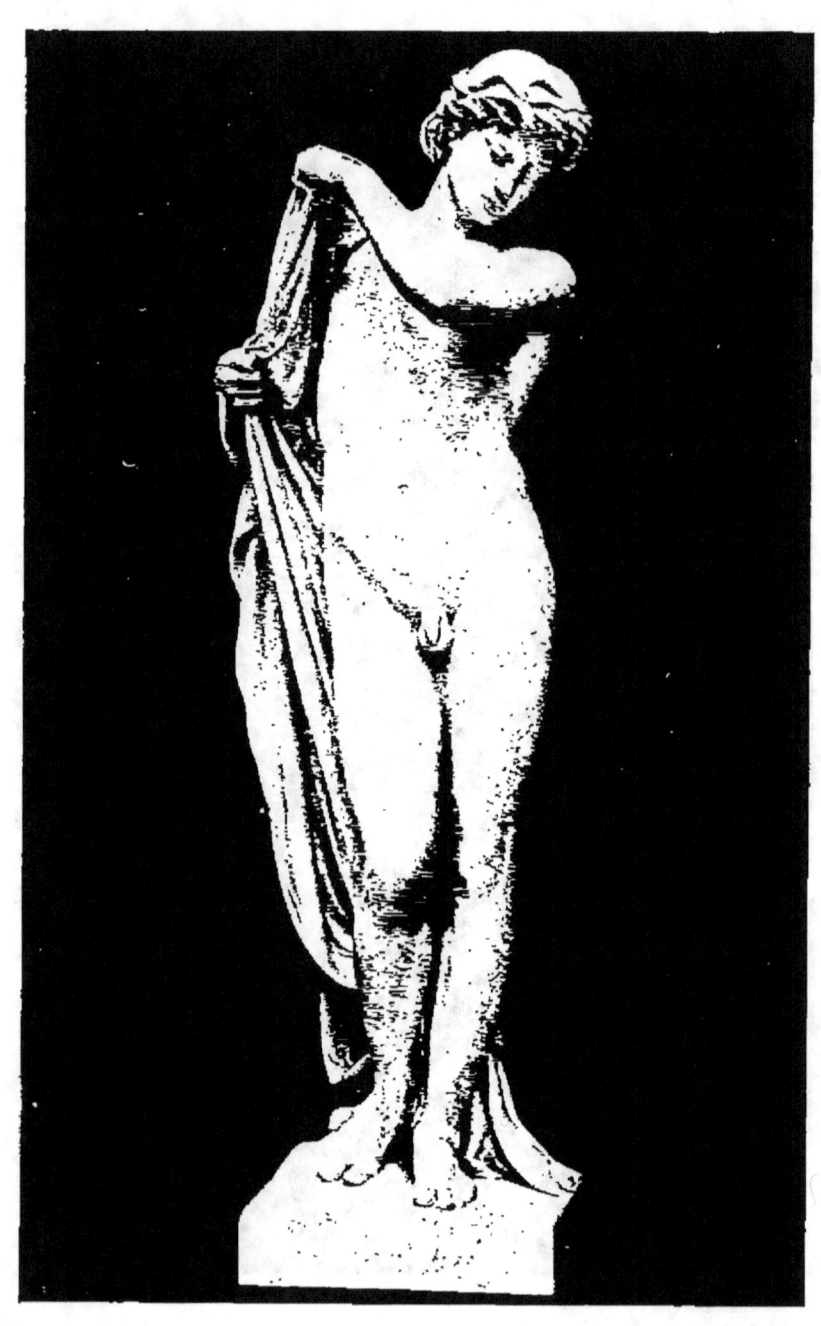

1615. — PAUL DUBOIS.
NARCISSE AU BAIN.

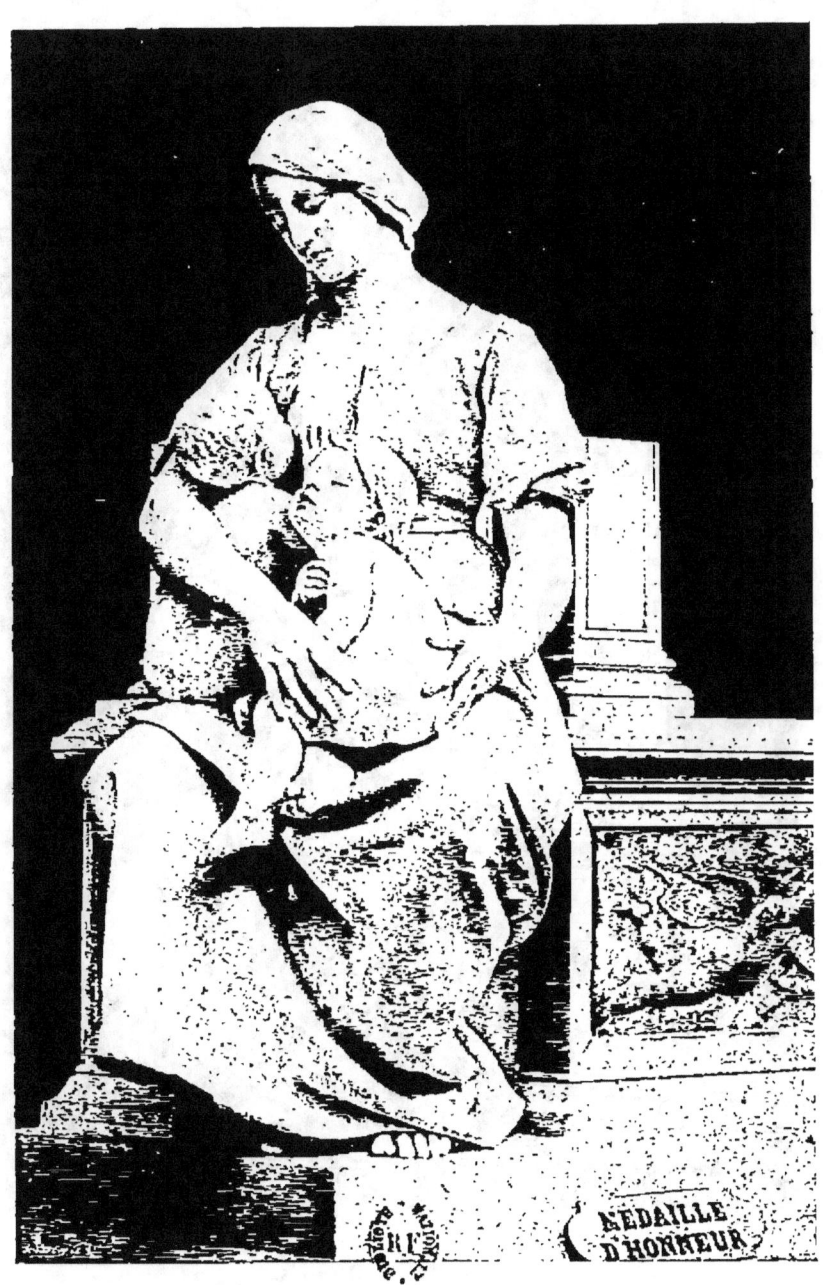

1618 — Paul Dubois.
La Charité.
(Monument élevé à la mémoire du général Juchault de Lamoricière. Cathédrale de Nantes).

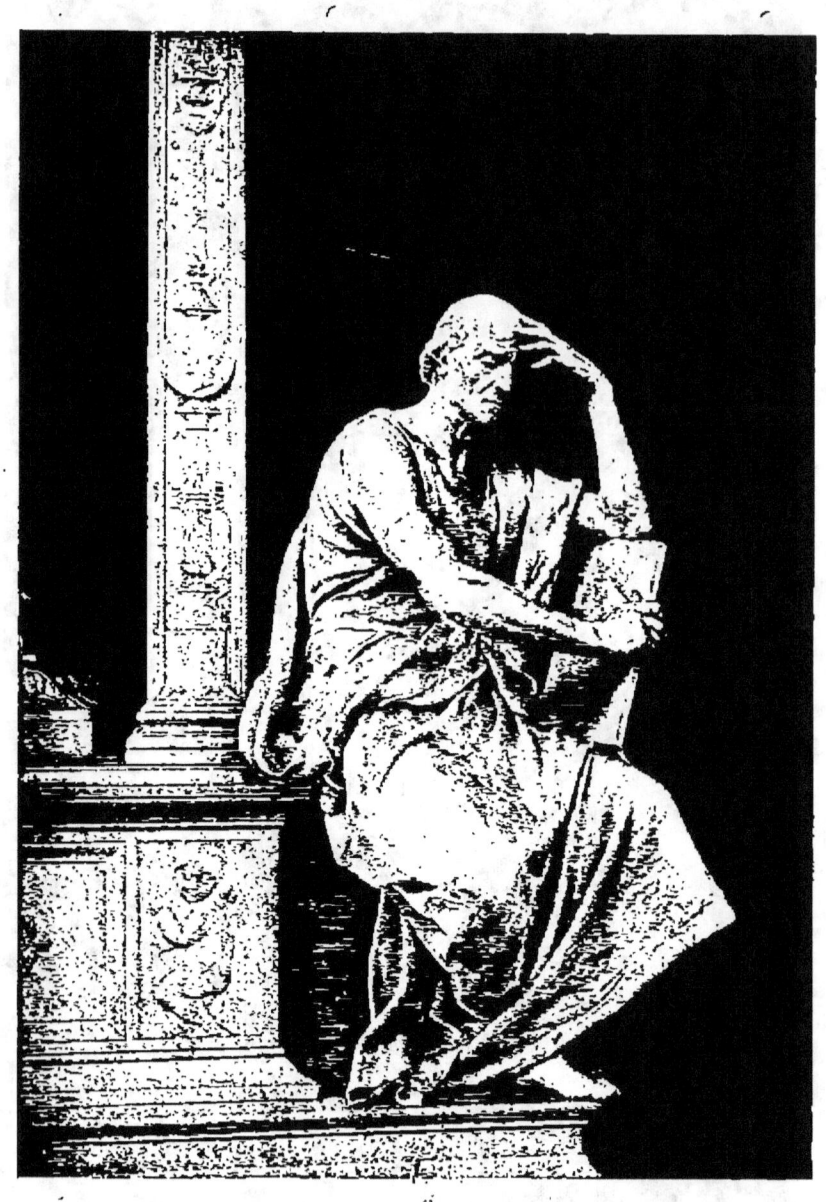

1618. — Paul Dubois.
La Méditation.
(Monument élevé à la mémoire du général Juchault de Lamoricière. Cathédrale de Nantes).

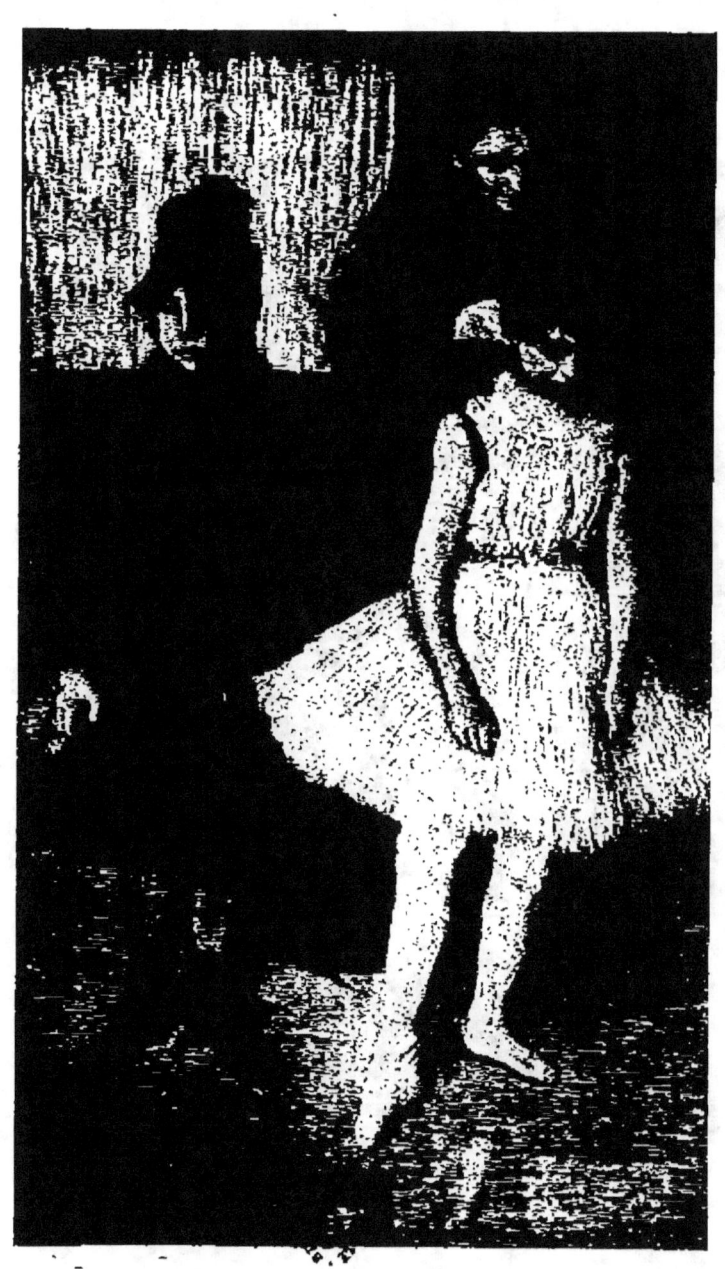

882. — H.-G.-E. Degas.
La famille Mante.
(Appartient à M. Viau).

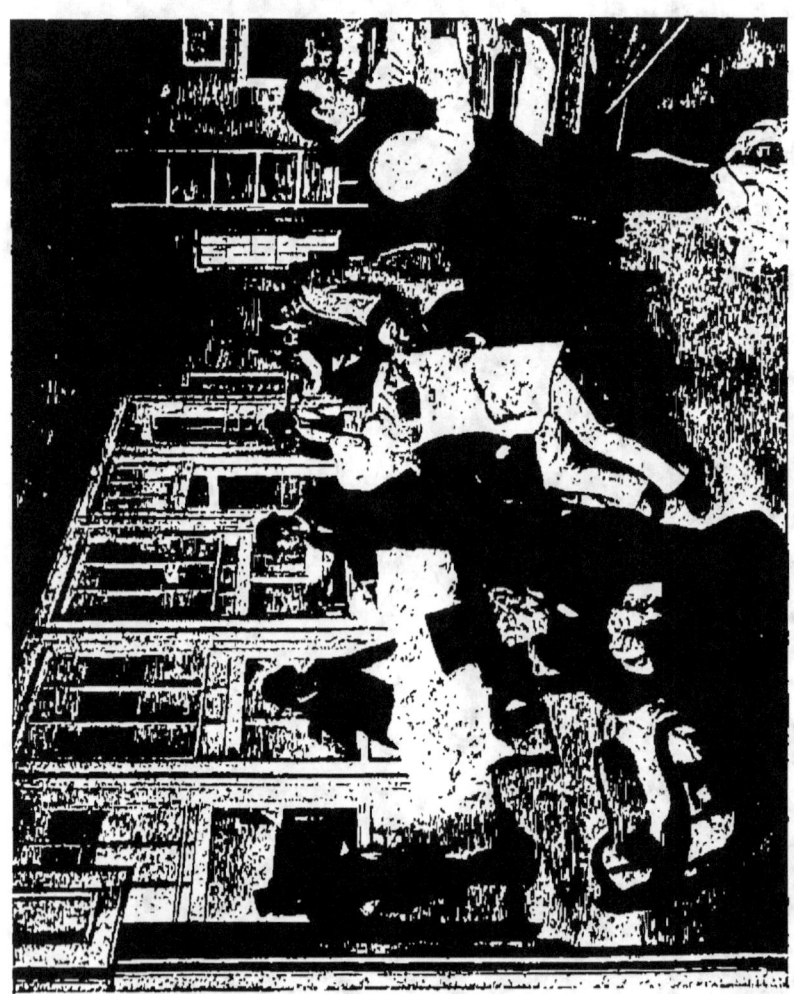

209. — H.-G.-E. Degas.
Intérieur d'un Comptoir de coton a la Nouvelle-Orléans.
(Musée de Pau).

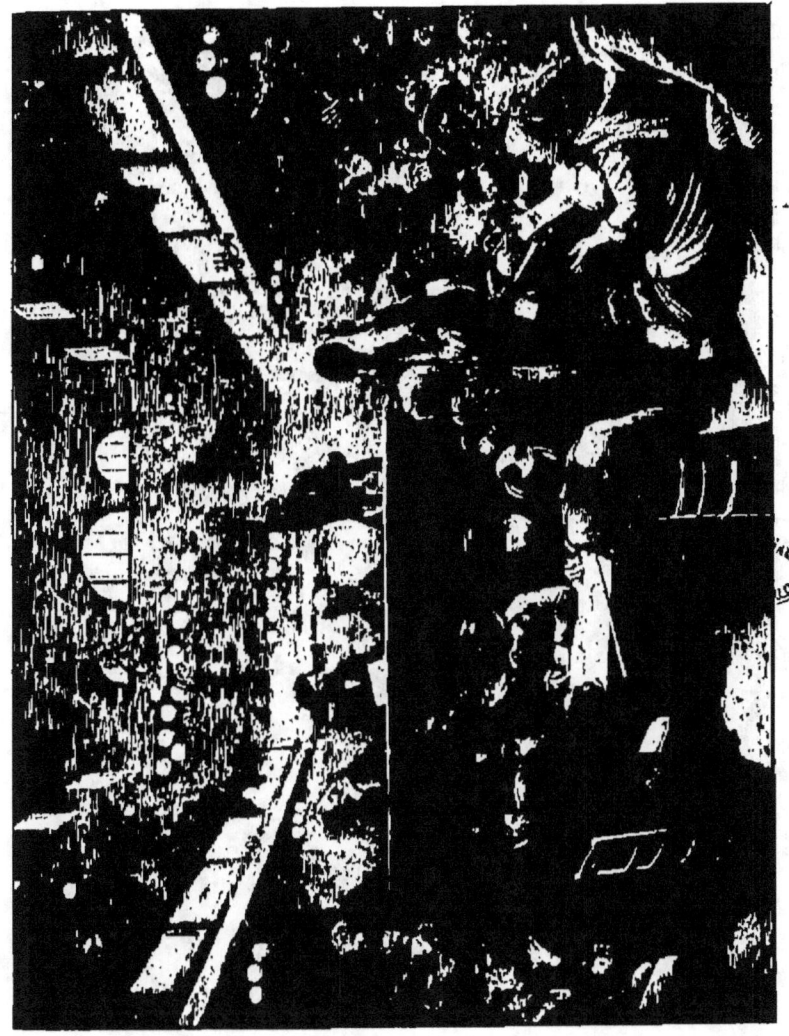

28. — J. BÉRAUD.
A LA SALLE GRAFFARD.
(Appartient à M. Combier).

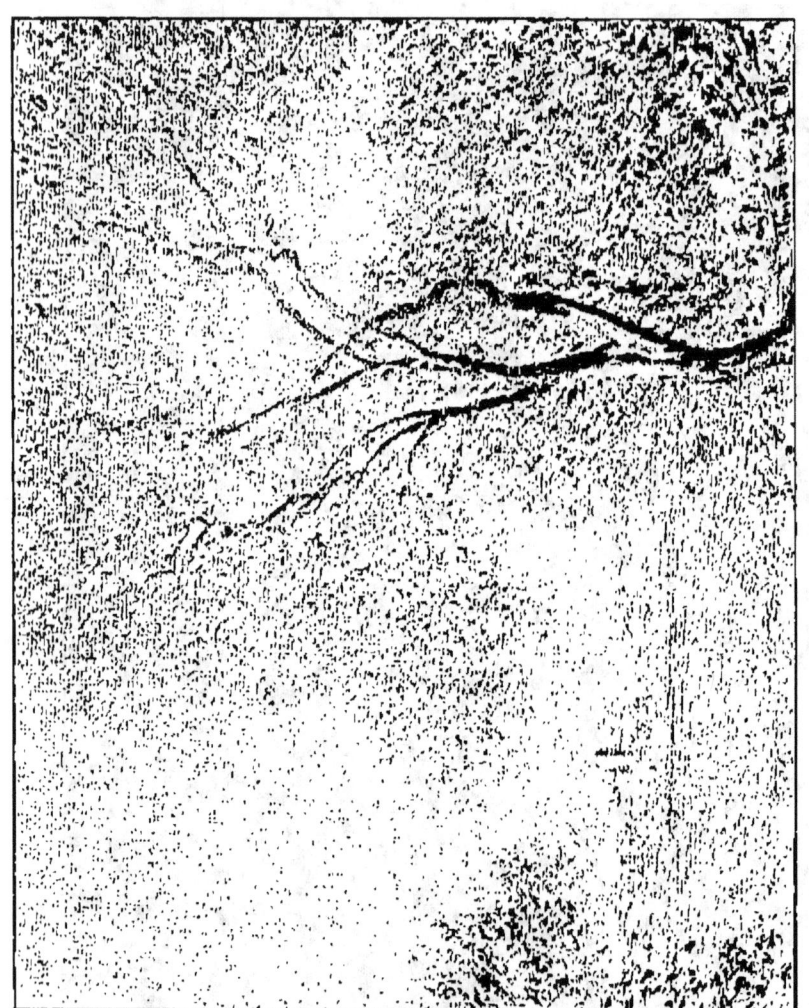

489. — CLAUDE MONET.
ANTIBES.
(Appartient à M. Ch. Gotinaud).

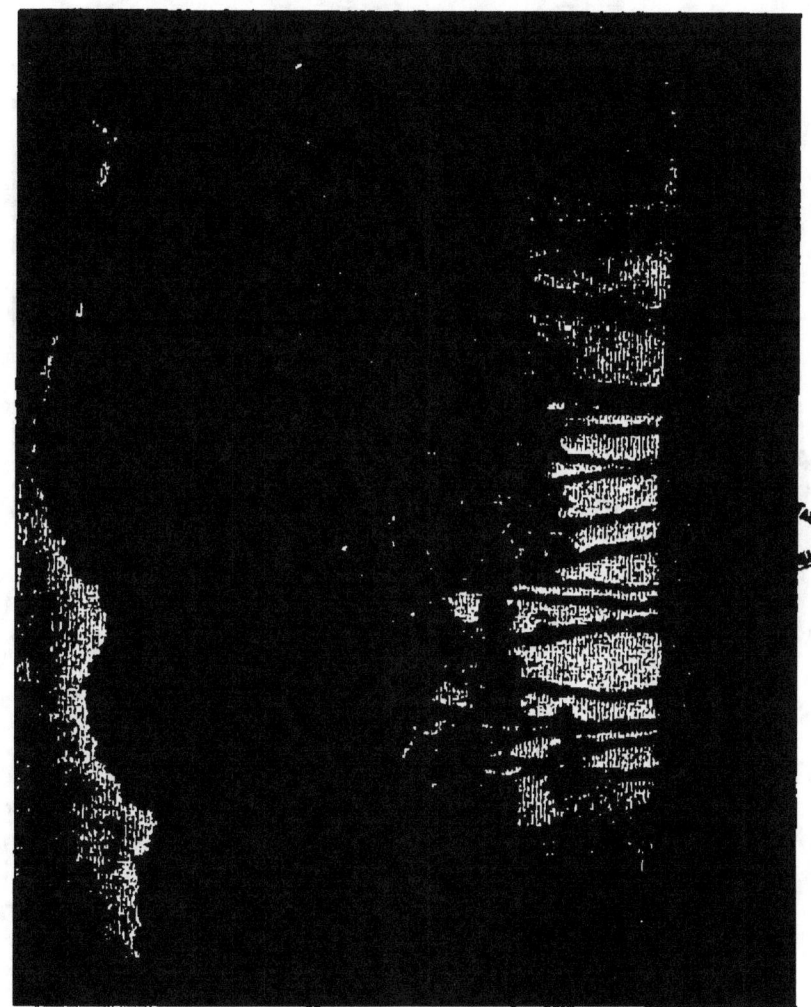

438. — Claude Monet.
Les Pins parasols.
(Appartient à Mme Lebeau).

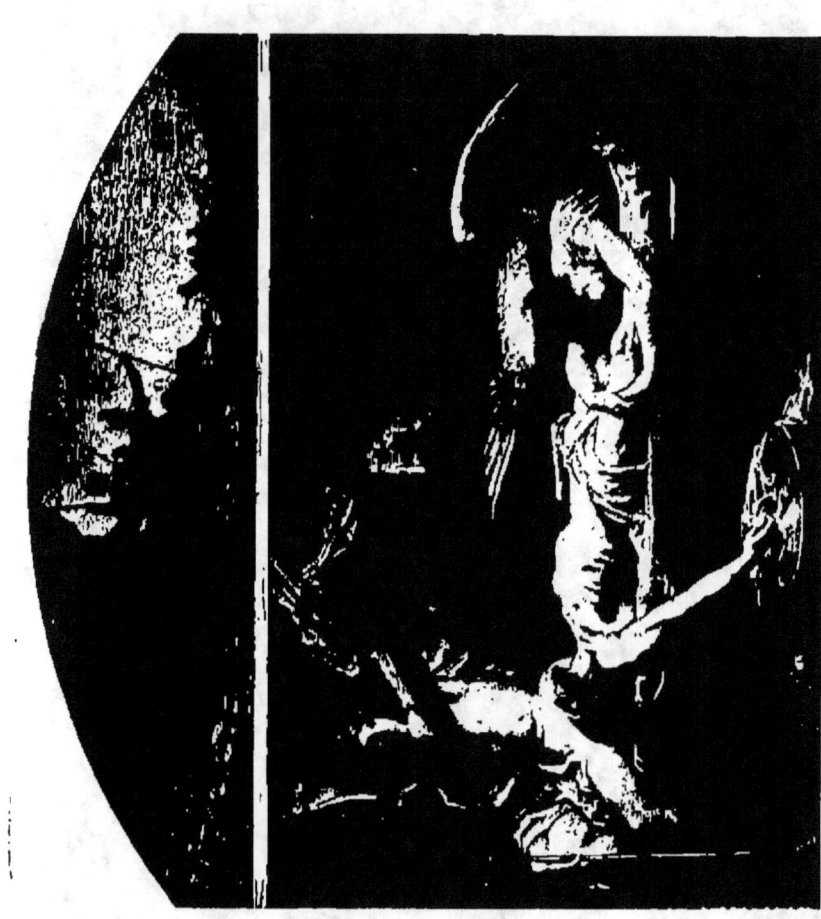

432. — L.-H. Lévy.
Jésus dans le Tombeau.
(Musée de Reims).

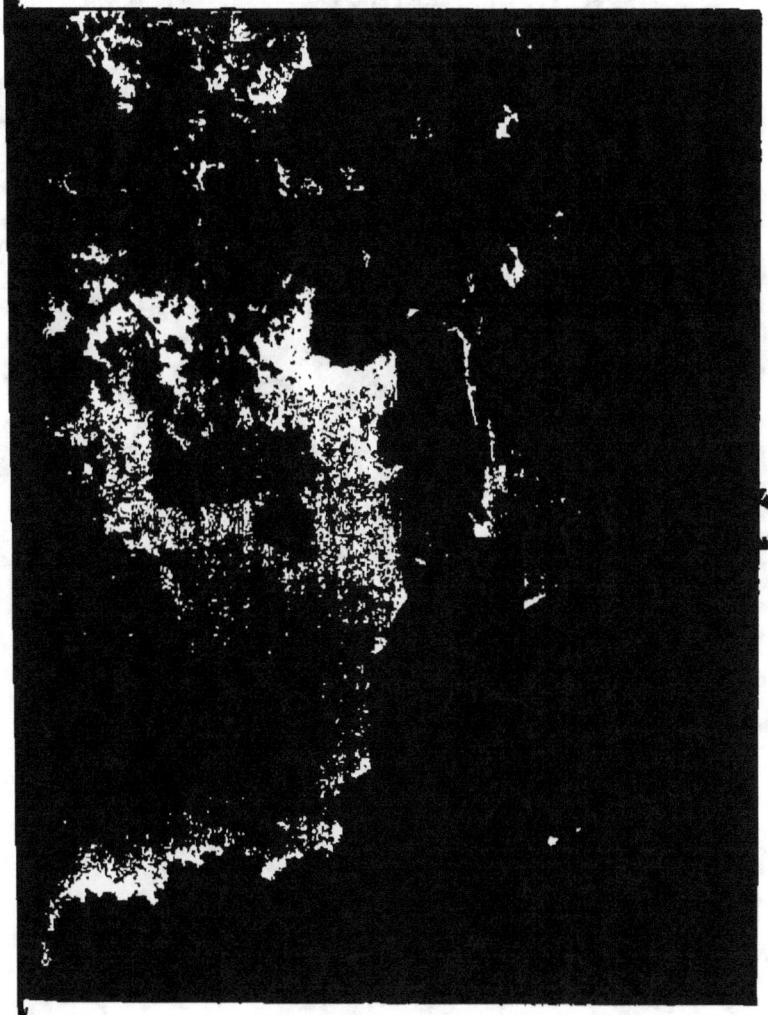

350. — H.-J. HARPIGNIES.
LE RAVIN DE CERNAY.
(Palais de Fontainebleau.)

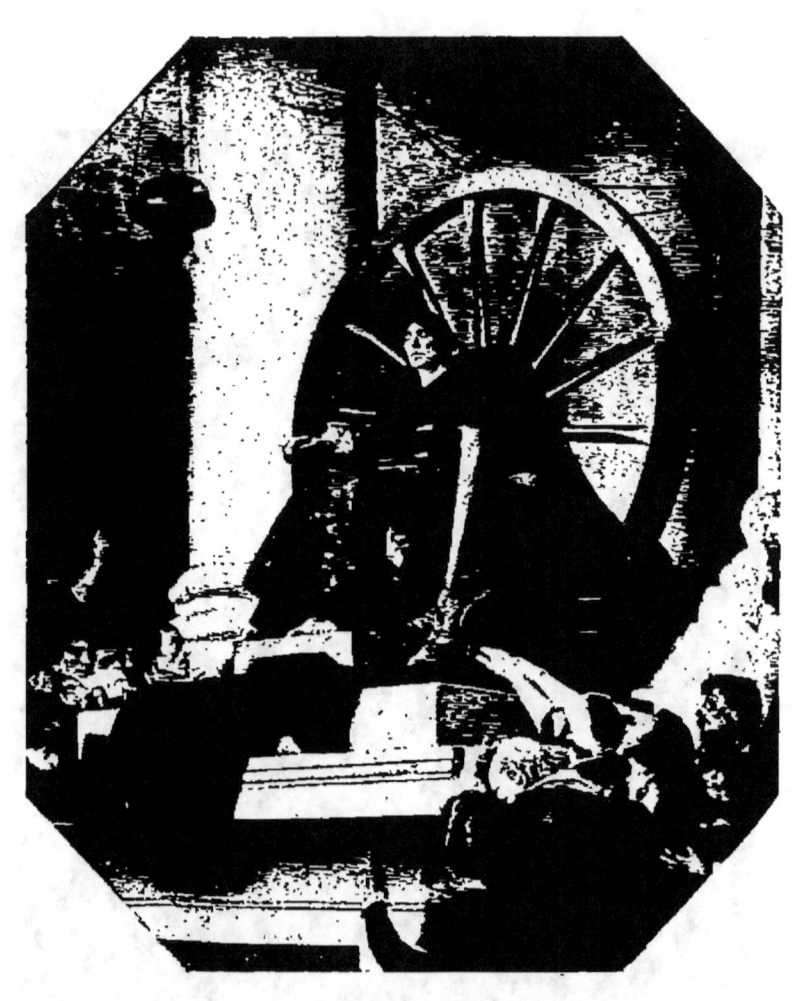

4. — A.-P. AGACHE.
FORTUNA.
(Musée de Lille).

1676. — J.-B.-C.-E. Guillaume.
Les Gracques.
(Appartient à Mme Raffalovich).

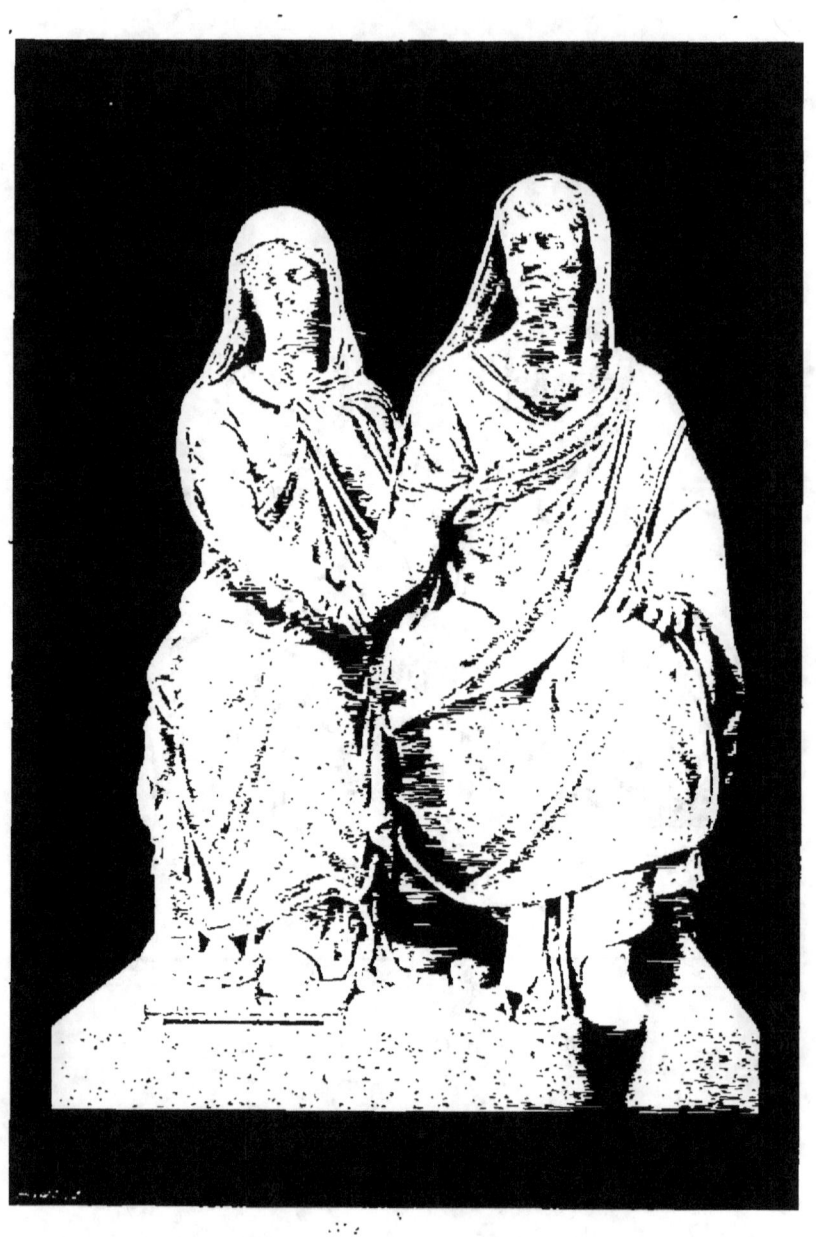

1672. — J.-B.-C. E. Guillaume.
Le Mariage romain.
(Musée de Dijon).

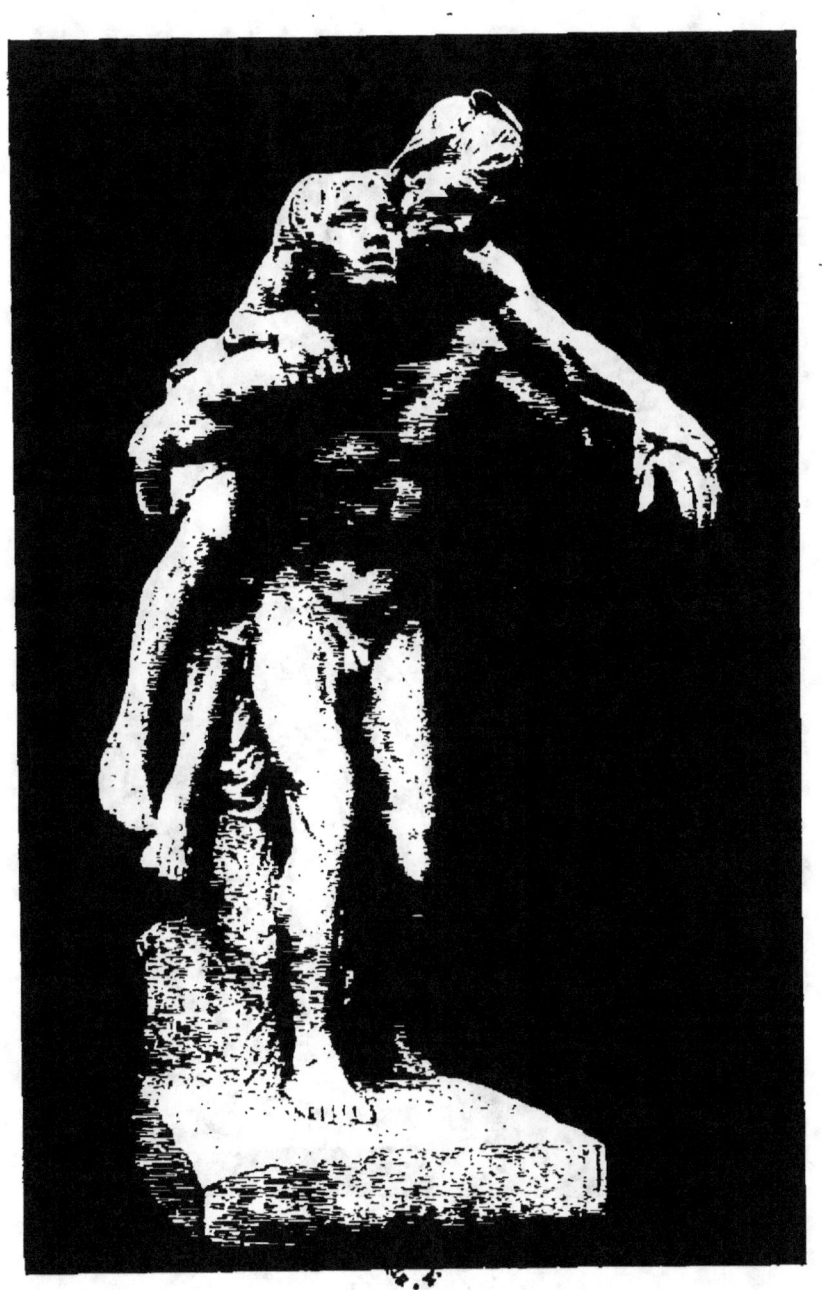

1828. — J. Turcan (1846-1895).
L'Aveugle et le Paralytique.
(Musée de Marseille).

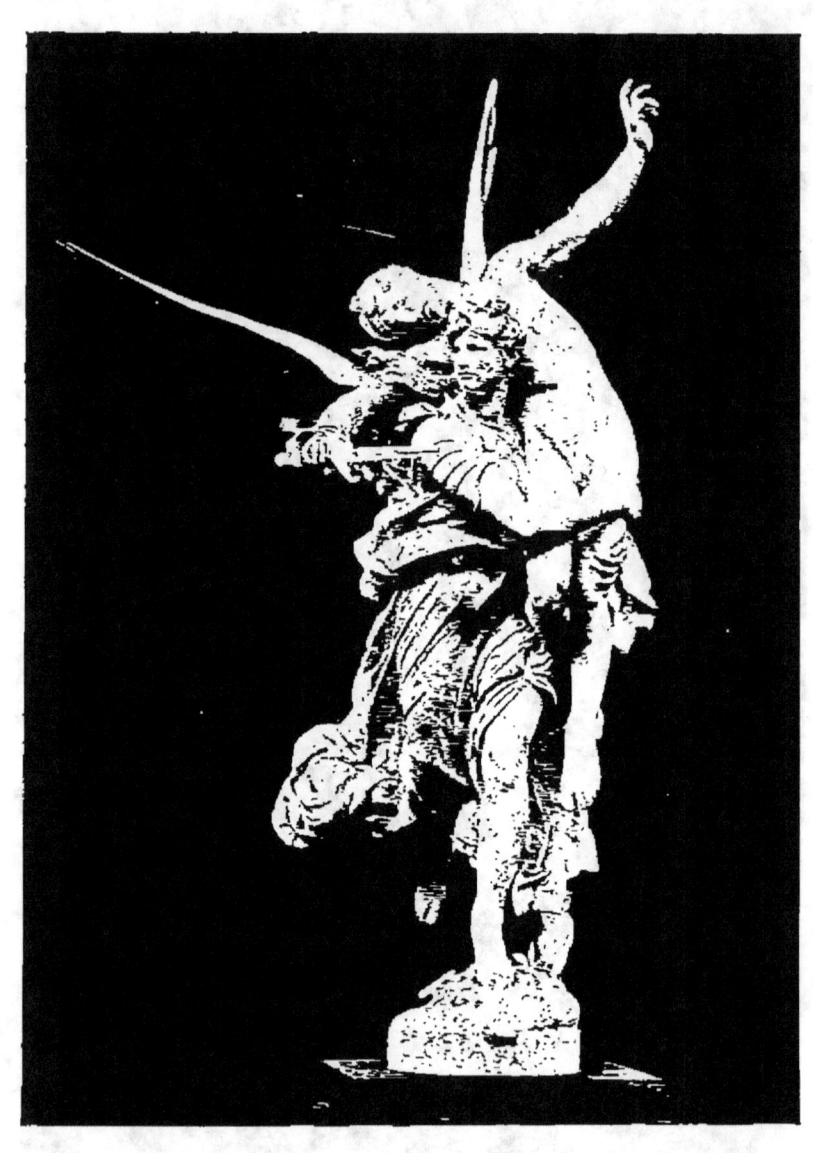

1737. — M.-J.-A. Mercié.
« Gloria Victis. »
(Appartient à M. Leblanc-Barbedienne).

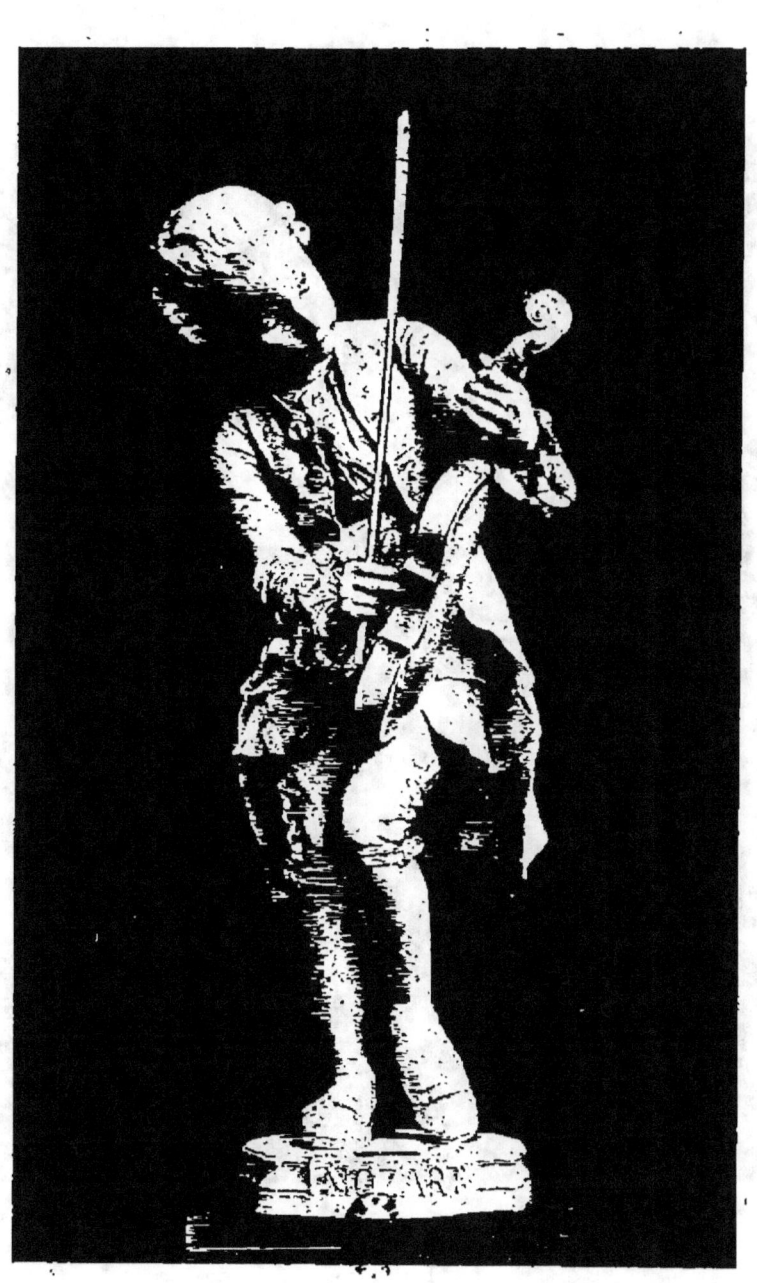

1441. — L.-E. Barrias.
Mozart enfant.
(Appartient à M. Barrias).

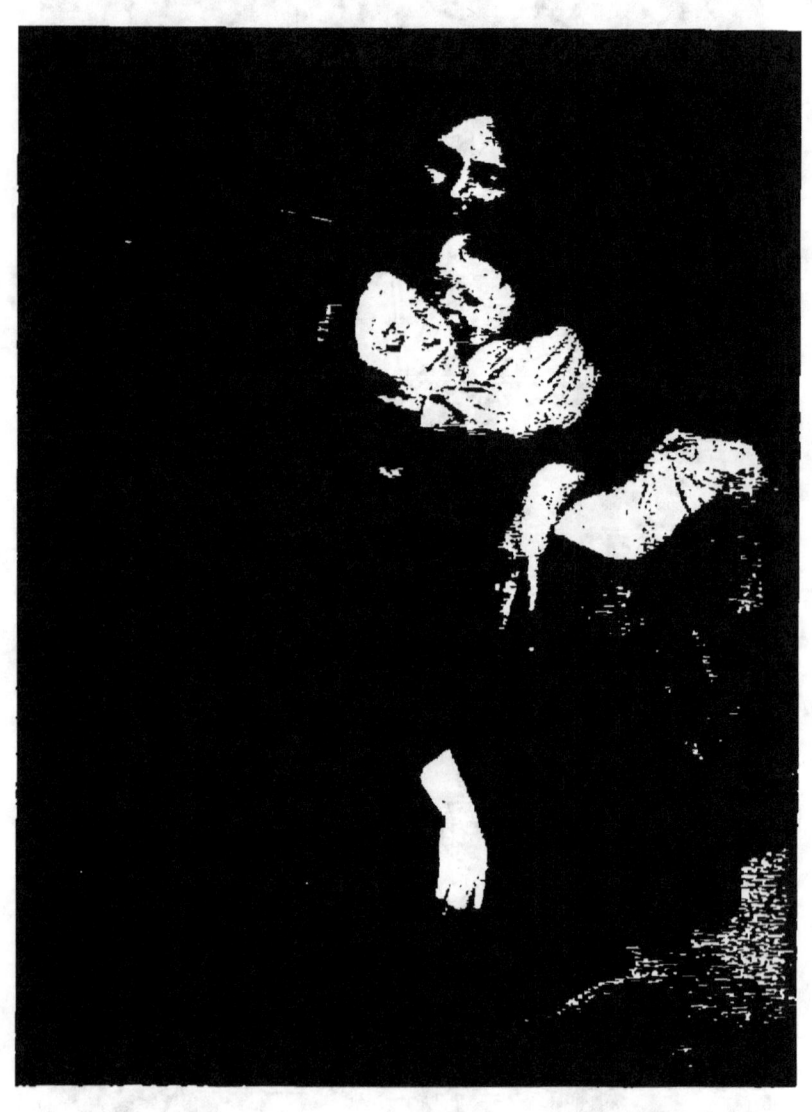

82. — E.-A. CARRIÈRE.
INTIMITÉ.
(Appartient à M. Moreau-Nélaton).

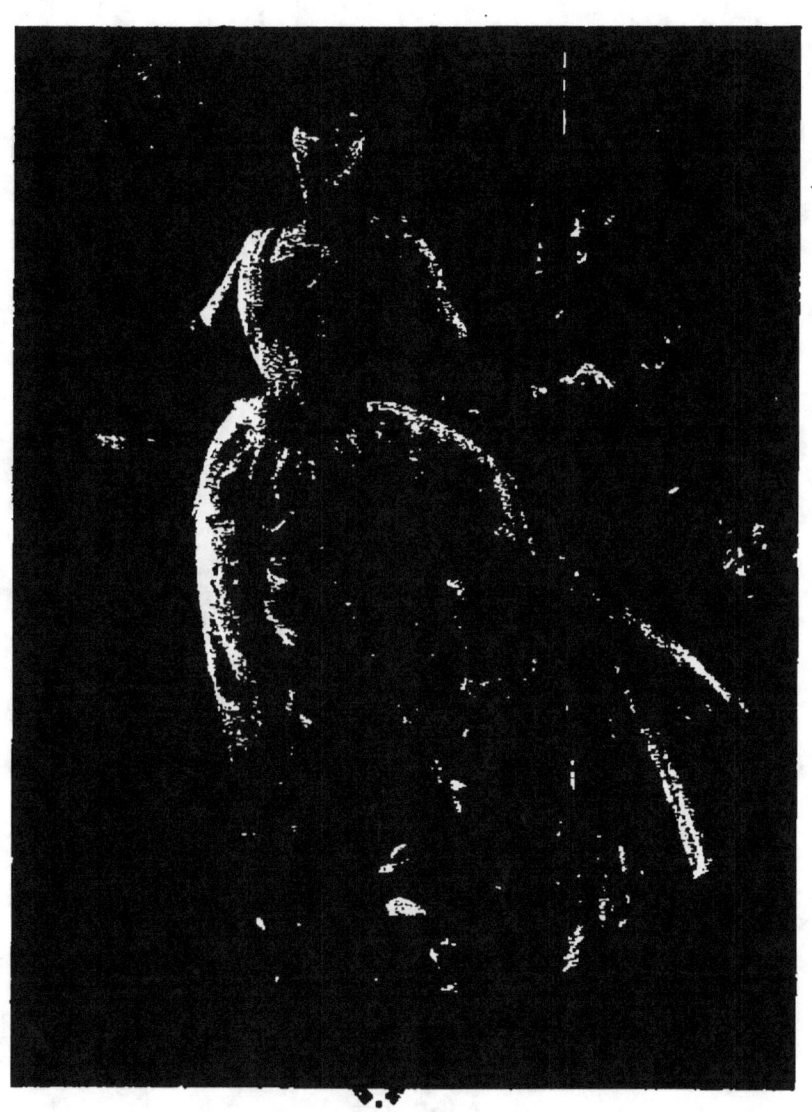

34. — P.-A. BESNARD.
PORTRAIT DE Mme R. J...
(Appartient à Mme Roger-Jourdain).

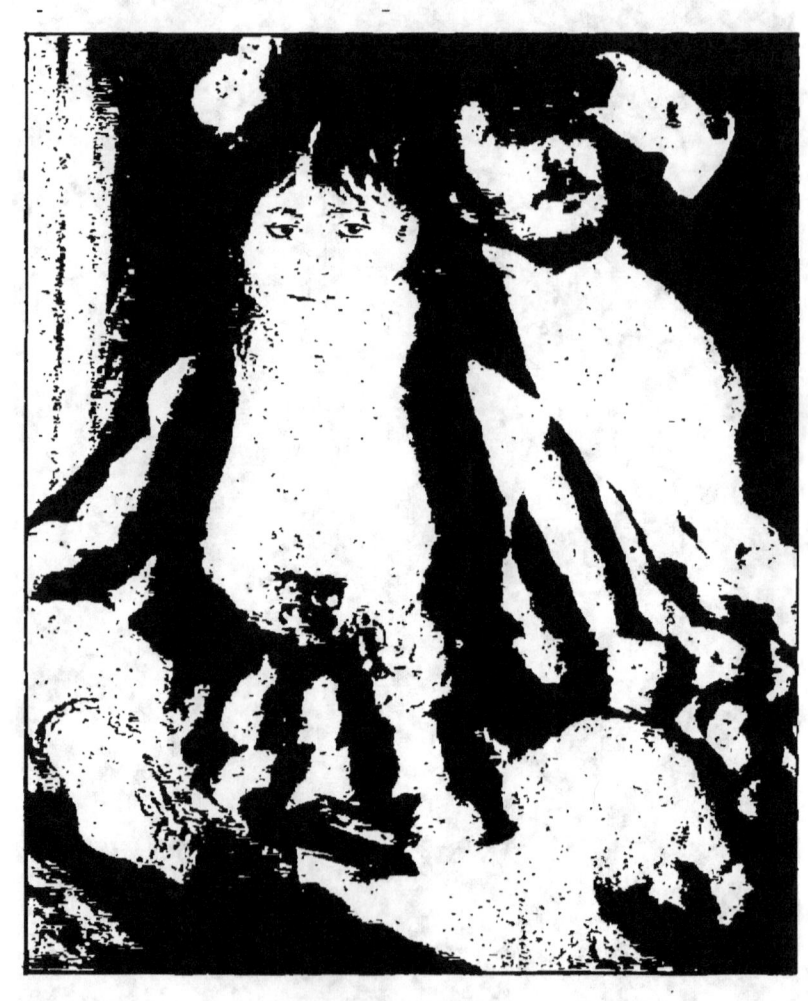

562. — P.-A. RENOIR.
LA LOGE.
(Appartient à M⁻ʳ A.-F. Aude).

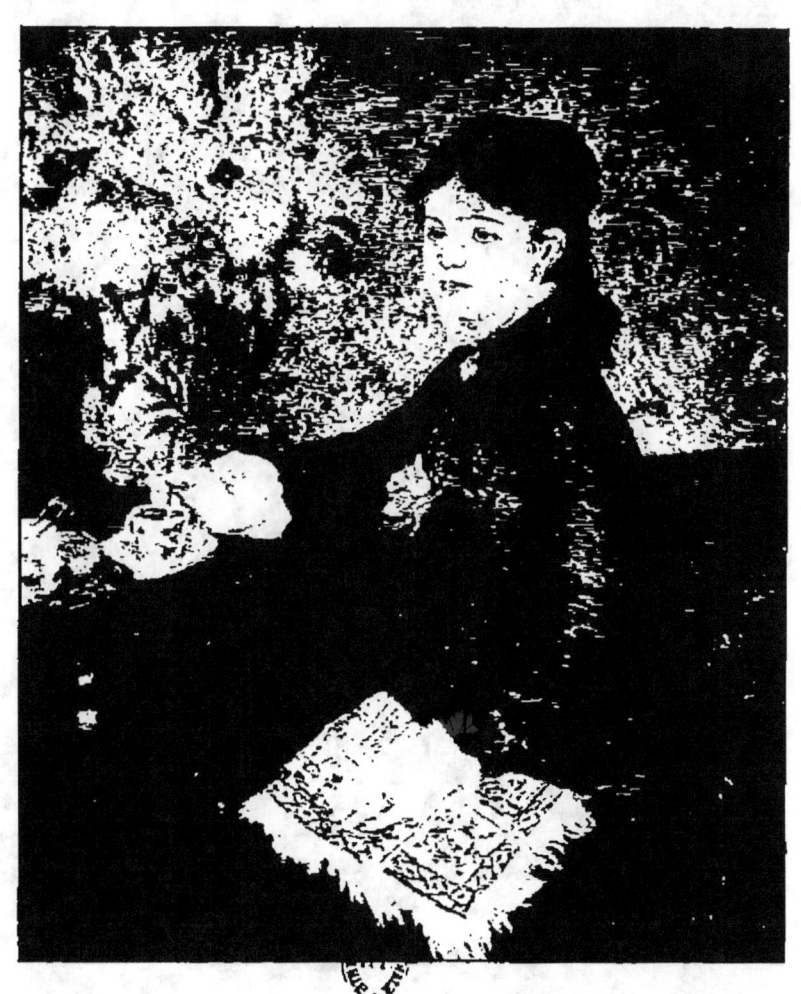

563. — P.-A. Renoir.
La Tasse de thé.
(Appartient à M. Renoir).

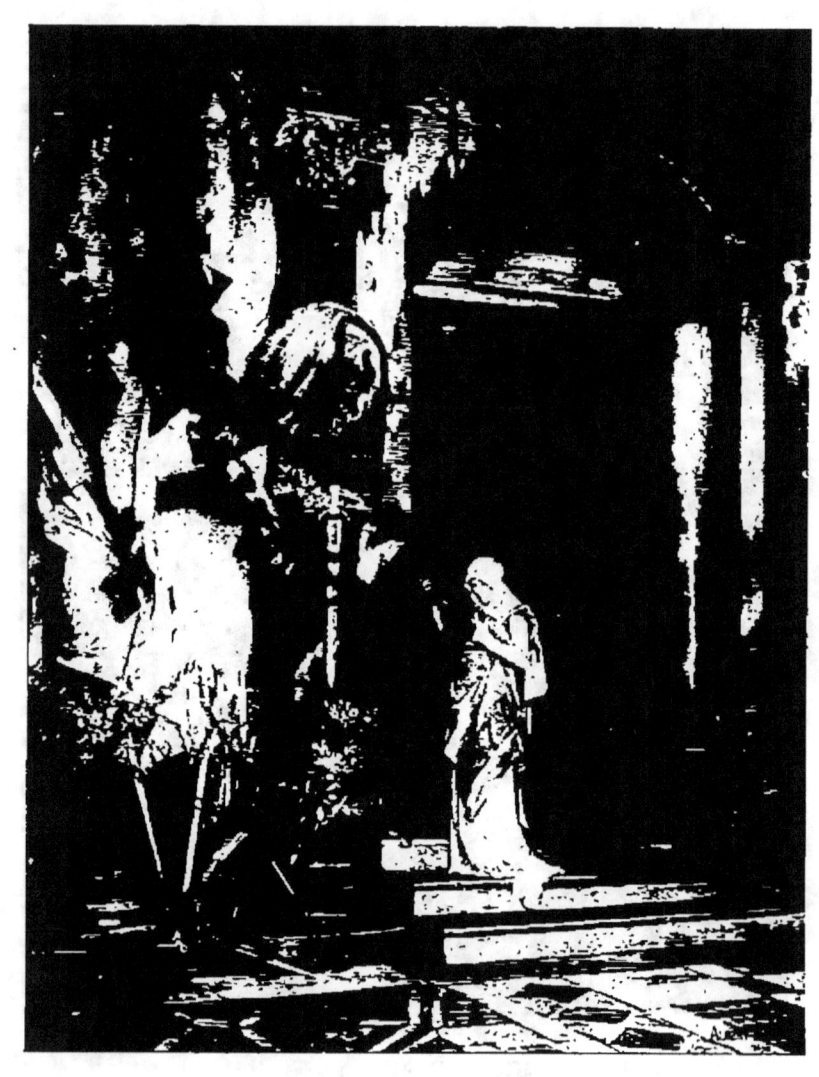

436. — P.-R.-Alb. Maignan.
L'Amiral Carlo Zeno.
(Musée de Lille).

435. — P.-R.-Alb. Maignan.
Le Dante rencontre Matilda.
(Musée d'Amiens).

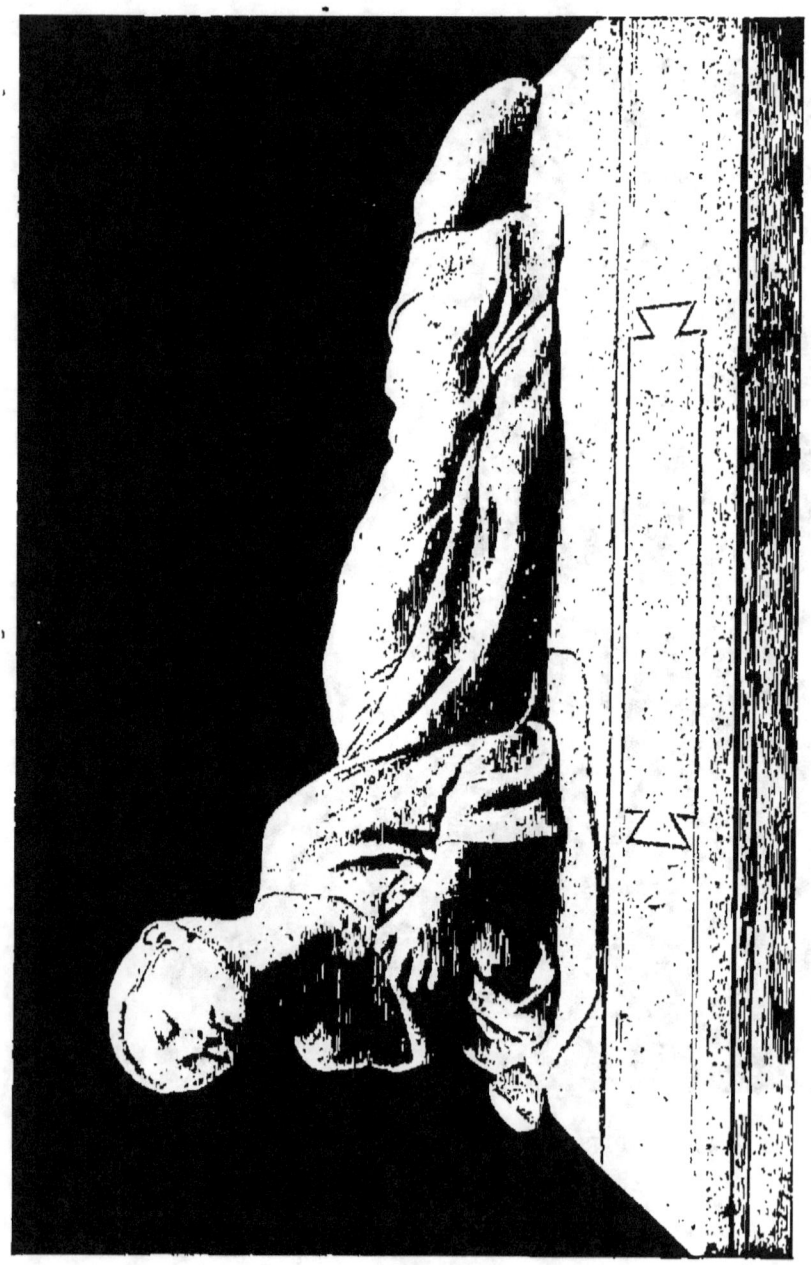

1644. — J.-A.-J. FALGUIÈRE (1831-1900).
TARCISIUS, MARTYR CHRÉTIEN.
(Musée de Toulouse).

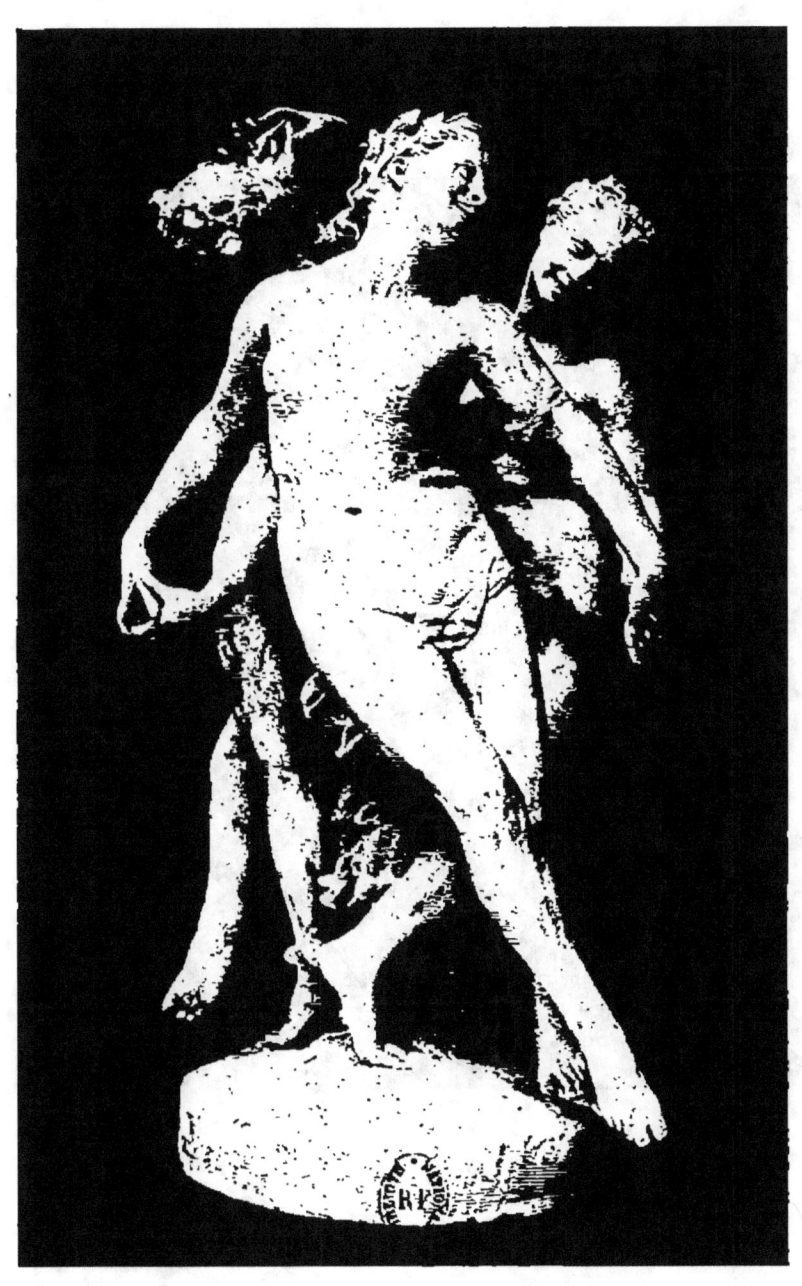

1510. — J.-B. Carpeaux (1827-1875).
La Danse.
(Appartient à Mme Carpeaux.)

85. — J.-C. CAZIN.
JUDITH, LE DÉPART.

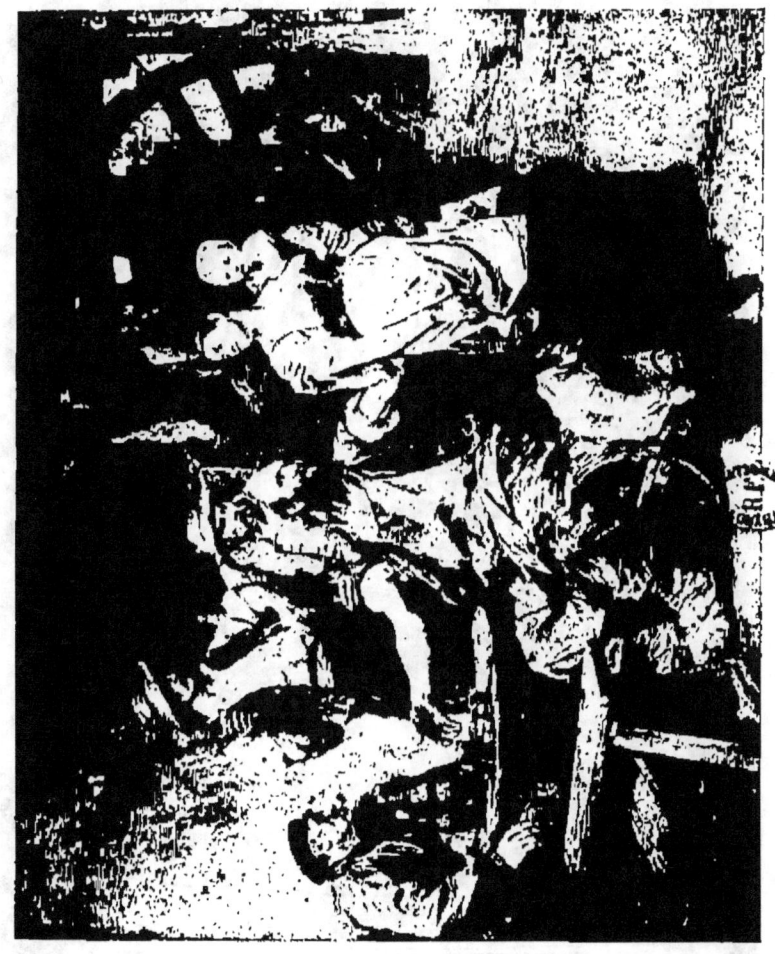

432 bis. — L.-A. Lhermitte.
Le Vin.
(Appartient à M. Vasnier.)

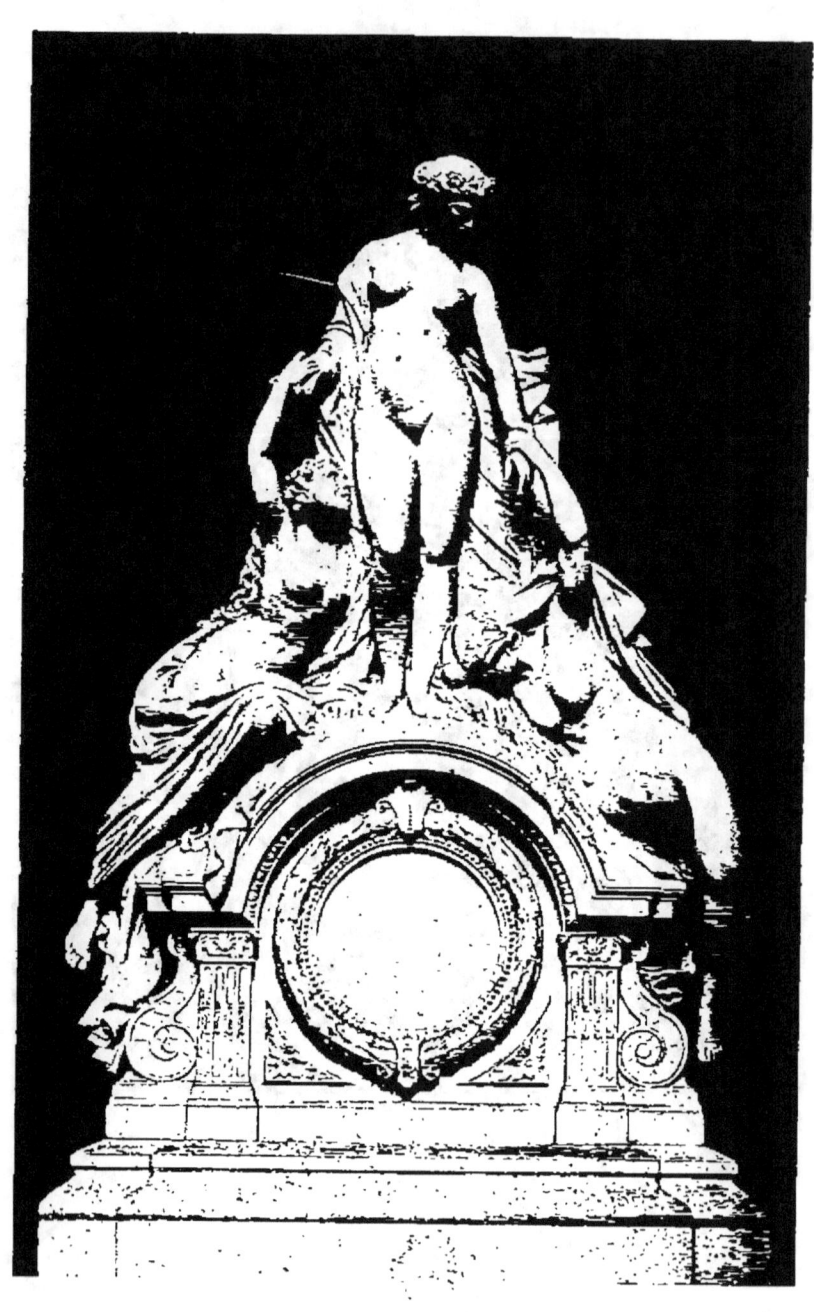

1485. — J.-M. BONNASSIEUX (1810-1892).
LES HEURES (Horloge du Palais de la Bourse, à Lyon).
(Appartient à Mme Armagnac.)

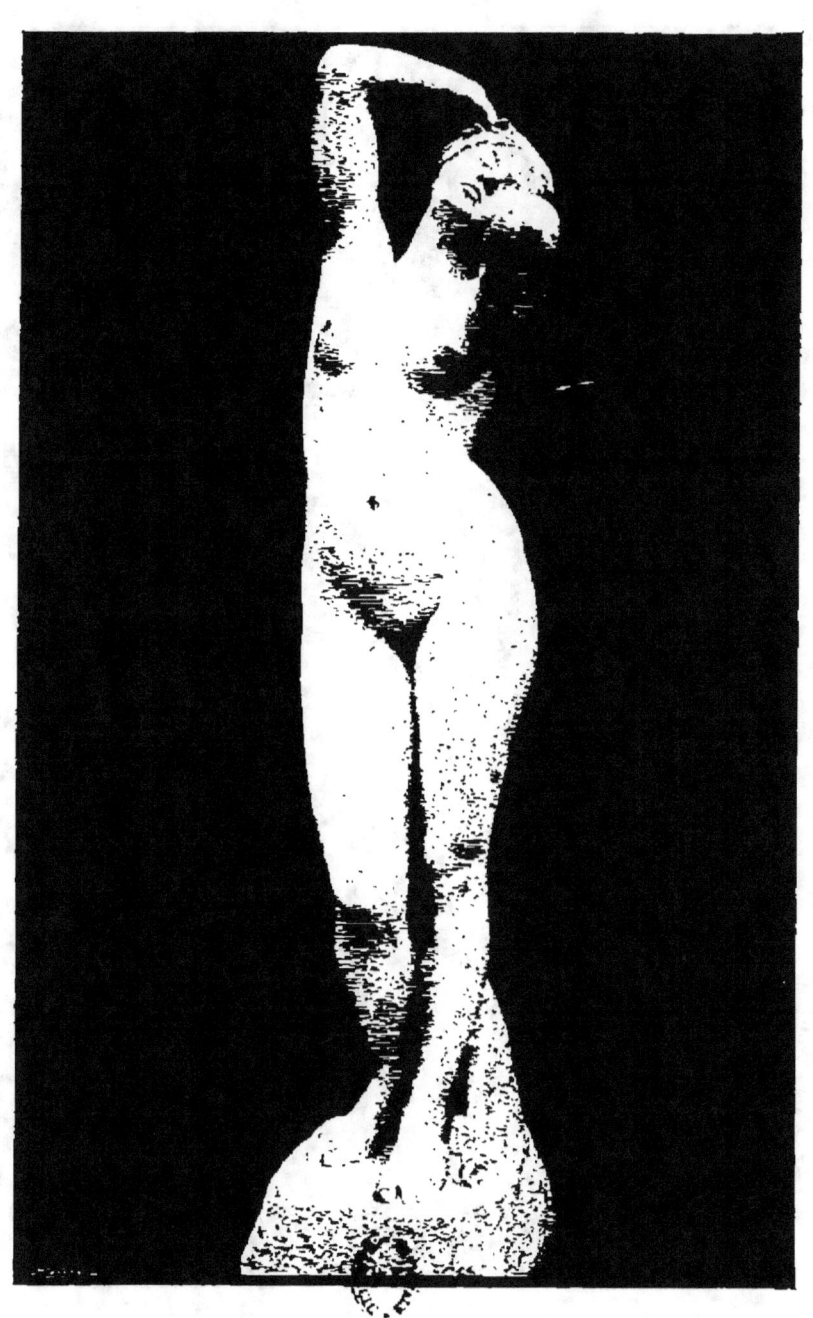

1731. — L.-H. MARQUESTE.
GALATHÉE.
(Appartient à M. Marqueste.)

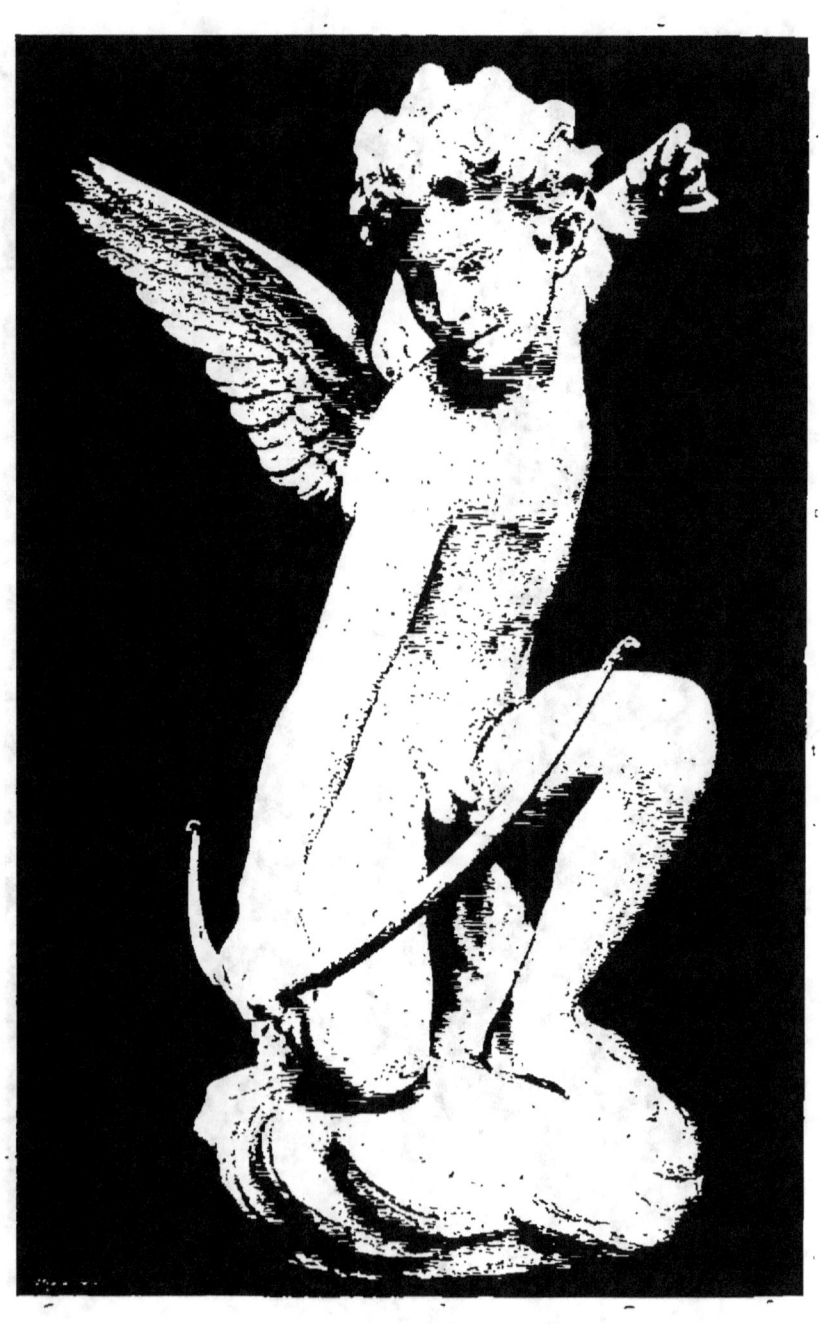

1730. — L.-H. MARQUESTE.
CUPIDON.
(Appartient à M. Marqueste.)

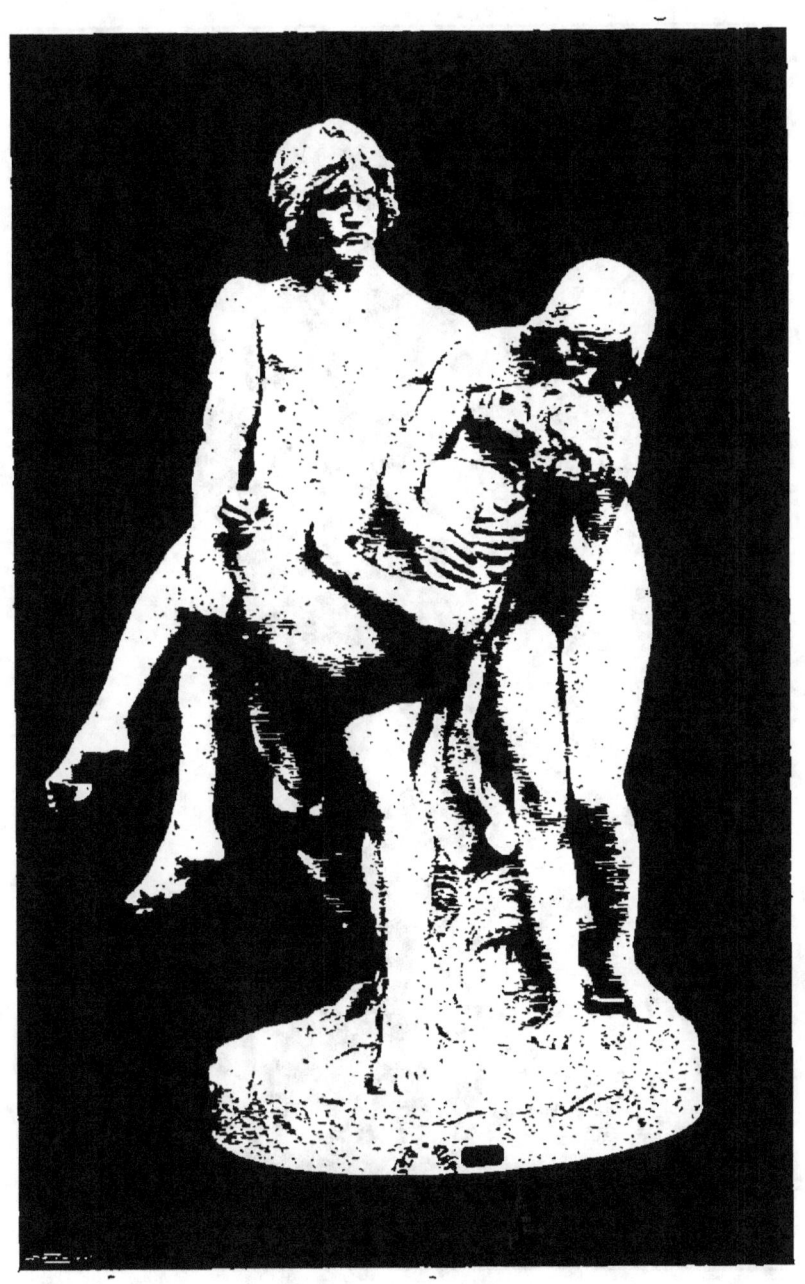

1439. — L.-E. BARRIAS.
LES PREMIÈRES FUNÉRAILLES, ADAM ET ÈVE EMPORTENT LE CORPS D'ABEL.
(Appartient à M. L.-E. Barrias.)

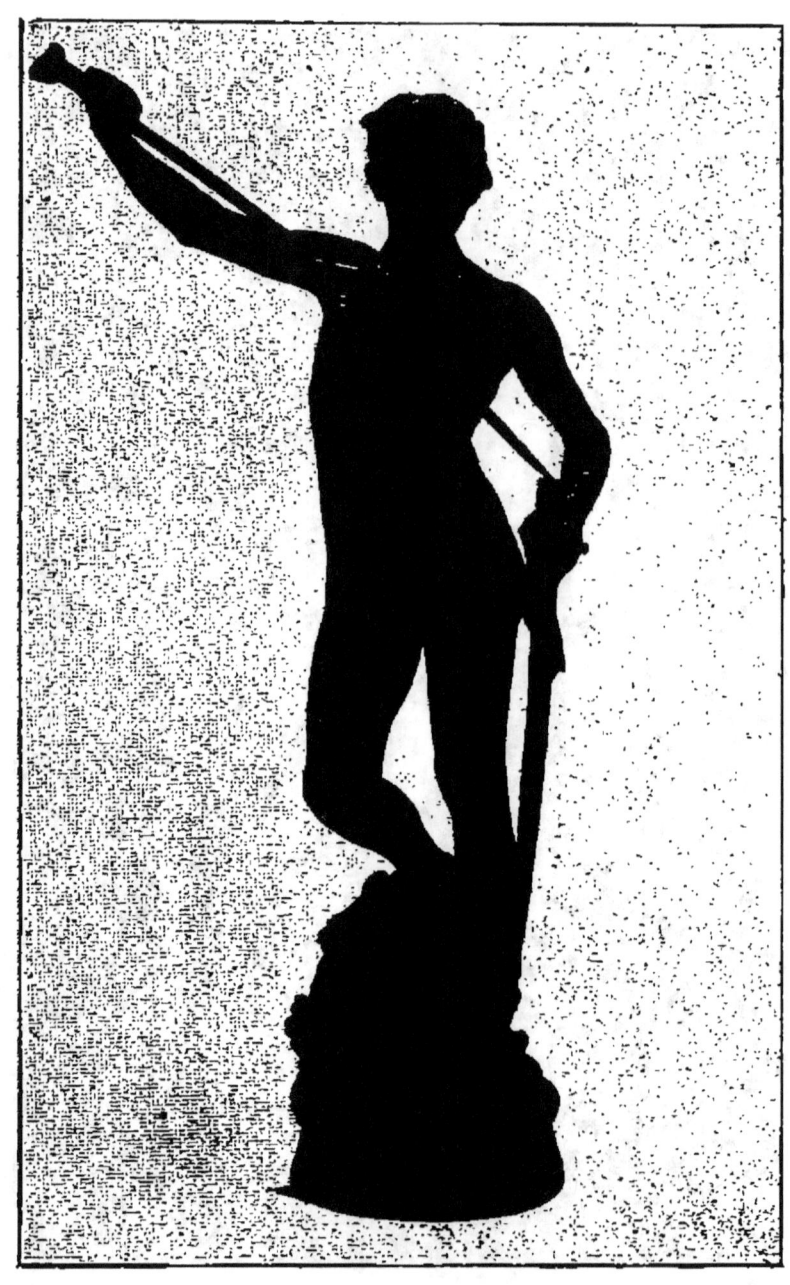

1736. — M. J.-A. Mercié.
David.

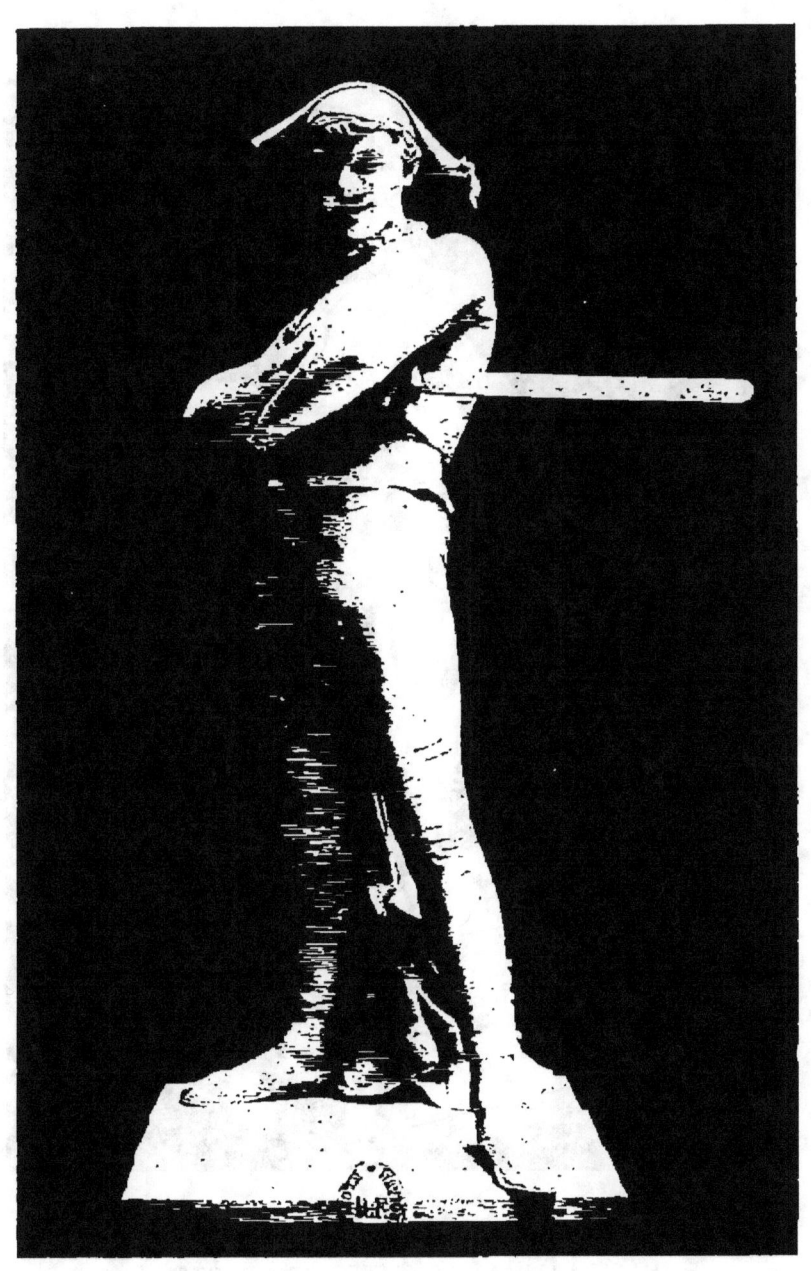

1816. — RENÉ DE SAINT-MARCEAUX.
ARLEQUIN.
(Appartient aux enfants de Mme Pommery.)

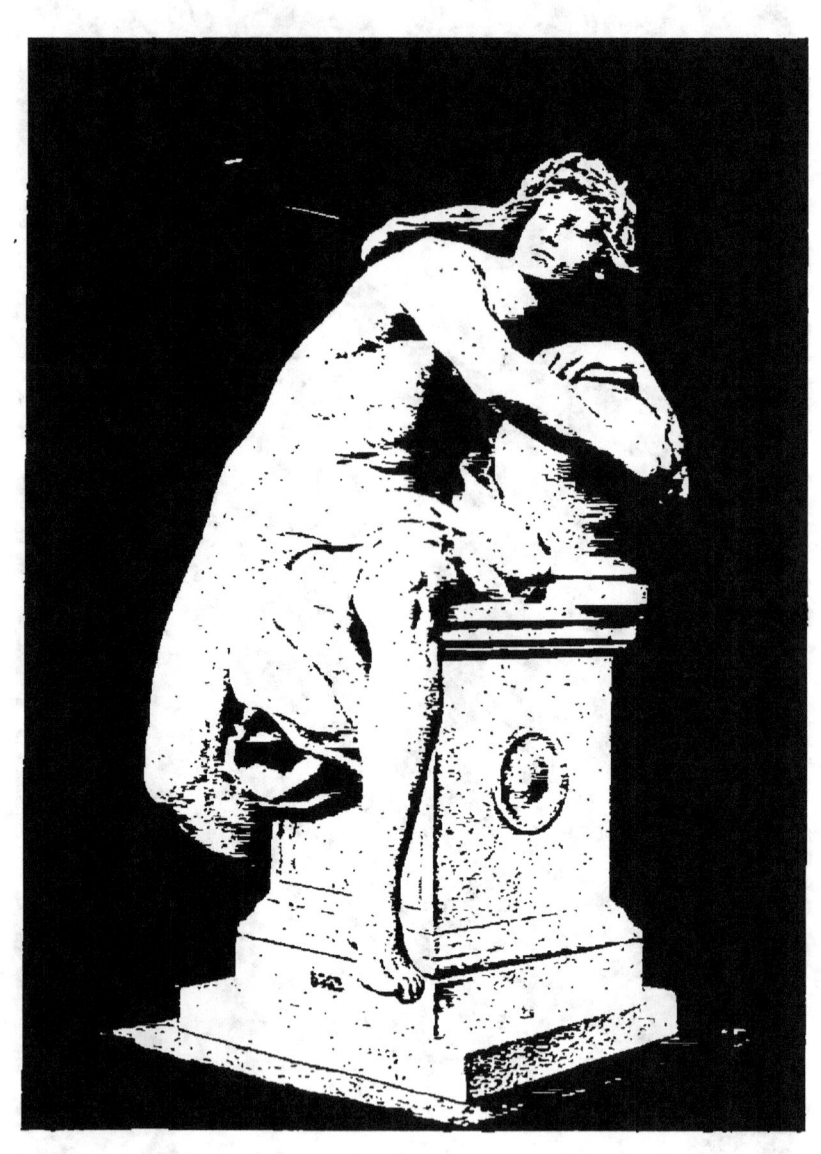

1815. — René de Saint-Marceaux.
Génie gardant le secret de la tombe.

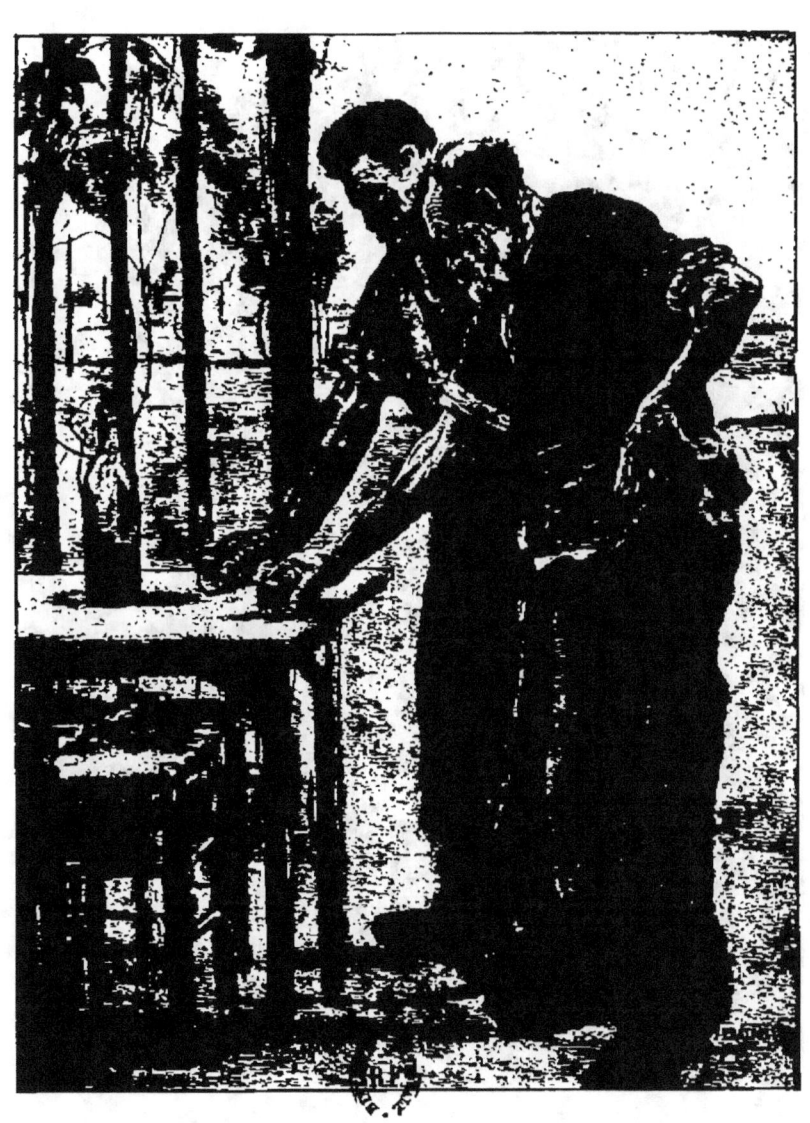

541. — J.-F. Raffaelli.
Les Forgerons buvant.
(Appartient à M. F. Crouan).

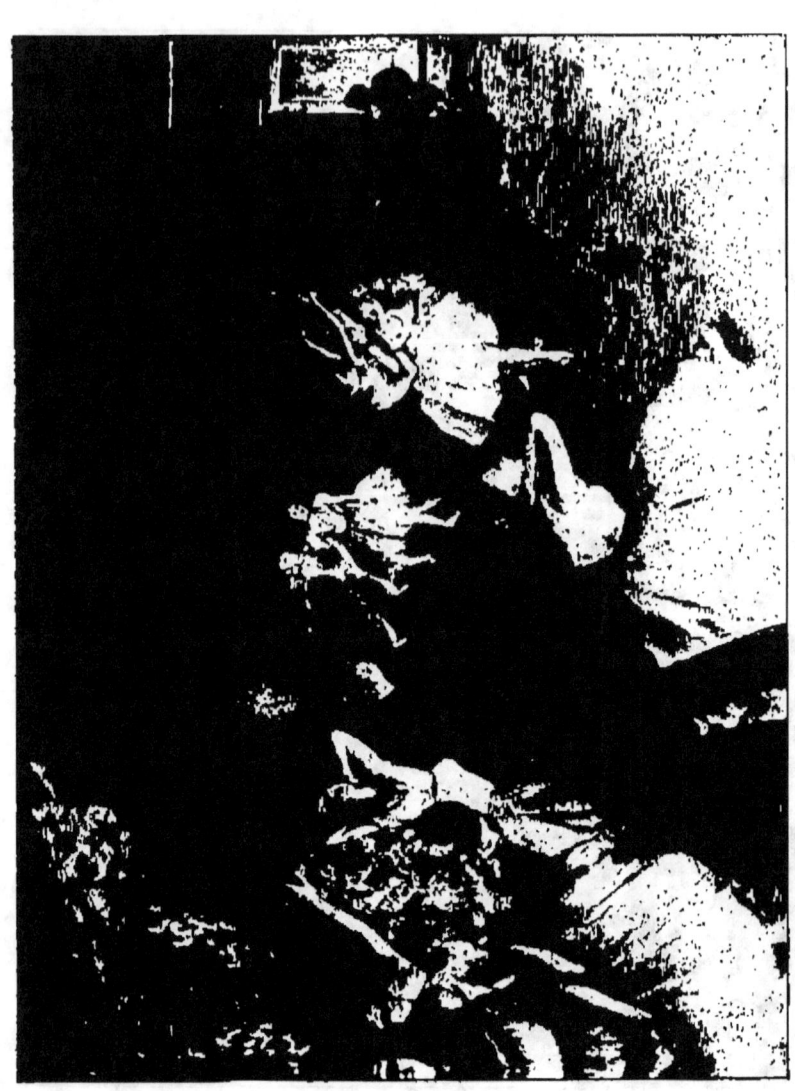

240. — H.-G.-E. Degas.
La Répétition.
(Appartient à Mme Cobden-Sickert.)

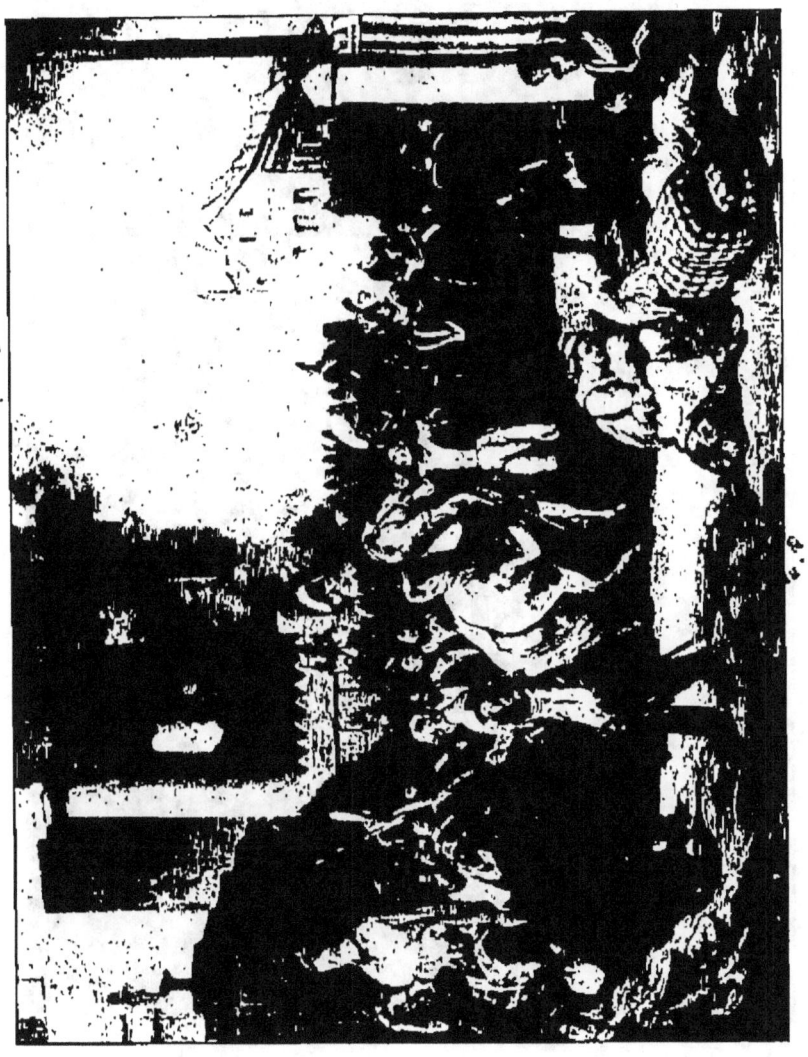

655. — E.-J. Horace-Verket (1789-1863).
La Barrière de Clichy.
(Appartient à M. Bernard Franck.)

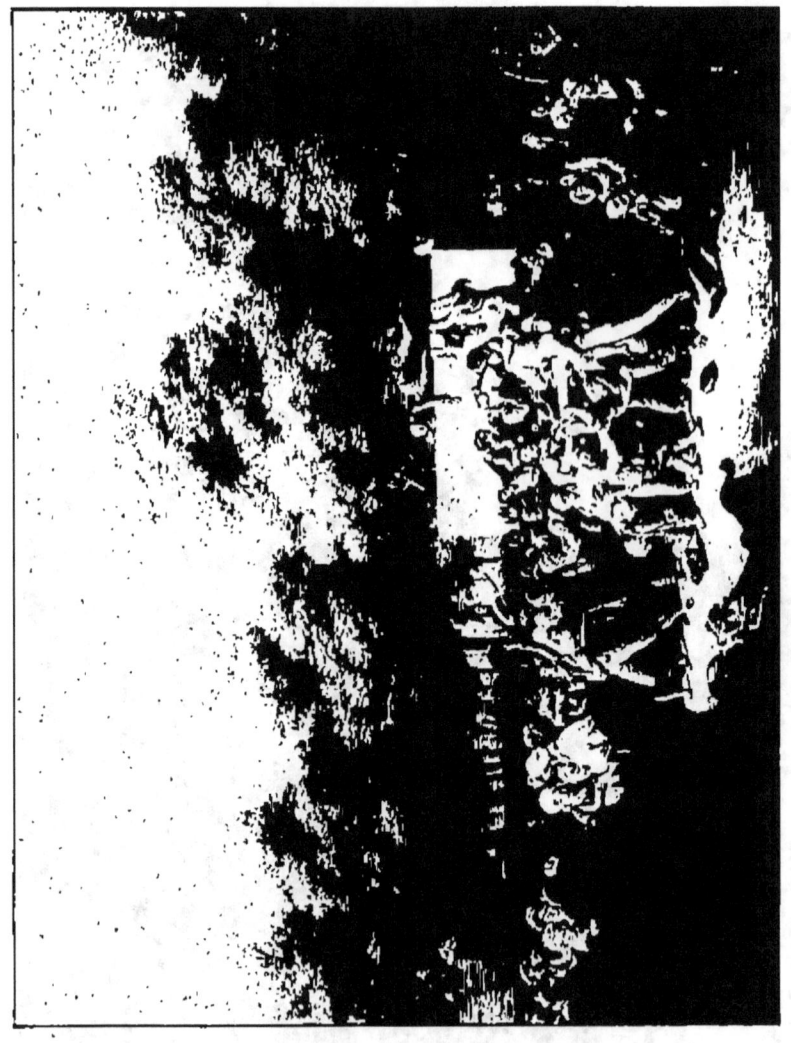

41. — L.-L. BOILLY (1761-1845).
DISTRIBUTION DE VIN ET DE COMESTIBLES AUX CHAMPS-ÉLYSÉES.

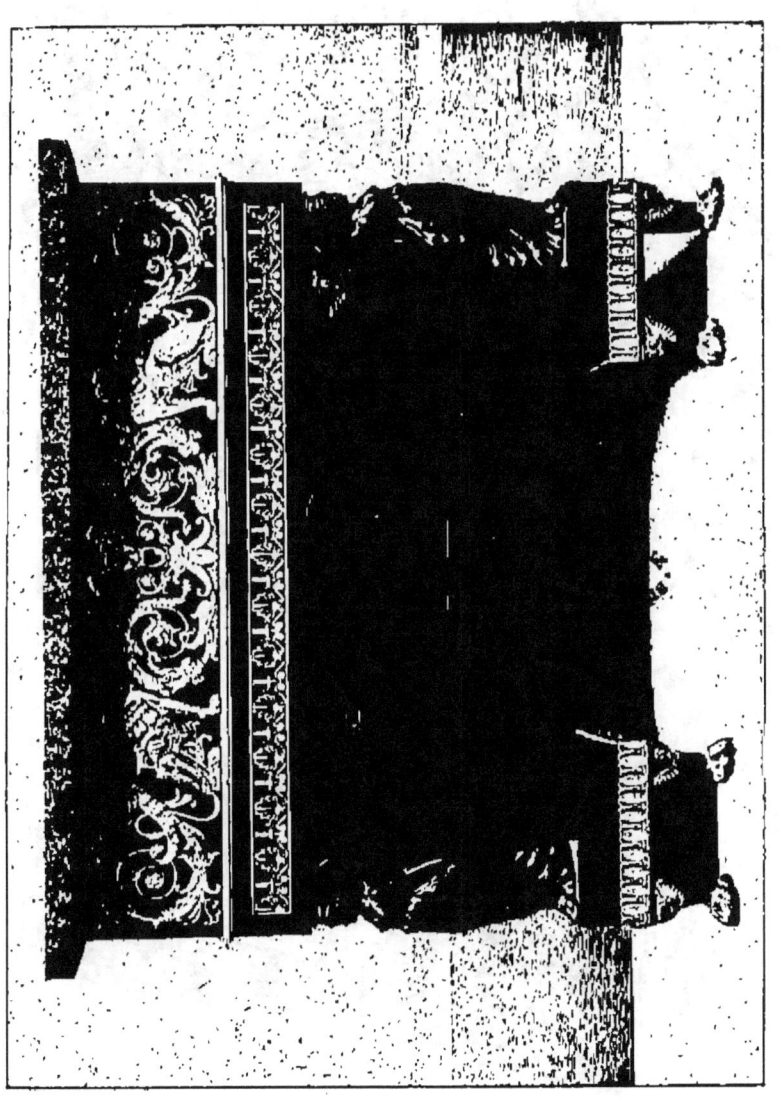

2950. — Console en racine d'orme,
Par Jacob et Thomire (Premier Empire).
(Palais de Trianon.)

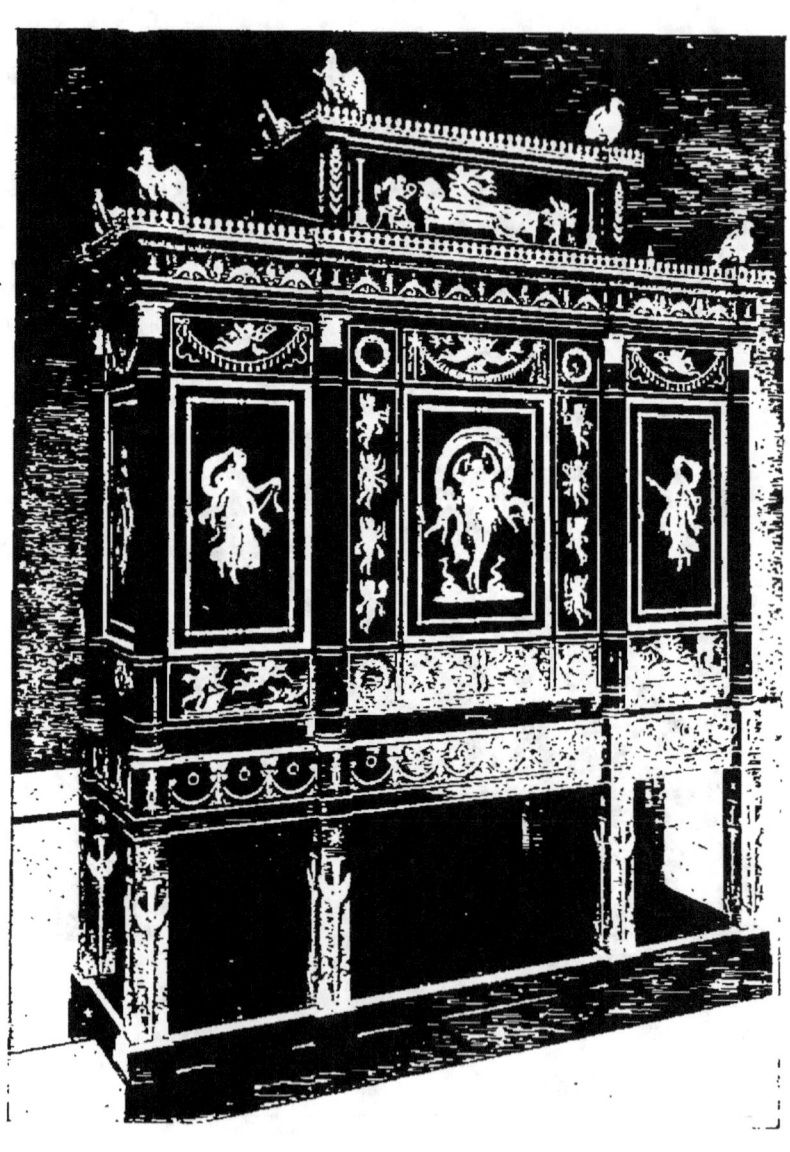

2921. — Grande armoire a bijoux de l'Impératrice Joséphine,
Par Jacob (Premier Empire).
(Palais de Fontainebleau.)

EXPOSITION CENTENNALE

DE

L'ART FRANÇAIS

I

PEINTURE

Anonyme.
    1. — Portrait d'homme (à M. Bonnat).

Achard (Jean-Alexis), 1807-1884.
    2. — La Cascade du ravin de Cernay-la-Ville (Palais de Fontainebleau).

Adam (Jean-Victor), 1801-1867.
    3. — Les Français après la victoire (Musée de Douai).

Agache (Alfred-Pierre), né à Lille.
    4. — Fortuna (Musée de Lille).

Aligny (Claude-Félix-Théodore-Caruelle d'), 1798-1871.
    5. — Enfance de Bacchus; — esquisse (Musée de Bordeaux).

Amaury-Duval (Eugène-Emmanuel Pineu-Duval dit), 1808-1885.
    6. — Étude d'enfant (Musée de Calais).

Antigna (Jean-Pierre-Alexandre), 1817-1878.
    7. — Enfants à la conque; — esquisse (à Mme Antigna).

Barau (Émile), né à Reims.
    8. — Les Rouazes.

Barbot (Prosper), 1798-1878.
    9. — Donjon du château de Plessis-Macé (Maine-et-Loire) (à M. Le Chatelier).

Barye (Antoine-Louis), 1795-1875.
    10. — Cerf dans la forêt de Fontainebleau (à M. Vial).

Bastien-Lepage (Jules), 1848-1884.
    11. — La Mare (à M. Fenaille).
    12. — Pas Mêche.
    13. — Les Pommiers gelés (à M. Klotz).
    14. — Portrait de l'artiste par lui-même (à M. É. Bastien-Lepage).
    15. — Dans la prairie, la nuit (à M. É. Bastien-Lepage).
    15 bis. — Portrait du sculpteur Lenoir (à M. Lenoir).

Baudry (Jacques-Aimé-Paul), 1828-1886.
    16. — Portrait de Beulé (Musée d'Angers).
    17. — La Madeleine pénitente (Musée de Nantes).
    18. — Portrait d'Ambroise Baudry (à M. Ambroise Baudry).
    19. — Portrait de Charles Garnier (à Mme Charles Garnier).
    20. — Portrait d'Edmond About (à Mme Ed. About).
    21. — Portrait de Robert Fould (à M. Léon Fould).

Bazille (Frédéric), 1841-1870.
    22. — Femme assise au pied d'un arbre (Musée de Montpellier).
    23. — La Sortie du bain (1870) (à Mme Gaston Bazille).

Bellangé (Joseph-Louis-Hippolyte), 1800-1866.
    24. — Les Cuirassiers à Waterloo (Musée de Bordeaux).

Belly (Léon-Adolphe-Auguste), 1827-1877.
    25. — Portrait de Syrienne en jaune (à Mme Alexis Rouart).
    26. — Environs du Caire (à M. Belly).

Benjamin-Constant (Jean-Joseph), né à Paris.
    27. — Les Chérifas (Musée de Carcassonne).

Béraud (Jean), né à Saint-Pétersbourg de parents français.
    28. — A la salle Graffard (à M. Combier).

Berchère (Narcisse), 1819-1891.
    29. — Bords du Nil (à M. Osiris).

Bertin (Jean-Victor), 1775-1842.
    30. — Un Berger fait paître son troupeau à l'entrée d'un bois (Musée de Cherbourg).
    31. — Site montagneux avec deux jeunes femmes (Musée de Cherbourg).
    32. — Paysage (Musée de Coutances).

Bertrand (James), 1825-1887.
    33. — Guet-apens (à Mme J. Bertrand).

Besnard (Paul-Albert), né à Paris.
    34. — Portrait de Mme R. J. (à M. Roger-Jourdain).

Biart (Auguste-François), 1798-1882.
    35. — La Sibylle; — esquisse (Musée de Saint-Étienne).

Bidault (Jean-Joseph-Xavier), 1758-1848.
    36. — Paysage montagneux baigné par une rivière (Musée de Cherbourg).
    37. — Paysage avec fabriques, site d'Italie (Musée de Toulouse).

Binet (Jean-Baptiste-Barthélemy-Victor), né à Rouen.
   38. — La Plaine à Saint-Aubin-sur-Quillebeuf (Musée d'Amiens).

Boilly (Louis-Léopold), 1761-1845.
   39. — Arrestation de Garat (à M. Gustave Meunié).
   40. — L'Entrée du théâtre de l'Ambigu-Comique à une représentation gratis (à M. Lutz).
   41. — Distribution de vin et de comestibles aux Champs-Élysées (à M. Lutz).

Boissard de Boisdenier (Joseph-Ferdinand), 1813-1866.
   42. — Épisode de la retraite de Moscou (Musée de Rouen).

Bonheur (Mlle Marie-Rosa), 1822-1899.
   43. — La Fenaison en Auvergne.

Bonhommé (Ignace-François), 1809-1881.
   44. — La Nouvelle Fonderie à l'arsenal de Toulon (à M. Auscher).

Bonnat (Joseph-Florentin-Léon), né à Bayonne.
   45. — L'Assomption (chapelle de la Vierge, dans l'église Saint-André, à Bayonne).
   46. — Portrait de Mme Pasca (à Mme Pasca).
   47. — La Chapelle Sixtine (à M. Albert Cahen).
   48. — Idylle (à M. Bonnat).

Bonvin (François-Saint), 1817-1887.
   49. — La Servante apprêtant la table (à M. Vever).
   50. — La Mère Bion (à M. Lutz).

Bouchot (François), 1800-1842.
   51. — La Tour-d'Auvergne devant l'ennemi ; — esquisse (Musée de Chartres).
   52. — La Mort de César ; — esquisse (à Mme Ginain).

Boudin (Louis-Eugène), 1824-1898.
   53. — Le Port de Bordeaux (à M. Viau).
   54. — Plage aux environs de Trouville (à M. Gustave Cahen).
   55. — Le Port de Camaret (à Mme Georges Feydeau).

Bouguereau (Adolphe-William), né à la Rochelle.
   56. — Philomèle et Progné (Palais de Fontainebleau).

Boulanger (Clément), 1805-1842.
   57. — Baptême de Louis XIII (Palais de Fontainebleau).

Boulanger (Louis), 1806-1867.
   58. — « Vive la joie ! » d'après le roman de Notre-Dame de Paris (Musée de Dijon).

Boulard (Auguste-Marie), 1825-1897.
   59. — Portrait d'enfant (à Mme Potiez).
   60. — Paysage à Cayeux-sur-Mer (à Mme Potiez).

Brascassat (Jacques-Raymond), 1804-1867.
   61. — Taureau noir taché de blanc se frottant contre un arbre (Musée de Nantes).

Breton (Adolphe-Aimé-Louis-Jules), né à Courrières (P.-de-Calais).
    62. — Le Soir (Musée de Fontainebleau).
    63. — La Fin de la journée (à M. Gallice).
    64. — Le Soir dans les hameaux du Finistère (à M. Breton).
    65. — Six études dans un même cadre.

Breton (Adélard-Émile), né à Courrières (Pas-de-Calais).
    66. — Effet de lune (à M. Émile Breton).
    67. — Le Fossé qui dort (à M. Émile Breton).

Bruandet (Lazare) 1755-1804.
    68. — La Route (à M. Stéphane Piot).

Bruandet (Lazare) et **Swebach** (Jacques-François-Joseph).
    69. — Forêt (bois de Boulogne) dans laquelle on aperçoit une chasse au cerf (Musée de Cherbourg).

Bureau (Pierre-Isidore), né à Paris.
    70. — Clair de lune sur les bords de l'Oise (à Mme Bureau).

Cabanel (Alexandre), 1824-1889.
    71. — Albaydé (Rome, 1848) (Musée de Montpellier).

Cabat (Nicolas-Louis), 1812-1893.
    72. — Lisière d'une forêt (Musée du Puy).
    73. — Le Tournant de la route (à M. Vasnier).

Callet (Antoine-François), 1741-1823.
    74. — Portrait de son frère, le mathématicien Jean-François Callet (Musée de Bourges).

Cals (Adolphe-Félix), 1810-1880.
    75. — Enfant endormi (à Mme Esnault-Pelterie).
    76. — Le Déjeuner (à M. Henri Rouart).
    77. — Grand'mère et petit-fils (à M. le comte Doria).

Carolus-Duran (Charles-Auguste-Émile), né à Lille.
    78. — L'Homme endormi (Musée de Lille).
    79. — L'Assassiné, souvenir de la campagne romaine (Musée de Lille).
    80. — Portrait d'Émile de Girardin (Musée de Lille).

Carrière (Anatole-Eugène), né à Gournay-sur-Marne.
    81. — Portrait de M. Louis-Henri Devillez (à M. Devillez).
    82. — Intimité (à M. Moreau-Nélaton).

Cazin (Jean-Charles), né à Samer (Pas-de-Calais).
    83. — Ancien Port à Wimereux (à M. Vasnier).
    84. — L'Orage (à Mme Bartet).
    85. — Judith, le départ (à M. Potter Palmer).

Cézanne, né à Aix-en-Provence.
    86. — Nature morte : fruits (à M. Viau).
    87. — Paysage (à M. Pellerin).
    88. — Mon Jardin (à M. Vollard).

Chaplin (CHARLES), 1825-1891.
 89. — Les Bulles de savon (Palais de Fontainebleau).
 90. — Portrait de Mme E. F... (à M. Henri Rouart).
 91. — L'Étoile (à Mme Philippe Gille).

Charlet (NICOLAS-TOUSSAINT), 1792-1845.
 92. — Le Soldat blessé (à M. Gustave Meunié).
 93. — Le Dernier Rayon (à M. Stéphane Piot).

Chassériau (THÉODORE), 1819-1856.
 94. — Vénus anadyomène (à M. Pierre Marcotte de Quivières).
 95. — La Paix (fragment de la décoration de l'escalier de l'ancien palais de la Cour des comptes) (au Comité Chassériau).
 96. — Esther se parant pour être présentée au roi Assuérus (à M. Arthur Chassériau).
 97. — Portraits de Mlles C..., les deux sœurs (à M. Arthur Chassériau).
 98. — Appollon et Daphné (à M. Arthur Chassériau).
 99. — Intérieur de harem, dernier tableau du peintre (à M. Arthur Chassériau).
 100. — Cavaliers arabes emportant leurs morts après une affaire contre des spahis, esquisse (à M. Dreux).
 101. — Macbeth rencontrant les sorcières (à M. Arthur Chassériau).
 102. — La Toilette de Desdémone (à M. Arthur Chassériau).

Chintreuil (ANTOINE), 1814-1873.
 103. — Paysage (Musée de Cambrai).
 104. — L'Aube, après une nuit d'orage (à Mme Esnault-Pelterie.
 105. — Après la moisson (à Mme Esnault-Pelterie).
 106. — La Rigole d'Igny, journée de printemps par un temps de giboulée (à Mme Esnault-Pelterie).
 107. — Le Passeur, soir d'été; — la Tournelle (à Mme Esnault-Pelterie).

Clésinger (JEAN-BAPTISTE-AUGUSTE), 1814-1883.
 108. — Coucher de soleil, campagne romaine (à M. Leblanc-Barbedienne).

Cochereau (MATHIEU, dit LÉON), 1793-1817.
 109. — Prévost démontrant les panoramas; — esquisse (Musée de Chartres).

Cogniet (LÉON), 1794-1880.
 110. — Bailly proclamé maire de Paris (à la Ville de Paris).
 110 bis. — Les Saisons, esquisse du plafond de la salle du Zodiaque à l'ancien hôtel de ville de Paris (à la Ville de Paris).

Colin (GUSTAVE-HENRI), né à Arras.
 111. — La récolte du maïs à Urugana (Basses-Pyrénées) (à M. Demonts).
 112. — Paysage des Pyrénées (à M. Henri Rouart).

Constantin (JEAN-ANTOINE), 1756-1844.
 113. — Vue du château de la Barben (Palais de Fontainebleau).

Cormon (Fernand), né à Paris.
    114. — Retour d'une chasse à l'ours; — Âge de la pierre polie, esquisse (Musée de Carcassonne).

Corot (Jean-Baptiste-Camille), 1796-1875.
    115. — Vue de Pierrefonds (Musée de Quimper).
    116. — Homère et les Bergers (Musée de Saint-Lô).
    118. — Le Verger (Musée de Sémur).
    118 bis. — L'Atelier (à Mme Esnault-Pelterie).
    119. — Femme orientale (à M. Bessonneau).
    120. — Crépuscule au bord de l'eau (à M. L. Mante).
    121. — Portrait de femme (à M. Boy).
    122. — Vue prise à Volterra (à M. Moreau-Nélaton).
    123. — Un Moine (à M. Moreau-Nélaton).
    124. — La Cathédrale de Chartres (à M. Moreau-Nélaton).
    125. — Figure de jeune modèle (à M. Henri Rouart).
    126. — Tivoli vu de la villa d'Este (à M. Henri Rouart).
    127. — Fontaine de la villa Médicis (à M. Henri Rouart).
    128. — Femme en bleu (à M. Henri Rouart).
    129. — Agar dans le désert, grand paysage (à M. Gallimard).
    130. — Grand paysage d'Italie; paysannes revenant de la ville (à M. Gallimard).
    131. — Femme nue étendue dans un paysage (à M. Gallimard).
    132. — Port de Dunkerque (à M. Ernest May).
    133. — Environs de Mantes (à M. Albert Cahen).
    134. — Le Manoir de Beaune-la-Rolande (à M. Sarlin).
    135. — Vue de Venise (à M. Sarlin).
    136. — Paysage d'Artois (à M. Révillon).
    137. — Le Chevrier (à M. Révillon).
    138. — Jardins de l'Académie de France à Rome (à M. Dollfus).

Cot (Pierre-Auguste), 1838-1883.
    139. — Portrait de Mme Cot (à M. Cot fils).

Couder (Louis-Charles-Auguste), 1789-1873.
    140. — L'Indépendance de l'Amérique, esquisse (Musée d'Albi).
    141. — Prise de la ville de Lérida, le 13 octobre 1707 (Musée de Versailles).

Courbet (Gustave), 1819-1877.
    142. — Les Cribleuses de blé (Musée de Nantes).
    143. — Bonjour, Monsieur Courbet! (Musée de Montpellier).
    144. — La Sieste pendant la saison des foins, montagnes du Doubs (à la Ville de Paris).
    145. — La Forêt dans le Jura (à M. Henri Rouart).
    146. — Le Renard pris au piège (à M. Klotz).
    147. — Portrait de l'artiste (à Mlle Courbet).
    148. — La Source (à Mlle Courbet).
    149. — La Vague (à M. Albert Cahen).

Court (Joseph-Désiré), 1797-1865.
- 150. — Une Jeune Fille venant trouver le fleuve Scamande (Musée d'Alençon).
- 151. — La Mort de César, esquisse (Musée de Montpellier).
- 152. — Portrait de M. S... (à M. Sallandrouze de Lamornaix).

Couture (Thomas), 1815-1879.
- 153. — L'Oiseleur (à M. Leblanc-Barbedienne).
- 154. — Portrait de femme en blanc (à M. Émile Ricard).
- 155. — La Courtisane, esquisse (à Mme la baronne Risler-Couture).

Curzon (Paul-Alfred de), 1820-1895.
- 156. — Aveugles grecs près d'une citerne (campagne d'Athènes) (Musée de Saint-Étienne).

Dagnan (Isidore), 1790-1873.
- 157. — Vue de Paris prise sur le boulevard Poissonnière, effet du matin (Musée du Puy).

Danloux (Henri-Pierre), 1753-1809.
- 158. — Portrait de jeune homme (à M. Ernest May).
- 159. — Portrait d'homme (à M. Gustave Meunié).
- 160. — Portrait d'A.-F. Herman, ambassadeur français à Londres (à M. Herman-Fuzier).

Daubigny (Charles-François), 1817-1878.
- 161. — Bord de rivière avec des laveuses (Musée de Reims).
- 162. — L'Hiver (à M. Gillibert).
- 163. — Ruisseau sous bois (à M. Vasnier).
- 164. — Le Troupeau s'abreuvant (à M. Vasnier).
- 165. — Château-Gaillard (à M. Mante).
- 166. — Le Ruisseau (à M. de Hèle).
- 167. — Lever de lune (à M. Gallimard).
- 168. — Le Marais d'Optevoz (à M. Sarlin).
- 169. — Vue de Hollande (à M. Sarlin).
- 170. — Mai (à M. Sarlin).
- 171. — Le Ruisseau (à M. Sarlin).
- 172. — Le Ravin (à M. Vial).
- 172 bis. — La Mare (Palais de Compiègne).

Daumier (Honoré), 1808-1879.
- 173. — Chanteurs des rues (à Mme Esnault-Pelterie).
- 174. — Parade de saltimbanques (à Mme Esnault-Pelterie).
- 175. — Types de la vieille comédie (à Mme Esnault-Pelterie).
- 176. — Mouvement populaire dans la rue (à M. Henri Rouart).
- 177. — La République (concours de 1849) (à M. Boy).
- 178. — Œdipe et le Berger Phorba (à M. Boy).
- 179. — Don Quichotte et Sancho Pança (à M. Dollfus).
- 180. — Femme remontant du lavoir aux quais de la Seine (à M. Gallimard).
- 181. — Les Émigrants (à M. Sarlin).

182. — L'Amateur (à M. Viau).
183. — Le Drame (à M. Viau).
184. — Les Amateurs de peinture (à Mme Bureau).
186. — Avocats (à Mme Bureau).
187. — La Partie de dames (à Mme Esnault-Pelterie).
188. — Le Malade imaginaire (à Mme Esnault-Pelterie).
189. — Artiste cherchant un dessin (à M. Henri Rouart).
190. — Le Fardeau (à Mme Arsène Alexandre).

Dauzats (ADRIEN), 1804-1868.
191. — Vue intérieure de l'église Saint-Jean-des-Rois, à Tolède (Musée de Tarbes).

David (JACQUES-LOUIS), 1748-1825.
192. — Serment de l'armée fait à l'empereur après la distribution des aigles au Champ de Mars, le 5 décembre 1804 (Musée de Versailles).
193. — Portrait de Napoléon en costume impérial, esquisse (Musée de Lille).
194. — Portrait de femme (Musée d'Orléans).
195. — Portrait de Mme Tallien (Musée de Douai).
196. — Portrait de Mme Vigée-Lebrun (Musée de Rouen).
197. — Portrait d'Alphonse Leroy, son médecin (Musée de Montpellier).
197 bis. — Mort d'Ugolin (Musée de Valence).
198. — Esquisse du rideau du théâtre Chantereine (à M. Baron).
199. — Portrait de jeune homme coiffé d'un haut chapeau de feutre (à M. Goldschmidt).
200. — Portrait de Mme Picquet, née Rambon (à M. le comm^t Picquet).

David (ATTRIBUÉ À).
201. — Portrait du girondin Gensonné (Musée de Dunkerque).
202. — Portrait du peintre Vincent (Musée de Grenoble).
203. — Portrait de l'artiste par lui-même (Musée de Perpignan).

David (ÉCOLE DE).
203 bis. — Mars désarmé par Vénus et les Grâces (Musée de Périgueux).

David & Riesener.
204. — Portrait de Mme S. de L... et de son fils (à M. Sallandrouze de Lamornaix).

Decamps (ALEXANDRE-GABRIEL), 1803-1860.
205. —. Le Passage du gué (à M. Moreau-Nélaton).
206. — Jésus sur le lac de Génésareth (à M. Moreau-Nélaton).
207. — Une Biche (à M. Bonnat).

Dedreux (ALFRED), 1810-1860.
208. — La Bataille de Baugé (22 mars 1421) (Musée de Narbonne).

Degas (HILAIRE-GERMAIN-EDGAR), né à Paris.
- 209. — Intérieur d'un comptoir de coton à la Nouvelle-Orléans (Musée de Pau).
- 210. — La Répétition (à Mme Cobden-Sickert).

Dehodencq (EDME-ALFDED-ALEXIS), 1822-1882.
- 211. — Fête juive à Tanger (Musée de Poitiers).
- 212. — Bohémiens et Bohémiennes au retour d'une fête en Andalousie (Musée de Chaumont).
- 213. — La Danse de nègres à Tanger (à M. Agelasto).

Delacroix (FERDINAND-VICTOR-EUGÈNE), 1798-1863.
- 214. — La Grèce expirante sur les ruines de Missolonghi (Musée de Bordeaux).
- 215. — Charge de cavaliers arabes (Musée de Montpellier).
- 216. — Saint Georges (Musée de Grenoble).
- 217. — Comédiens ou Bouffons arabes (Musée de Tours).
- 218. — Femmes d'Alger dans leur intérieur (Musée de Montpellier).
- 219. — Nature morte (à M. Moreau-Nélaton).
- 220. — Le Prisonnier de Chillon (à M. Moreau-Nélaton).
- 221. — Entrée des Croisés à Constantinople (à M. Moreau-Nélaton).
- 222. — Coin d'atelier : le Poêle (à M. Henri Rouart).
- 223. — Les Deux Indiens (à M. Henri Rouart).
- 224. — Bataille de Taillebourg, gagnée par saint Louis, le 21 juin 1242 (esquisse) (à M. Gallimard).
- 225. — Épisode de la guerre de Grèce (à M. Sarlin).
- 226. — Saint Sébastien (Église de Nantua).
- 227. — Pâtre romain (à M. Beurdeley).
- 228. — Le Bon Samaritain (à Mme Esnault-Pelterie).
- 229. — Le Lion au caïman (à M. Paul Du Toict).

Delaroche (HIPPOLYTE dit PAUL), 1797-1856.
- 230. — Claude-Emmanuel-Joseph-Pierre, marquis de Pastoret, chancelier de France, tuteur des Enfants de France (à M. Pierre Decourcelle).

Delaunay (JULES-ÉLIE), 1828-1891.
- 231. — Ophélie (Musée de Bordeaux).
- 232. — Portrait de Charles Gounod (à Mme Gounod).
- 233. — Jehan-Louis Tanguy, cultivateur au bourg d'Arradon (à M. Ferdinand Dreyfus).
- 234. — Le Jugement de Pâris, esquisse d'une décoration (à M. Bonnat).

Démarne (JEAN-LOUIS), 1744-1829.
- 235. — Scène de débarquement (Musée de Cherbourg).
- 236. — Une Halte devant la porte d'un cabaret (Musée de Dunkerque).
- 237. — Un Canal (à M. le comte de Gramont).

Detaille (Jean-Baptiste-Édouard), né à Paris.
    238. — Esquisse du portrait de L. A. R. le prince de Galles et le duc de Connaught.
    238 *bis*. — Bonaparte en Égypte (à M. Bessonneau).

Déveria (François-Marie-Joseph-Eugène), 1805-1865.
    239. — Serment du roi à la Chambre des députés, le 9 août 1830 (Musée de Versailles).
    240. — Réception de Christophe Colomb par Ferdinand et Isabelle, variante du tableau exposé au Salon (1861)(Musée de Pau).
    241. — Portrait de la sœur de l'artiste, Laure Deveria, peintre de fleurs, sur son lit de mort (Musée de Pau).

Devosge (Anatole), 1770-1850.
    242. — Anacréon chantant ses poésies (Musée de Dijon).

Diaz de la Peña (Narcisse-Virgile), 1808-1876.
    243. — Forêt de Fontainebleau (Musée de Reims).
    244. — Paysage avec marais (Musée de Reims).
    245. — Les Vierges folles (à M. Moreau-Nélaton).
    246. — Le Décaméron (à Mme Pierre Duché).
    247. — Sous Bois (à Mme la baronne Risler-Couture).
    248. — La Mare (à M. Lutz).
    249. — Paysage : Forêt de Fontainebleau (à M. Bonnat).
    249 *bis*. — La Clairière (forêt de Fontainebleau) (à M. Bessonneau).

Doncre (Guillaume-Dominique-Jacques), 1743-1820.
    250. — Portrait de Mme Lepage (Musée d'Arras).

Doré (Gustave-Paul), 1833-1883.
    251. — Vue d'Écosse (Musée de Grenoble).

Drölling (Martin), 1752-1817.
    252. — La Femme et la Souris (Musée d'Orléans).
    253. — Une Laitière (Musée du Puy).
    254. — Un Jeune Garçon mangeant sa soupe (Musée du Puy).
    255. — Portrait de la fille de Junot, duc d'Abrantès (à M. Émile Pallier).
    256. — Portrait des filles de l'artiste (à M. Gustave Meunié).

Dubufe (Claude-Marie), 1790-1864.
    257. — Portrait (à M. G. Dubufe).
    258. — Portrait de Mme Eugénie Dubufe (à Mme E. Decauville).

Dubufe (Louis-Édouard), 1820-1883.
    259. — Portrait de Mme D.
    260. — Clarisse Harlowe (à M. G. Dubufe).

Dubufe (Edmond-Marie-Guillaume), né à Paris.
    261. — Portrait de mes enfants (à M. G. Dubufe).

Duez (Ernest-Ange), 1843-1896.
    262. — La Femme du marin (à M. Ernest May).
    263. — Le Déjeuner sur la terrasse (Villerville) (à M. Revillon).

Dunouy (ALEXANDRE-HYACINTHE), 1757-1843, et **Leprince** (A.-XAVIER), 1799-1826.
    264. — Vue d'une prairie (Musée de Cherbourg).

Duplessis (JOSEPH-SIFFREIN), 1725-1802.
    265. — Portrait de Jean-Baptiste Péru d'Avignon (Musée d'Avignon).

Dupré (LOUIS-JULES), 1811-1889.
    266. — Les Moulins à vent (à M. Vasnier).
    267. — Repos des moissonneurs (1842) (à M. Bessonneau).
    268. — Le Passage du gué (à M. Moreau-Nélaton).
    269. — Coucher de soleil (à M. Henry Deutsch de la Meurthe).
    270. — La Cuisine (à M. Sarlin).
    271. — Soleil couchant en mer (à M. Sarlin).
    272. — La Mare (à M. Sarlin).
    273. — Les Bords de la Tamise (à Mme Bureau).
    274. — Retour à la ferme (à M. Lutz).
    274 bis. — Arbre au bord d'un étang (à M. Klotz).

Duval Le Camus (PIERRE), 1790-1854.
    275. — Portrait de M. Courtin en costume de conseiller (Musée de Lisieux).

Fabre (FRANÇOIS-XAVIER-PASCAL), 1766-1837.
    276. — Portrait de la comtesse d'Albany (Musée de Montpellier).

Falguière (JEAN-ALEXANDRE-JOSEPH), 1831-1900.
    277. — Caïn portant Abel (Musée de Carcassonne).
    278. — Madeleine (Musée de Pau).

Fantin-Latour (I.-H.-JEAN-THÉODORE), né à Grenoble.
    279. — Féerie (à M. Haviland). — Salon des refusés de 1863).
    280. — Coin de table (à M. E. Blémont).
    281. — La Famille D... (à M. Fantin-Latour).
    282. — La Brodeuse (à Mme Esnault-Pelterie).
    283. — Portrait de l'artiste par lui-même (à M. Viau).
    284. — La Tapisserie; esquisse (à M. Haviland).

Flandrin (JEAN-HIPPOLYTE), 1809-1864.
    285. — Polytès (Musée de Saint-Étienne).

Flandrin (JEAN-PAUL), né à Lyon.
    286. — Paysage, campagne de Rome (Musée de Laval).

Flers (CAMILLE), 1802-1868.
    287. — Prairie à Aumale (Musée de Béziers).

Fouace (GUILLAUME-ROMAIN.).
    288. — Nature morte (à Mme G. Fouace).
    289. — Nature morte (à Mme G. Fouace).

Fragonard (JEAN-HONORÉ), 1732-1806, et **Gérard** (Mlle MARGUERITE), 1761-1837 (attribué à).
    290. — L'Atelier du peintre (Musée de Saint-Étienne).

Français (François-Louis), 1814-1897.
    291. — Les Saules (à MM. A. et G. Joliet).
    292. — La grand'route à Comb-la-Ville (à M. Lutz).

Frère (Charles-Théodore), 1815-1888.
    293. — Femme orientale à la fontaine (Musée de Narbonne).

Fromentin (Samuel-Auguste-Eugène), 1820-1876.
    294. — Paysage d'Égypte (à M. Jules Beer).
    295. — Palais à Venise (à M. Albert Cahen).
    296. — Fantasia arabe (à M. Sarlin).
    297. — Caravane (à M. Lutz).

Gagliardini (Gustave), né à Mulhouse.
    298. — Sous les Platanes (à M. Peytel).

Gaillard (Claude-Ferdinand), 1834-1887.
    299. — Portrait de la tante de l'artiste.

Galland (Pierre-Victor), 1822-1892.
    300. — Panneau décoratif (à Mme Ch. Gounod).
    301. — Le Bain (à M. Edmond Taigny).

Gamelin (Jacques), 1738-1803.
    302. — Portrait de Frion (Musée de Perpignan).
    303. — La Famille de l'artiste (Musée de Carcassonne).
    304. — L'Évanouissement (à M. Alboize).
    305. — Scène familière (Musée de Carcassonne).

Garbet (Félix-Émile) (attribué à).
    306. — Réunion (à M. Henri Rouart).

Gauguin (Paul), né à Paris.
    307. — Paysage de Bretagne (à Mme Aron).

Gérard (Mlle Marguerite), 1761-1837.
    308. — La lecture d'une lettre (Musée de Cherbourg).
    309. — La Mère nourrice (Musée d'Aix).
    310. — L'Été (Musée de Perpignan).

Gérard (François-Pascal-Simon, baron) (attribué à).
    311. — Portrait de femme (Musée de Nancy).

Gérard (François-Pascal-Simon, baron), 1770-1837.
    312. — Portrait d'artiste (Musée d'Arras).
    313. — Étude pour le portrait en pied de Mme la comtesse Kamoyska avec ses enfants (Musée de Versailles).
    314. — Esquisse de Psyché recevant le premier baiser de l'Amour (à M. Peytel).
    315. — Portrait de Mme Lœtitia (à Mme Eugène Schneider).

Géricault (Jean-Louis-André-Théodore), 1791-1824.
    316. — Cheval arrêté par des esclaves (Musée de Rouen).
    317. — Le Radeau de la *Méduse*, esquisse (à M. Moreau-Nélaton).

318. — Étude pour un tableau de courses (à M. Bonnat).
319. — Le Trompette (à M. Sarlin).
320. — Esquisse pour un portrait de chasseur (à M. Bonnat).

Géricault (attribué à).
321. — Portrait du sculpteur David d'Angers.

Gérôme (Jean-Léon), né à Vesoul.
322. — L'Innocence (Musée de Tarbes).

Gervex (Henri-Alexandre), né à Paris.
323. — Autopsie à l'Hôtel-Dieu (Musée de Limoges).
324. — Une Séance du jury de peinture ; — esquisse du tableau exposé au Salon de 1885 (à M. Waldeck-Rousseau.

Giraud (Pierre-François-Eugène), 1806-1881.
325. — La Devisa (Palais de Fontainebleau).

Girodet (de Roucy-Trioson, Anne-Louis), 1767-1824.
326. Portrait d'homme (Musée de Cherbourg).
327. Portrait de Benjamin Rolland, conservateur du Musée de Grenoble de 1817 à 1853 (Musée de Grenoble).

Glaize (Auguste-Barthélemy), 1807-1893.
428. — Spectacle de la folie humaine (Musée d'Arras).

Gonzalès (M^{mo} Éva), 1852-1883.
329. — Une Loge aux Italiens (à M^{mo} Henri Guérard).
330. — L'Indolence (à M^{mo} Henri Guérard).

Granet (François-Marius), 1775-1849.
331. — Intérieur d'une salle d'asile (Musée d'Aix).

Granger (Jean-Pierre ou Perrin), 1779-1840.
332. — Portrait de Mme Granger (à M. Paul Meurice).

Greuze (Jean-Baptiste), 1725-1805.
333. — La Prière du matin (Musée de Montpellier).
334. — Eglise et Jupiter (à M. Levesque).
335. — Napoléon Bonaparte, premier consul (Musée de Versailles).
336. — Portrait de Saint-Just (à Mme Jahan).

Gros (Antoine-Jean, baron), 1771-1835.
337. — Éléazar préfère la mort au crime de violer la loi en mangeant des viandes défendues (Musée de Saint-Lô).
338. — Portrait équestre du général Bonaparte premier consul, passant une revue après la bataille de Marengo et distribuant des sabres d'honneur (an XI) (Palais de Compiègne).
339. — Combat de Nazareth, esquisse ayant remporté le prix au concours de 1801 (Musée de Nantes).
340. — Embarquement de Mme la duchesse d'Angoulême à Pauillac, le 25 avril 1815 (Musée de Bordeaux).
341. — Onze esquisses à l'huile (Musée de Montpellier).
342. — Portrait de Méhul (à M. Chassériau).
343. — Portrait de Zimmermann (à Mme Pigny).

Gudin (Théodore), 1802-1880.
    344. — Le Duc d'Orléans assistant à une pêche devant Marseille (à M. Bernard Franck).

Guérin (Pierre-Narcisse, baron), 1774-1838.
    345. — La Mort de Priam; — esquisse (Musée d'Angers).

Guiard (Adélaïde-Labille, dame), 1749-1803.
    346. — Portrait de femme âgée (Musée de Marseille).

Guigou (Paul), 1834-1871.
    347. — Paysage (à M. Samat).

Guillaumet (Gustave-Achille), 1840-1887.
    347 bis. — Fileuses arabes (à Mme Guillaumet).

Guillaumin.
    348. — Paysage (à M. Pontremoli).

Hamon (Jean-Louis), 1821-1874.
    349. — L'Envie (au Grand Cercle de Nantes).

Harpignies (Henri-Joseph), né à Valenciennes.
    350. — Le Ravin de Cernay (Palais de Fontainebleau).

Hébert (Auguste-Antoine-Ernest), né à Grenoble.
    351. — Muse populaire italienne (à Mme Grandin).
    352. — Portrait de l'artiste par lui-même (Musée de Grenoble).

Heilbuth (Ferdinand), 1826-1889.
    353. — Les Fouilles à Rome (à M. Chialiva).

Heim (François-Joseph), 1787-1865.
    354. — Le Prisonnier (Musée de Semur).
    355. — Petite esquisse d'une bataille (à M. Bonnat).
    356. — Louis-Philippe recevant au Palais-Royal les députés de 1830, qui lui présentent l'acte qui lui défère la couronne (esquisse) (à M. Alexis Rouart).

Henner (Jean-Jacques), né à Bernwiller (Haut-Rhin).
    357. — Un Curé, portrait (à M. Henner).
    358. — Idylle (Palais de Fontainebleau).
    359. — Suzanne au repos (à M. Lutz).

Hereau (Jules), 1839-1879.
    360. — Rentrée du troupeau, le soir (à M. Vial).

Herment (Victor), 1801-1858.
    361. — Brebis et son agneau au repos (à M. le général Herment).

Hervier (Louis-Henri-Victor-Jules-François-Adolphe), 1818-1879.
    362. — Forêt par l'orage (à M. Joliet).
    363. — L'Église (à Mme Esnault-Pelterie).

Huet (Paul), 1804-1869.
- 364. — Matinée de printemps (à M. René-Paul Huet).
- 365. — Environs d'Antibes.

Ingres (Jean-Auguste-Dominique), 1780-1867.
- 366. — Portrait du peintre Granet (Musée d'Aix).
- 367. — Portrait de Mme de Senones (Musée de Nantes).
- 368. — Portrait de Mme Panckoucke (à M. Panckoucke).
- 369. — Francesca di Rimini (Musée de l'Hôtel Pincé, à Angers).
- 370. — Portrait de Mme la princesse de B... (à M. le duc de Broglie).
- 371. — Baigneuse assise, vue de dos (à M. Bonnat).
- 372. — Portrait de Mme Devanz (à M. Bonnat).
- 373. — Charles X (à M. Bonnat).
- 374. — Étude pour le tableau de Francesca di Rimini (à M. Bonnat).
- 375. — Charles V, alors régent du royaume, rentre à Paris après l'expulsion du duc de Bourgogne, et reçoit le prévôt et les échevins de Paris, que Jean Pastoret et Jean Maillard lui présentent (à M. Bessonneau).
- 376. — Le Vœu de Louis XIII (Cathédrale de Montauban).
- 377. — Portrait de Pallière, peintre d'histoire (à M. Henri Rouart).
- 378. — Portrait d'architecte (à M. Groult).
- 379. — Portrait d'Ingres père (Musée de Montauban).
- 380. — Roger délivrant Angélique (Musée de Montauban).
- 381. — Portrait de Bartolini (à M. Levesque).
- 382. — Portrait du duc d'Orléans (à M. le Dr Toupet).

Isabey (Louis-Gabriel-Eugène), 1804-1886.
- 383. — Le Port de Dieppe (Musée de Nancy).
- 384. — Débarquement de la reine d'Angleterre à Cherbourg, le 4 août 1858 (à M. Chassériau).
- 385. — Descente d'escalier (à M. Jules Beer).

Jacque (Charles-Émile), 1813-1894.
- 386. — Le Pont, rentrée du travail (à M. Vasnier).
- 387. — La Bergerie (à M. Haviland).

Jadin (Louis-Godefroy), 1805-1882.
- 388. — Relai de chasse (Musée de Rennes).

Johannot (Tony), 1803-1852.
- 389. — Mort de Duguesclin (à M. Alexis Rouart).

Jolivard (André), 1787-1851.
- 390. — Vue prise des hauteurs de Saint-Cloud (Musée de Lisieux).

La Berge (de), (attribué à).
- 391. — Moulins au bord de l'eau (à M. Émile Ricard).

Lafage-Laujol (Georges de), né à la Chapelle-Saint-Denis.
- 392. — Matinée d'automne (à M. Manzi).

Lafond (Charles-Nicolas-Raphaël), 1774-1835.
    393. — L'Impératrice Joséphine entourée des enfants dont elle a secouru les mères (Musée de Dunkerque).

Lami (Louis-Eugène), 1800-1890.
    394. — Combat de Claye, le 27 mars 1814 (à M. Alexis Rouart).
    395. — Bataille de Wattignies, le 16 octobre 1793 (Musée de Versailles).
    396. — Le Camp de Lunéville (à M. Alexis Rouart).
    397. — Entrée de Mme la Duchesse d'Orléans dans le jardin des Tuileries à l'époque de son mariage (à M. Alexis Rouart).
    398. — Le Contrat de mariage (à M. Alexis Rouart).
    399. — Champ de course (à M. Alexis Rouart).

Landon (Charles-Paul), 1760-1826.
    400. — La Peinture et la Poésie (Musée d'Agen).

Lanoue (Félix-Hippolyte), 1812-1872.
    401. — Vue prise dans l'île de Capri (Musée de Tours).

Larivière (Philippe-Charles de), 1798-1876.
    402. — Bayard blessé à la prise de Brescia; — esquisse (à Mme Larivière).
    403. — La Prise de Bologne; — esquisse (à Mme Larivière).

Larivière (Eugène de), 1800-1823.
    404. — Portrait de sa sœur Paméla (à M. Maignan).

Laurens (Jean-Paul), né à Fourquevaux (Haute-Garonne).
    405. — L'État-Major autrichien devant le corps de Marceau (à M. Jules Jaluzot.

Lavieille (Antoine-Samuel-Eugène, 1820-1889.
    406. — La Nuit (Musée de Grenoble).

Lebourg (Albert), né à Montfort-sur-Risle (Eure).
    407. — Neige en Auvergne, à M. L. X...).
    408. — Rouen, vu du cimetière monumental (à M. H. Vever).
    409. — Lever de soleil par la neige (à M. Viau).

Lebrun (Mme Louise-Élisabeth, dite Vigée-Lebrun, 1755-1842.
    410. — Portrait de la baronne de Crussol (Musée de Toulouse).
    411. — Portrait de la princesse Marie de Russie (?) (Musée de Montpellier).

Lefebvre (Joseph-Jules), né à Tournans.
    412. — La Rieuse (Musée d'Amiens).

Lefèvre (Robert), 1756-1830.
    413. — Portrait de Pierre Guérin (Musée d'Orléans).
    414. — Portrait de Napoléon Ier (à la Ville de Paris).
    415. — Portrait du consul Lebrun (Musée de Coutances).

Legros (ALPHONSE), né à Dijon.
 416. — Femme dans un paysage (Musée d'Alençon).
 417. — Ex-voto (Musée de Dijon).

Le Liépvre (MAURICE-CHARLES-MARIE), 1848-1897.
 418. — Paysage de Touraine (à M. Gentil).

Lemonnier (ANICET-CHARLES-GABRIEL), 1743-1824.
 419. — Une Nourrice (à M. Paul Vallet).
 420. — Trait de compassion de Blanche de Castille, en faveur des habitants de Châtenay et autres, que le chapitre de Notre-Dame retenait prisonniers ; — esquisse (à M. Lemonnier)

Lenepveu (JULES-EUGÈNE), 1819-1898.
 421. — Le Pape Pie IX à la chapelle Sixtine (Musée de Laval).
 422. — Esquisse du plafond de la grande salle de l'Opéra (Musée de l'Opéra).

Lépine (STANISLAS-VICTOR-ÉDOUARD), 1835-1892.
 423. — Vue sur la Seine (Musée de Reims).
 424. — Le Pont Solférino, vue prise au pont de la Concorde (à Mme Esnault-Pelterie).
 425. — Le Port d'Audierne (à M. Viau).

Le Poittevin (EUGÈNE-MODESTE-EDMOND), 1806-1870.
 426. — Valet de chiens (a MM. A. et G. Joliet).

Leprince (A.-XAVIER), 1799-1826.
 427. — Vue de Dieppe (à M. Chassériau).

Le Roux (MARIE-GUILLAUME-CHARLES), 1814-1859.
 428. — Prairies et marais de Corsept, au mois d'août, à l'embouchure de la Loire, figures de Corot (à M. J. Le Roux).

Leroy (FRANÇOIS), 1742-1835.
 420. — Une Bacchante (Musée d'Arras).

Lévy (LÉOPOLD-HENRI), né à Nancy.
 432. — Jésus dans le tombeau ; — étude (Musée de Reims).

Lhermitte (LÉON-AUGUSTIN), né à Mont-Saint-Père (Aisne).
 432 *bis*. — Le Vin (à M. Vasnier).

Loubon (CHARLES-JOSEPH-ÉMILE), 1809-1863.
 433. — Col de la Gineste, entre Marseille et Cassis (Musée d'Aix).

Luminais (ÉVARISTE-VITAL), 1821-1896.
 434. — Combat de Romains et de Gaulois (Musée de Carcassonne)

Maignan (PIERRE-RENÉ-ALBERT), né à Beaumont-sur-Sarthe.
 435. — L'Amiral Carlo Zeno (Musée de Lille).
 436. — Le Dante rencontre Matilda (Musée d'Amiens).

Mallet (Jean-Baptiste), 1759-1835.
   437. — Les Parques, de concert avec les Amours, filent à l'Hymen des jours embellis de fleurs (Musée de Cherbourg).
   438. — L'Hymen va unir deux adolescents; — esquisse (Musée de Toulon).
   439. — Amourette (Musée de Valenciennes).

Manet (Édouard), 1832-1883.
   440. — Le Déjeuner sur l'herbe (à M. Moreau-Nélaton).
   441. — Combat de taureaux (à M. A. F. Aude).
   442. — Boulogne, sortie du port (à Mme A. Dureau).
   443. — Mme Eva Gonzalès (à M. G. Durand-Ruel).
   445. — Argenteuil (à M. Pellerin).
   446. — Portrait du graveur Marcellin Desboutin (à M. Pellerin).
   447. — Le Déjeuner dans l'Atelier (à M. Pellerin).
   448. — Un Bar aux Folies-Bergères (à M. Pellerin).
   449. — Nature morte (à M. Manzi).
   450. — Les Asperges (à M. C. Ephrussi).
   451. — Portraits en plein air (à M. Pellerin).
   452. — Pivoines (à M. Moreau-Nélaton).

Maurin (Charles), né au Puy (Haute-Loire).
   454. — Étude de femme (à M. Henry Laurent).

Maurin (Jacques-Pierre Morin dit), 1768-1815.
   455. — Vue de l'Ermitage de Consolation, près de Collioure (Musée de Perpignan).

Mauzaisse (Jean-Baptiste), 1784-1844.
   456. — Louis-Philippe visitant le champ de bataille de Valmy, le 8 juin 1831 (Musée de Carcassonne).

Mazerolle (Alexis-Joseph), 1826-1889.
   457. — La Richesse encourageant les Arts, plafond; — esquisse (à Mme Mazerolle).
   458. — Vénus marine; — esquisse de décoration (à Mme Mazerolle).

Meissonier (Jean Louis-Ernest), 1815-1891.
   459. — Le Vin du curé (à M. Vasnier).
   460. — Le Fumeur (à M. Bessonneau).
   461. — Joueurs de boules sous Louis XV (à S. A. I. le prince Murat).
   462. — Phébus et Borée à M. Lutz).

Merson (Luc-Olivier), né à Paris.
   463. — La Tapisserie, modèle de mosaïque (Musée-École de Roubaix.
   464. — La Céramique, modèle de mosaïque (Musée-École de Roubaix).

Meynier (Charles), 1768-1832.
   465. — Les soldats du 76e de ligne retrouvant leurs drapeaux dans l'arsenal d'Inspruck les reçoivent des mains du maréchal Ney; — esquisse (Musée d'Alençon).

Michel (GEORGES), 1763-1843.
- 466. — La Ferme (à M. Vasnier).
- 467. — Après l'orage, paysage avec moulins (à M. Boutin).
- 468. — Vallée de montagne (à Mme Bureau.)
- 469. — L'Orage (à Mme Bureau).

Millet (JEAN-FRANÇOIS), 1814-1875.
- 470. — Femme faisant manger son enfant (Musée de Marseille).
- 471. — Le Retour des champs (à M. Dollfus).
- 472. — Les Étoiles filantes (à M. Henri Rouart).
- 473. — L'Homme à la veste (à M. Henri Rouart).
- 474. — Portrait d'un officier de marine (à M. Boy).
- 475. — La Barrière (à M. Sarlin).

Momal (JACQUES-FRANÇOIS), 1754-1832.
- 476. — Union de la Poésie et de la Musique (Musée de Valenciennes).

Monet (CLAUDE), né à Paris.
- 477. — Canal en Hollande (à M. Moreau-Nélaton).
- 478. — Bateaux de plaisance (à M. Ernest May).
- 479. — Vetheuil en été (à M. Donop de Monchy).
- 480. — Le Pont de l'Europe (à M. Donop de Monchy).
- 481. — Falaise d'Étretat, (à M. Albert Cahen).
- 482. — Le Pont d'Argenteuil (à M. Pellerin).
- 483. — La Débâcle (à M. Jules Strauss).
- 484. — Le Train de Normandie (à M. Alexandre Bernheim jeune).
- 485. — Champ de tulipes à Sassenheim, Hollande, (à Mlle Lefébure).
- 486. — Les Pins parasols, (à Mme Lebeau).
- 487. — L'Église de Varangeville, (à M. Claude Monet).
- 488. — Cabane à Pourville (à M. Claude Monet).
- 489. — Antibes (à M. Ch. Cotinaud).
- 490. — Argenteuil (à M. Faure).

Montessuy (FRANÇOIS), 1804-1876.
- 491. — Vœu à la Madone dans la chambre d'une pauvre malade, à Cerbara, dans les Apennins, campagne de Rome (Musée d'Agen).

Monticelli (ADOLPHE-THOMAS-JOSEPH), 1824-1886.
- 492. — Le Parc de Saint-Cloud, fête sous bois (à M. André).
- 493. — Corot et ses Modèles (à M. André).
- 494. — Charmeuses d'oiseaux (à M. André).
- 495. — Paysage avec trois femmes et un paon (à M. Samat).
- 496. — Femmes dans un paysage (à M. Émile Blémont).
- 497. — Paysage (à M. Haviland).

Moreau (LOUIS-GABRIEL), 1740-1806.
- 498. — Paysage avec figures (à M. Beurdeley).

Moreau (GUSTAVE), 1826-1898.
    499. — Salomé (à M. L. Mante).
    500. — Vénus (à M. Jules Beer).
    501. — Enlèvement de Déjanire (à M. Jules
    502. — Saint-Sébastien (à M. Peytel).
    503. — Jason (à M. Charles Ephrussi).

Morisot (BERTHE-MARIE-PAULINE), 1851-1895.
    504. — La Servante (à M. Blot).
    505. — Femme au bal (à M. Donop de Monchy).
    506. — Femme étendue sur un divan (à M. Pellerin).

Mottez (LOUIS-VICTOR), 1809-1897.
    507. — Portrait de Mme M..., peint à la fresque (Rome) (à M. H. Mottez).

Muller (CHARLES-LOUIS), 1815-1892.
    508. — Louis le Gros et les franchises municipales ; — esquisse d'un plafond pour l'ancien hôtel de ville de Paris (à la Ville de Paris).

Nanteuil (FRANÇOIS-CÉLESTIN-LEBŒUF), 1838-1873.
    509. — La Vigne (Musée de Semur).

Neuville (ALPHONSE-MARIE ADOLPHE DE), 1836-1885.
    510. — La Passerelle de la gare de Styring, bataille de Forbach le 6 août 1870 ; — esquisse (Musée de Péronne).
    511. — Le Cimetière de Saint-Privat, le 18 août 1870 (à M. Bessonneau).

Pagnest, (AIMABLE-LOUIS-CLAUDE), 1790-1819.
    511 *bis*. — Portrait de Mme Forster, peinture inachevée (à M. Martinet).

Pajou (JACQUES-AUGUSTIN), 1766-1828.
    512. — Portrait de L.-J. Jay, fondateur et principal conservateur du Musée de Grenoble (Musée de Grenoble).

Peyron (JEAN-FRANÇOIS-PIERRE), 1744-1814.
    512 *bis* — La mort de Sénèque.

Pillement (JEAN), 1727-1808.
    513. — Paysage avec chevrier (Musée de Bordeaux).

Pils (ISIDORE-ALEXANDRE-AUGUSTIN), 1815-1875.
    514. — Esquisse du tableau, Bataille de l'Alma (Musée de Marseille).

Pissarro (CAMILLE), né à Saint-Thomas (Antilles).
    516. — Entrée de village (à M. Ernest May).
    517. — Ferme à Éragny (à M. Hessel).
    518. — Paysanne assise (à M. Ch. Casburn).
    519. — Une Rue à Sydenham (à M. Pissarro).
    520. — Soleil couchant au Val-Hermé (à Mme A. Dureau).
    521. — Effet de neige (à M. Lucien Dreyfus).
    522. — Vue de Rouen (à M. Albert Meyer).
    522 *bis*. — Effet de neige près Pontoise (à M. Max Rodrigues).

Pointelin, (AUGUSTE-ÉMMANUEL), né à Arbois (Jura).
   523. — Paysage (à M. Ch. Hayem).

Protais (PAUL-ALEXANDRE), 1825-1890.
   524. — En marche (Musée de Toulon).

Prud'hon (PIERRE-PAUL), 1758-1823.
   525. — Portrait de Lavallée (Musée d'Orléans).
   526. — Allégorie aux arts et aux sciences : la Musique, la Numismatique, la Poésie légère, la Diplomatie ; esquisses terminées (Musée de Montpellier).
   527. — Amour et Amitié (à M. Ritter).
   528. — Jeune Zéphir se balançant au-dessus de l'eau ; — esquisse (à M. de Schlichting).
   529. — Étude pour la Cérès (à M. Bonnat).
   530. — Portrait de la princesse Élisa (à M. Henri Rouart).
   531. — Phrosine et Mélidore (à M. George Cain).
   532. — Portrait d'homme coiffé d'un chapeau directoire (à M. Maciet).
   533. — Portrait de femme, demeuré à l'état d'ébauche (à M. le baron Vitta).
   534. — Figure d'une princesse Bonaparte (à Mme Jahan).

Pujol (ABEL DE) 1785-1861.
   535. — Esquisse du plafond de la chapelle Saint-Roch à l'église Saint-Sulpice (Musée de Valenciennes).

Puvis de Chavannes (PIERRE), 1824-1898.
   536. — La Toilette (à M. Haviland).
   537. — La Famille du pêcheur (à M. P. Durand-Ruel).
   538. — Jeunes Picards s'exerçant à la lance (*Pro patria ludus*) réduction partielle de la peinture murale du musée d'Amiens (à M. R. Spaulding).
   538 *bis*. — La Vigilance (à M. Durand-Ruel).

Quost (ERNEST), né à Avallon.
   539. — Fleurs (à M. Donop de Monchy).

Raffaëlli (JEAN-FRANÇOIS), né à Paris.
   540. — Chez le fondeur (Musée de Lyon).
   541. — Les Forgerons buvant (à M. F. Crouan).

Raffet (DENIS-AUGUSTE-MARIE), 1804-1860 (attribué à).
   542. — Entrée d'Abd-el-Kader à Alger (à Mme Pigny).

Réattu (JACQUES), 1760-1833.
   543. — La Toilette de Psyché (Musée d'Arles).
   544. — Portrait (Musée d'Arles).
   545. — Esquisse du Triomphe de la Liberté (Musée d'Arles).
   546. — Sujet mythologique (Musée d'Arles).

Régamey (PIERRE-URBAIN-GUILLAUME), 1837-1875.
   547. — Une Batterie de tambours de grenadiers de la garde ; campagne d'Italie (Musée de Pau).
   548. — Cuirassiers, campagne de Crimée (à M. Félix Régamey).

Regnault (Jean-Baptiste, baron), 1754-1829.
    549. — Psyché et l'Amour (Musée d'Angers).
    550. — L'Origine de la Peinture (Palais de Fontainebleau).
    551. — Achille et Briséis (à M. Groult).
    551 bis. — Pygmalion à genoux prie Vénus d'animer sa statue (Palais de Fontainebleau).

Regnault (Alexandre-Georges-Henri), 1843-1871.
    552. — Vue de Tanger (à M. Grobet).
    553. — Entrée de la salle des Deux-Sœurs, à l'Alhambra de Grenade (à M. Albert Cahen).

Rémond (Jean-Charles-Joseph), 1795-1875.
    554. — Paysage, avec une chapelle et divers personnages (Musée de Calais).

Renoir (Pierre-Auguste), né à Limoges.
    555. — Jeune Fille (à M. Rosenberg).
    556. — La Couseuse (à M. Donop de Monchy).
    557. — Portrait (à M. Strauss).
    558. — Femme au chat (à M. le comte Rasty).
    559. — Jeune Fille en blanc (à M. Bernheim jeune).
    560. — Portrait de Mme C... (à Mme Charpentier).
    561. — Une Danseuse (à Mme J. Durand-Ruel).
    562. — La Loge (à Mme A.-F. Aude).
    563. — La Tasse de thé (à M. Renoir).
    564. — La Seine à Argenteuil (à M. Monjun).
    565. — Femme à la rose (à M. Gustave Geffroy).

Revoil (Pierre-Henri), 1776-1842.
    566. — Deux châtelaines, vêtues à la manière du xvie siècle, sont agenouillées sur le bord d'une rivière, où elles s'amusent d'un cygne qu'elles ont accoutumé à venir manger à la main (Musée de Cherbourg).

Ribot (Augustin-Théodule), 1823-1891.
    567. — Descente de croix (à M. Boy).
    568. — Intérieur de cuisine (à Mme Bureau).
    569. — Cabaret normand (à M. Paul Rosenberg).

Ricard (Louis-Gustave), 1823-1873.
    570. — Portrait de Papety (Musée de Marseille).
    571. — Portrait de la fille adoptive du peintre (Musée de Montpellier).
    572. — Portrait de jeune fille (à Mme Szarvady).
    573. — Étude de tête de femme (à M. Goldschmidt).
    574. — Portrait de M. Moreau (à M. Henri Rouart).
    575. — Portrait du peintre Ziem (à M. Ziem).
    575 bis. — Portrait de femme (à M. G. Charles-Roux).
    575 ter. — Portrait de l'artiste par lui-même (à M. J. Charles-Roux).

Riesener (Henri-François), 1767-1828).
    576. — Le Maréchal Bessières (Musée d'Orléans).
    (Voir David et Riesener).

Robert (Hubert), 1733-1808.
  577. — L'Arrivée des pêcheurs (Musée de Narbonne).
  578. — Repas donné aux troupes sous la première République (à M. Donop de Monchy).
  579. — Les Pins, vue d'Italie (à M. Groult).

Robert-Fleury (Joseph-Nicolas), 1797-1890.
  580. — Bernard Palissy (à M. Lutz).
  581. — Jane Shore, accusée d'adultère et poursuivie dans les rues de Londres (Palais de Fontainebleau).

Robert-Fleury (Tony), né à Paris.
  582. — Portrait de la mère de l'artiste (à M. Robert-Fleury).

Roll (Alfred-Philippe), né à Paris.
  583. — Halte-là !
  584. — En Normandie (Palais de Fontainebleau).
  585. — Femme endormie (à M. Gounouilhou).
  586. — Le Goûter (à M. Roll).

Roqueplan (Camille-Joseph-Étienne), 1800-1855.
  587. — Paysage (à M. Albert Joliet).

Roques (Guillaume-Joseph), 1754-1847.
  588. — Portrait de la mère de l'auteur (Musée de Toulouse).

Rouget (Georges), 1784-1869.
  589. — Portrait de Dugommier, général en chef de l'armée des Pyrénées-Orientales (Musée de Versailles).

Rousseau (Pierre-Étienne-Théodore), 1812-1867.
  590. — Prairies traversées par une rivière (Musée de Nantes).
  591. — Le Château de Royat; — étude (à M. Gillibert).
  592. — La Lisière de forêt (à M. Vasnier).
  593. — Le Monticule de Jean de Paris (à M. L. Mante).
  594. — Paysage des Landes (à M. Jules Beer).
  595. — Vue prise sur les bords de la vieille Seine, à Égligny (Seine-et-Marne) (à M. Ernest May).
  596. — La Mare (à M. Peytel).
  597. — Environs de Fribourg (à M. Vial).
  598. — Paysage (à M. Gallimard).

Roybet (Ferdinand), né à Uzès.
  599. — Petite Fille tenant une poupée (à M. Dollfus).

Saint-Jean (Simon), 1808-1860.
  600. — Roses.

Saint-Marcel (Charles-Edme) **Cabin**, mort en 1890.
  601. — Soirée d'automne dans les hauteurs des Ventes-Camier, forêt de Fontainebleau (à Mme Esnault-Pelterie).

Saintpierre (Gaston-Casimir), né à Nîmes.
  602. — Portrait de M· ^e E. de B...

Scheffer (ARY), 1795-1858.
    603. — Les Morts vont vite (Musée de Lille).
    604. — Les Ombres de Françoise de Rimini et de son amant apparaissant au Dante et à Virgile; — esquisse (Musée de Clermont-Ferrand).
    605. — Portrait de Mme la baronne Nathaniel de Rotschild (à M. le baron Henri de Rotschild).

Schnetz (JEAN-VICTOR), 1787-1870.
    606. — Une vieille femme et une jeune fille en prière devant une madone (Musée de La Rochelle).
    607. — Religieux secourant une pauvre pèlerine fatiguée et blessée au pied (Musée de Valenciennes).

Sellier (CHARLES-FRANÇOIS), 1830-1882.
    608. — La Madeleine abattue par la douleur (Musée de Nancy).

Servin (AMÉDÉE-ÉLIE), 1829-1884.
    609. — Un tir à l'arc à Villiers-sur-Morin (à M. Lutz).

Seurat (GOERGES).
    610. — Le Port de Grandcamp (à Mme Aghion).

Signol (ÉMILE), 1804-1892.
    612. — Folie de la fiancée de Lammermoor (à Mlle Signol).

Sisley (ALFRED), 1839-1899.
    613. — Ile Saint-Denis (à M. Ernest May).
    614. — La Seine à Port-Marly, (à M. George Viau).
    615. — Le Canal (à Mme Rosenberg).
    616. — L'Allée (à M. Peytel).
    617. — Gelée blanche, (à M. Jules Strauss).
    618. — Un Jardin à Louveciennes (à M. Georges Feydeau).
    619. — L'Inondation, (à Mme Racine).
    620. — Canal Saint-Martin (à M. Moreau-Nélaton).

Swebach (JACQUES-FRANÇOIS-JOSEPH dit FONTAINE), 1769-1823.
    621. — Course de chevaux (Musée de Cherbourg).
    622. — Escarmouche dans un bois (Musée de Dijon).
    623. — Chasse au cerf (Musée de Marseille).
    624. — Cavalcade et Promenade en calèche (Musée de Montpellier). (Voir Bruandet et Swebach).

Tassaert (NICOLAS-FRANÇOIS-OCTAVE), 1800-1874).
    625. — Ciel et Enfer (Musée de Montpellier).
    626. — La Jeune Femme au verre de vin (Musée de Montpellier).
    627. — La Liseuse endormie (à Mme Esnault-Pelterie).
    628. — La Grande Sœur (à M. Bonnat).
    629. — Tristesse (à M. Bonnat).
    630. — Tentation de saint Hilarion (à M. Henri Rouart).

Taunay (Nicolas-Antoine), 1755-1830.
    631. — Entrée de la garde impériale à Paris, après la campagne de Prusse, le 25 novembre 1807 (Musée de Versailles).

Thévenin (Charles), 1764-1838.
    632. — Portrait de Mlle Mars (à M. Jagou).

Tillot (Claude-Victor), né à Rouen.
    633. — Fleurs (à M. Henri Rouart).

Troyon (Constant), 1810-1865.
    634. — Bœufs au labour (Musée de Bordeaux).
    635. — Un Fermier dans sa charrette (Musée du Mans).
    636. — Sous bois (à M. Moreau-Nélaton).
    637. — Le Passage du gué (à M. Moreau-Nélaton).
    639. — Passage du gué (à M. Révillon).

Trutat (Félix), 1824-1848.
    640. — Femme nue (à M. Gaston Joliet).
    641. — Portrait du père de l'artiste (à M. Bénigne Guillot).
    642. — Portrait de l'artiste et de sa mère (à M. Bénigne Guillot).
    643. — Portrait de Mme Tétot-Trutat (à M. Henri Guillot).

Tyr (Gabriel), 1817-1888.
    644. — Bacchus et l'Amour, peinture inachevée (Musée de Saint-Etienne).

Ulmann (Benjamin), 1829-1884.
    645. — L'Ora del Pianto à Piperno (Marais Pontins) (Musée de Marseille).

Valenciennes (Pierre-Henri), 1750-1819.
    646. — Paysage historique : Bélisaire, aveugle et mendiant sur une grande route, est reconnu par des soldats romains (Musée de Toulouse).

Vallin (Jacques-Antoine).
    647. — Un paysage représentant une chasse de Diane (Musée de Cherbourg).
    648. — Tentation de saint Antoine (à M. Haviland).

Vallotton (Félix-Édouard), né à Lausanne.
    649. — Portrait (à M. Vallotton).

Vernay (François), né à Lyon.
    650. — Bouquet de roses dans un vase (à M. Bellingard).
    651. — Fleurs et Fruits (à M. Bresson).

Vernet (Antoine-Charles-Horace dit Carle), 1758-1836.
    652.   Un Lancier au galop (à M. Bernard Franck).

Vernet (ÉMILE-JEAN-HORACE), 1789-1863.
    653. — Mazeppa aux loups (Musée d'Avignon).
    654. — Portrait en buste de Charles X (Musée de Dunkerque).

Vernet (HORACE) (attribué à).
    655. — La Barrière de Clichy (à M. Bernard Franck).

Vestier (ANTOINE), 1740-1824.
    656. — Bacchante en buste, couronnée de roses (Musée de Tours).

Vien (JOSEPH-MARIE), 1716-1809. (attribué à)
    657. — Portrait de vieillard en habit rouge (Musée de Narbonne).

Vien fils (JOSEPH-MARIE), 1761-1848.
    658. — Portrait de Frion, sortant de nager et reprenant ses vêtements (musée de Perpignan).

Vigneron (PIERRE-ROCH), 1789-1872.
    659. — Le Duel (Musée de Tarbes).

Vignon (VICTOR).
    660. — Nature morte (à M. Viau).

Vincent (FRANÇOIS-ANDRÉ), 1746-1816.
    661. — Portrait de Dazincourt de la Comédie-Française (Musée de Marseille).
    662. — David vainqueur de Goliath (Musée de Valenciennes).
    663. — Esquisse pour la « Leçon de labourage » (à M. le comte Mimerel).

Vollon (ANTOINE), né à Lyon.
    664. — Armures (Palais de Fontainebleau).

Watelet (LOUIS-ÉTIENNE), 1780-1866.
    665. — Paysage représentant un moulin entouré d'arbres situé sur un torrent (Musée de Narbonne).

Watteau (FRANÇOIS-LOUIS-JOSEPH), 1758-1823.
    666. — Menuet sous un chêne (Musée de Valenciennes).

Willette (LÉON-ADOLPHE), né à Châlons-sur-Marne).
    668. — La Veuve de Pierrot (à M. Henry Laurent).

Yvon (ADOLPHE), 1817-1893.
    669. — César (Musée d'Arras).
    670. — La Courtine de Malakoff, étude pour le tableau du Musée de Versailles (Musée de Nantes).

Ziégler (JULES-CLAUDE), 1804-1856.
    671. — Pluie d'été (Musée de Dijon).

Ziem (FÉLIX-FRANÇOIS-GEORGE-PHILIBERT), né à Beaune).
    672. — La Tour de Léandre à Constantinople (à M. Lutz).

II

SCULPTURE

Anonyme.
1411. — Napoléon Ier ; — petit buste en biscuit de Limoges (Musée de Limoges).
1412. — Quatre figures de femmes destinées à supporter la tribune du Sénat ; — stuc doré, époque du Premier Empire.
1413. — Buste en marbre de jeunes femmes, époque de la Restauration.
1414. — Louis XVIII ; — buste marbre.
1415. — L'Impératrice Joséphine ; — buste bronze.
1416. — Deux panneaux de bois sculpté représentant un aigle entouré d'attributs.
1417. — Minerve et Hercule, deux bas-reliefs décoratifs formant pendants ; — plâtre.
1418. — Les arrière-petits enfants du peintre Boucher jouant à la main chaude ; — groupe en terre cuite.
1419. — Portrait d'homme ; — buste bronze (à M. Alexis Rouart).
1420. — Portrait de femme ; — buste bronze (à M. Alexis Rouart).
1421. — Femme couronnée de pampres ; — grand buste marbre imité de l'antique (Palais de Fontainebleau).
1423. — Peltier de Saint-Fargeau ; — buste plâtre (à M. Marras).
1424. — Portrait de femme ; — statuette plâtre teinté (à Mme Philippe Auquier).
1425. — Portrait de femme ; — médaillon terre cuite (à M. Ricard).
1426. — Buste de Mirabeau ; — biscuit (à Mme Charles Floquet).
1426 a. — Buste de Hoche ; — biscuit (à MM. Meyer et Fabius).
1426 b. — Buste de Saint-Just ; — biscuit (à MM. Meyer et Fabius).
1426 c. — Buste de Marat ; — biscuit (à MM. Meyer et Fabius).
1426 d. — Buste de Chalier de Lyon ; — biscuit (à MM. Meyer et Fabius).
1426 e. — Buste de Napoléon ; — biscuit.

Adam-Salomon (Antony Samuel), 1818-1881.
1427. — Michel Charles ; — buste marbre (Institut de France).

Alais (Exupère-François), 1815-1866.
1428. — Masque d'un personnage de Vire du temps de Louis-Philippe (Musée de Vire).
1429. — Autre masque de la même époque (Musée de Vire).

Allar (ANDRÉ-JOSEPH), né à Toulon.
    1430. — Hécube et son fils Polydore; — bas-relief bronze (Musée de Marseille).

Antoine (ÉTIENNE), 1737-1809.
    1431. — Agrippine voilée portant l'urne cinéraire de Germanicus; — terre cuite (Musée d'Avignon).

Aubé (JEAN-PAUL), né à Longwy.
    1432. — Dante Alighieri; — statue plâtre.
    1433. — Le Corail; — figure plâtre (à M. Glandaz).
    1434. — Bailly; — statue plâtre.
    1435. — La Source; — maquette terre cuite (à M. Haviland).
    1436. — La Richesse; — maquette terre cuite (à M. Haviland).

Auvray (LOUIS) né à Valenciennes.
    1436 bis. — G.-F. Le Sueur, compositeur; — buste marbre (Institut de France).

Badion de la Tronchère (JACQUES-JOSEPH-ÉMILE), 1825-1888.
    1437. — Femme nouant sa sandale; — terre cuite (Musée du Puy).
    1438. — Femme et Amour; — terre cuite (Musée du Puy).

Barrias (LOUIS-ERNEST), né à Paris.
    1439. — Les Premières Funérailles, Adam et Ève emportent le corps d'Abel; — groupe plâtre (à M. Barrias).
    1440. — Bernard Palissy; — statue plâtre (à la Ville de Paris).
    1441. — Mozart enfant; — figure plâtre (à M. Barrias).
    1442. — Femme accroupie; — figure plâtre pour le tombeau de Guillaumet (à M. Barrias).

Bartholdi (FRÉDÉRIC-AUGUSTE), né à Colmar.
    1443. — Premier modèle d'étude du Lion de Belfort; — bronze (à M. Bartholdi).
    1444. — Modèle d'étude de la Liberté éclairant le monde; — bronze (à M. Bartholdi).

Barye (ANTOINE-LOUIS), 1795-1875.
    1445. — Angélique et Roger; — groupe bronze, 4ᵉ épreuve (à Mᵐᵉ G. Tarry).
    1446. — Cerf et Lionne; — grand bronze (à M. Sauphar).
    1447. — Lion; — grand bronze (à M. Leblanc-Barbedienne. L'original aux Tuileries).
    1448. — Jaguar et Lièvre (à M. Leblanc-Barbedienne).
    1449. — Junon; — bronze (à M. Klotz).
    1450. — Minerve; — bronze (à M. Klotz).
    1451. — Thésée combattant le centaure Biénor; — bronze (à M. G. Lutz).
    1452. — Lion qui marche; — bronze (à M. G. Lutz).
    1453. — Tigre qui marche; — bronze (à M. G. Lutz).
    1454. — Lion de la colonne de juillet; — bronze (à M. G. Lutz).
    1455. — Une Chimère; — bronze (à M. G. Lutz).

1456. — Gaston de Foix (à M. G. Lutz).
1457. — Cavalier arabe tuant un lion (à M. G. Lutz).
1458. — Thésée combattant le Minotaure (à M. G. Lutz).
1459. — Dromadaire harnaché (à M. G. Lutz).
1460. — Tigre dévorant un gavial (à M. G. Lutz).
1461. — Lion assis (à M. G. Lutz).
1462. — Cheval surpris par un lion (à M. G. Lutz).
1463. — Aigle tenant un héron (à M. G. Lutz).
1464. — Daim terrassé par trois lévriers (à M. G. Lutz).
1465. — Ours terrassé par des chiens de grande race (à M. G. Lutz).
1466. - Lion et Serpent; — bronze (a M. G. Lutz).
1467. — Femme sur un dauphin; — plâtre teinté (à MM. Meyer et Fabius).
1468. — Panthère saisissant un cerf; — bronze (à M. Bonnat).
1470. — Serpent python saisissant un agouti à la gorge (à M. Bonnat).

Bastien-Lepage (JULES), 1848-1884.
1471. — Portrait; — bas-relief (à M. Émile Bastien-Lepage).

Baujault (JEAN-BAPTISTE), né à La Crèche (Deux-Sèvres).
1472. — Le Premier Miroir; — statue marbre.
1473. — Meyerbeer; — buste marbre (Institut de France).

Becquet (JUST), né à Besançon.
1474. — Bonne femme de Franche-Comté; — buste marbre (à M. Becquet).

Benezech.
1475. — M. de Pradel; — médaillon plâtre (Musée de Tarbes).

Bernus (THOMAS), 1741-1826.
1476. — Amour posant sur sa tête une couronne; — terre cuite (Musée d'Avignon).

Besson (JEAN-SÉRAPHIN-DÉSIRÉ), 1795-1864.
1477. — Xavier Bichat; — buste plâtre (Musée de Lons-le-Saunier).

Beylard (LOUIS-CHARLES), né à Bordeaux.
1478. — Le frère Alphonse, modèle plâtre de la statue en bronze élevée sur le tombeau des Frères des Écoles chrétiennes, à Bordeaux).

Blanchard (JULES), né à Puseaux (Loiret).
1479. — La science; — statue plâtre (à la Ville de Paris).

Boichot (GUILLAUME), 1735-1814.
1480. — La Source; — médaillon ovale en terre cuite (Musée de Châlon-sur-Saône).

Bonnassieux (Jean-Marie), 1810-1892.
    1481. — David; — statue bronze (Musée de Troyes).
    1482. — Un Amour; — statue marbre.
    1483. — L'amour bandant les yeux à l'amitié; — terre cuite (à Mme Armagnac).
    1484. — Psyché et les amours; profil de fronton pour le pavillon de Marsan; — terre cuite (à Mme Armagnac).
    1485. — Les Heures; — réduction bronze de l'horloge du palais de la Bourse, à Lyon (à Mme Armagnac).

Bosio (François-Joseph, baron), 1768-1845.
    1486. — Louis XVIII; — buste bronze.
    1487. — Henri IV enfant; — statue plâtre.
    1488. — Napoléon Ier; — esquisse plâtre, pour la statue qui couronne la colonne érigée à Boulogne (Musée de Dunkerque).

Boucher (Alfred), né à Bouy-sur-Orvin (Aube).
    1489. — Au but; — groupe plâtre (à M. Boucher).

Bra (Théophile-François-Marcel) 1797-1863.
    1489 bis. — M. Guizot; — buste marbre (à Mme Conrad de Witt, née Guizot).

Brachard (Jean-Charles-Nicolas), 1766-1830.
    1490. — Joachim-Lafarge; — buste en biscuit de Sèvres (Musée de Grenoble).

Bridan (Charles-Antoine), 1730-1805.
    1491. — Jeune garçon tenant un oiseau; — statuette terre cuite (Musée de Chartres).
    1492. — Fillette tenant un nid; — statuette terre cuite (Musée de Chartres).

Brunot (Jacques-Nicolas), 176 -1826.
    1493. — Henri IV; — statuette équestre bronze (Musée d'Angers).

Cabet (Paul-Jean-Baptiste), 1815-1876.
    1494. — Mil huit cent soixante et onze; — moulage.
    1495. — Sortie du bain; — statue marbre (à M. Lutz).

Cain (Auguste), 1822-1894.
    1496. — Le Vautour au Sphinx bronze (à M. Cain).

Captier (François-Étienne), né à Baugy (Saône-et-Loire).
    1497. — Vénus anadyomène; — statue plâtre (Musée de Mâcon).

Carlès (Jean-Paul-Antonin), né à Gimont (Gers).
    1497 bis. — Abel; — figure plâtre.

Carpeaux (Jean-Baptiste), 1827-1875.
    1498. — Le Prince impérial debout, avec un chien; — statuette bronze.
    1499. — Le Prince impérial, la poitrine nue; — buste bronze.
    1500. — Portrait de Mlle Eugénie Fiocre; — buste plâtre.

1501. — Charles Garnier, achitecte; — buste bronze (à Mme Charles Garnier).
1502. — Portrait de M. Gérôme, membre de l'Institut; — buste terre cuite (à M. Osiris).
1503. — Charles Gounod; — buste terre cuite (à M. Osiris).
1504. — Ugolin et ses Enfants; — groupe terre cuite (à Mme Carpeaux).
1505. — Portrait de Me Beauvois, notaire; — buste plâtre (à Mme Carpeaux).
1506. — Pêcheur napolitain à la coquille; — figure plâtre (à Mme Carpeaux).
1507. — Jeune fille à la coquille; — figure plâtre (à Mme Carpeaux).
1508. — La Frileuse; — statuette plâtre (à Mme Carpeaux).
1509. — Ève tentée; — statuette terre cuite (à Mme Carpeaux).
1510. — La Danse; — figure centrale, modèle plâtre (à Mme Carpeaux).
1511. — Les Trois Grâces; — groupe plâtre (à Mme Carpeaux).
1512. — Le Boudeur; — petit buste marbre (Musée de Valenciennes).
1513. — L'Impératrice Eugénie; — buste terre cuite (Musée de Valenciennes).
1514. — L'Homme à la guitare; — buste terre cuite (Musée de Valenciennes).
1515. — Portrait de Giacometti; — médaillon terre cuite (Musée de Valenciennes).
1516. — Portrait de Mme Carpeaux, mère de l'artiste; — médaillon bronze (à Mme Carpeaux).
1517. — Portrait de femme âgée; — médaillon plâtre (à Mme Carpeaux).
1517 bis. — Portrait du peintre Émile Lévy; — médaillon bronze.

Carriès (JEAN-JOSEPH-MARIE Cariès, dit), 1855-1896.
1518. — Enfant; — buste bronze (à M. Klotz).
1519. — Enfant; — buste bronze (à M. Klotz).
1520. — M. Jules Breton; — buste bronze (à M. J. Breton).
1521. — Évêque; — buste bronze.

Carrier-Belleuse (ALBERT-ERNEST), 1824-1887.
1522. — Femme nue; — statuette terre cuite (à M. Osiris).
1523. — Mlle M. C. B.; — buste terre cuite (à Mme Joseph Chéret).
1524. — Deux Bacchantes et un Hercule portant un vase; — plâtre (à Mme Joseph Chéret).
1525. — Mathieu; — buste marbre (Institut de France).

Cartellier (PIERRE), 1757-1831.
1526. — Vergniaud; — statue plâtre (Musée de Versailles).
1527. — Louis Bonaparte, roi de Hollande; — buste marbre (Musée de Versailles).

Cavelier (JULES-PIERRE), 1814-1894.
1528. — La Vérité; — statue marbre.
1529. — Pénéloppe; — figure en argent (à Mme Jahan).
1529 bis. — Un Néophyte; — statue marbre.

Cazin (Jean-Charles), né à Samer (Pas-de-Calais).
   1530. — Femme de marin; — masque bronze (à M. Cazin).

Cazin (Mme Marie), née à Paimbeuf.
   1531. — Mélancolie; — masque bronze (à M. Cazin).

Chapu (Henri-Michel-Antoine), 1833-1891.
   1532. — Jeanne d'Arc à Domrémy; — statue plâtre.
   1533. — La Jeunesse; — statue plâtre pour le monument d'Henri Regnault à l'Ecole des Beaux-Arts (Musée d'Angers).
   1534. — Auguste Vacquerie; — médaillon terre cuite (à M. Paul Meurice).
   1535. — Patrie; — médaillon plâtre (Musée de Saint-Omer).
   1536. — Portrait de M. Léon Bonnat; — buste terre cuite (à M. Léon Bonnat).
   1537. — Danseuse; — petite esquisse en bronze argenté (à M. Léon Bonnat).
   1538. — Héro et Léandre; — bronze (à M. Léon Bonnat).
   1539. — La Sécurité; — maquette plâtre (à la Ville de Paris).
   1540. — La Jeunesse; — bronze (à M. Bonnat).
   1541. — Jeune homme; — statue marbre (à Mme Desmares).
   1542. — Tony Robert-Fleury; — médaillon terre cuite (à Mme Desmares).
   1542 bis. — Mercure inventant le Caducée; — statue, marbre.

Chardigny (Barthélemy-François), 1757-1813.
   1543. — La Cueillette des olives; — bas-relief marbre (Musée de Marseille).
   1544. — Le Mariage samnite; — groupe plâtre (Musée de Marseille).
   1545. — Buste de jeune garçon; — terre rouge non cuite (à M. Pontier).
   1546. — Buste d'inconnu; — terre non cuite (Musée d'Aix).
   1547. — La Justice; — statuette terre cuite peinte (Musée d'Aix).
   1548. — La Liberté; — buste terre non cuite (Musée d'Aix).
   1549. — Hébé et l'aigle de Jupiter; — bas-relief ovale terre cuite (à M. Émile Ricard).

Chaudet (Antoine-Denis), 1763-1810.
   1550. — La Paix; — statue bronze, argent et or.
   1551. — Buste de Napoléon Ier; — moulage.
   1552. — Buste de Napoléon Ier; — marbre (Musée d'Arras).
   1553. — Chaptal; — buste marbre (Musée de Tours).
   1554. — L'amour; — statue bronze (exécutée par Soyer d'après feu Chaudet) (Palais de Trianon).
   1555. — Bélisaire; — groupe bronze (à M. Osiris).
   1556. — Le dévouement à la patrie, maquette terre cuite (Musée de Coutances).
   1557. — Portrait du baron Vivant-Denon; — buste bronze (à M. Charles Ephrussi).
   1557 bis. — Cypavisse pleurant un jeune cerf qu'il chérissait et qu'il avait tué par mégarde; — moulage.

Chenu.
    1558. — Hercule au repos; — bronze (à M. Lutz).

Chéret (GUSTAVE-JOSEPH), 1839-1896.
    1559. — Le droit du plus fort; — modèle de fontaine.
    1560. — Grande vasque soutenue par des enfants; plâtre (à M. Godillot).

Chinard (JOSEPH), 1756-1813.
    1561. — Le Consul Lebrun; — médaillon terre cuite (Musée de Dijon).
    1562. — Rewbell, membre du Directoire; — médaillon terre cuite (Musée de Dijon).
    1563. — Mlle Fanny P., sous les attributs de Psyché, jouant avec une couronne de fleurs (Musée de Clermont-Ferrand).
    1564. — Morand; — buste plâtre (Bibliothèque de Grenoble).
    1565. — Minerve; — petit buste terre cuite (Musée de Grenoble).
    1566. — Chenard; — médaillon plâtre.
    1567. — Portrait de Mlle Gauldrée-Boileau; — médaillon biscuit, (à M. Moreau-Nélaton).
    1568. — Portrait de la sœur de la précédente; — médaillon biscuit, (à M. Moreau-Nélaton).
    1569. — L'Impératrice Marie-Louise; buste marbre (à M. Edmond Taigny).
    1570. — Isabey, peintre; — buste (à M. Edmond Taigny).
    1571. — Mme Récamier; — buste terre cuite (à Mme Lucy Hessel).
    1572. — Buste de jeune fille (à M. Schiff).

Claudet (MAX), né à Salins.
    1573. — Robespierre blessé et étendu sur une table; — esquisse, plâtre (Musée de Lons-le-Saunier).
    1574. — Berlioz; — médaillon plâtre (Musée de Lons-le-Saunier).

Clésinger (JEAN-BAPTISTE-AUGUSTE), 1814-1883.
    1575. — Romaine transteverine; — buste marbre.
    1576. — Christ; — buste marbre (à M. Leblanc-Barbedienne).
    1577. — Taureau romain; — bronze (à M. Leblanc-Barbedienne).
    1578. — Phryné; — statue terre cuite (à M. Staiser).
    1578 *bis*. — Jeunesse de Bacchus; — petit groupe marbre (Musée de Versailles).

Clodion (CLAUDE-MICHEL dit), 1745-1814.
    1579. — Flore; — statuette terre cuite (Musée d'Orléans).
    1579 *bis*. — Montesquieu; — buste marbre (Palais de Versailles).

Colin (PAUL-ÉMILE), né à Paris.
    1580. — Talma en costume d'empereur romain; — statuette fonte (à M. Émile Ricard).

Corbet (CHARLES-LOUIS), 1758-1808.
    1581. — Le général Bonaparte, premier consul de la République; — buste (Musée de Versailles).

Cordier (CHARLES-HENRI-JOSEPH), né à Cambrai.
    1582. — Jeune négresse portant une urne sur sa tête; — statue en marbre polychrome, bronze et émaux (Palais de Fontainebleau).

Cortot (JEAN-PIERRE), 1787-1843.
    1583. — Louis XV; — statue marbre (Musée de Versailles).
    1584. — Le Soldat de Marathon annonçant la victoire; — ébauche (Musée de Semur).

Cros (OSCAR-ISIDORE-HENRI), né à Narbonne.
    1585. — Bérénice consacrant sa chevelure; — figure plâtre.

Cugnot (LOUIS-LÉON), 1835-1894.
    1586. — Corybante étouffant les cris de Jupiter enfant; — réduction bronze (Musée de Saint-Étienne.

Dampt (JEAN-BAPTISTE-AUGUSTE) né à Venarey (Côte-d'Or).
    1587. — Femme au chat; — statue marbre (à M. Dampt).
    1588. — Enfant; — buste marbre (à M. Dampt).

Dantan aîné (ANTOINE-LAURENT), 1798-1878.
    1589. — Jeune Napolitaine jouant du tambourello; — statue bronze (Musée de Bordeaux).
    1590. — Portrait de M. Demadière-Miron, ancien directeur du Musée d'Orléans; — buste terre cuite (Musée d'Orléans).

Dantan jeune (JEAN-PIERRE), 1800-1869.
    1591. — Carle Vernet; — buste marbre (Institut de France).
    1592. — Mlle Julie Grisi; — buste plâtre (à la Ville de Paris).
    1593. — Maquette du monument de Boïeldieu à Rouen; — plâtre bronzé (à la Ville de Paris).

David d'Angers (PIERRE-JEAN **David**, dit) 1780-1856.
    1594. — Enseigne de Caussin, cordonnier; — terre cuite peinte, premier ouvrage de David (Musée d'Angers).
    1595. — Le Grand Condé jetant son bâton de maréchal dans les lignes de Fribourg; — maquette terre cuite (Musée d'Angers).
    1596. — Talma; — maquette terre cuite (Musée d'Angers).
    1597. — Nicolo Paganini; buste bronze (Musée d'Angers).
    1598. — Le Maréchal Grouchy; — buste terre cuite (Musée d'Angers).
    1599. — Hélène David d'Angers, âgée de dix-neuf mois; — médaillon terre cuite (Musée d'Angers).
    1600. — Georges Cuvier; — modèle plâtre (Musée d'Angers).
    1601. — Tieck; — petite figure bronze (à M. Bonnat).
    1602. — Douze médaillons en bronze dans un même cadre (à M. Bonnat).
    1603. — Alfred Johannot, médaillon cire original (à M. Henry Jouin).
    1604. — La République; — esquisse bronze (à Mme Paul Huet).
    1604 bis. — Cécilia Odes; — médaillon bronze (à MM. Meyer et Fabius).

Daumier (Honoré), 1808-1879.
    1605. — Statuette de Ratapoil ; — bronze (à Mme Bureau)..

Dejoux (Claude), 1732-1816.
    1606. — Alexandre le Grand ; — buste marbre (Palais de Fontainebleau.

Delaistre (François-Nicolas), 1746-1832.
    1607. — M. Gardel, maître de ballets à l'Opéra ; — buste marbre (Musée de l'Opéra). .
    1608. — Tête d'enfant ; — buste terre cuite (Musée d'Angers).

Delaplanche (Eugène), 1836-1891..
    1609. — Étude pour la Vierge au Lys ; — maquette plâtre.

Delaville (Louis), 1763-1841.
    1610. — Bonaparte, premier consul ; — statuette terre cuite (Musée de Troyes).

Deseine.
    1611. — Portrait de la citoyenne Danton, exhumée et moulée sept jours après sa mort ; — buste plâtre (Musée de Troyes).
    1612. — La Jardinière ; — petite figure plâtre (à Mme Le Châtelier).

Dieudonné (Jacques-Augustin), 1795-1873.
    1612 *bis*. — La Reine Marie-Amélie ; — buste marbre.

Doublemard (Amédée-Donatien), né à Beauvain (Orne).
    1613. — Portrait d'homme ; — buste terre cuite.

Dévéria (François-Marie-Joseph-Eugène), 1805-1865.
    1614. — Portrait de Marie Dévéria, fille de l'artiste ; — buste plâtre (Musée de Pau).

Dubois (Paul), né à Nogent-sur-Marne.
    1615. — Narcisse au bain ; — statue plâtre.
    1616. — Saint Jean enfant ; — statue bronze (à M. Leblanc-Barbedienne).
    1617. — Chanteur florentin du xve siècle ; — statue bronze (à M. Leblanc-Barbedienne).
    1618. — Monument élevé à la mémoire du général Juchault de La Moricière dans la cathédrale de Nantes ; — moulage.
        1° Le général de La Moricière, statue couchée ; — 2° figures décoratives aux angles : le Courage militaire, la Charité, la Foi, la Méditation ; 3° bas-reliefs du soubassement : Génies agenouillés, Génies portant une couronne ; 4° Figurines soutenant le cartouche de la frise ; 5° médaillons des pilastres d'angles : la Sagesse, l'Eloquence, la Justice, la Force, l'Espérance, la Prudence, la Religion.

Dubray (Vidal-Gabriel), 1813-1892.
    1619. — L'Impératrice Joséphine ; — statuette bronze (à la Ville de Paris).

Dumont (Jacques-Edme), 1761-1844.
   1620. — Étude d'homme ; — buste plâtre (Musée de Semur).
   1621. — Esquisse pour la statue du général Pichegru, élevée à Lons-le-Saunier en 1827, brisée en 1830 (Musée de Lons-le-Saunier).
   1622. — Portrait de Mlle C. Dumont ; — petit bas-relief carré (à M. Jules Thomas).
   1623. — Vénus et l'Amour ; — petit groupe terre cuite (à M. Ginain).
   1624. — Le Sommeil ; — petite terre cuite (à Mme Ginain).
   1625. — Buste de femme ; — terre cuite (à Mme Ginain).
   1626. — Buste de femme ; — terre cuite à Mme Ginain).
   1627. — La Religion ; — petit groupe terre cuite (à Mme Ginain).
   1628. — Amour ; — petite figure bronze (à Mme Ginain).
   1629. — Le Réveil ; — petite terre cuite (à Mme Ginain).
   1630. — La Source ; — figure terre cuite (à Mme Ginain).
   1631. — La Cueilleuse ; — petite figure (à Mme Ginain).

Dumont (Augustin-Alexandre), 1801-1884.
   1632. — L'Amour tourmentant l'Ame ; — statue plâtre (Rome 1827) (à Mme Ginain).
   1633. — Pierre Guérin ; — buste marbre (Institut de France).
   1634. — Jeune Femme ; — buste marbre.

Duret (Francisque-Joseph), 1804-1865.
   1635. — Portrait de Mme Barbier ; — buste marbre (Musée de Nîmes).
   1636. — Le Cardinal de Richelieu ; — statue marbre (Musée de Versailles).
   1637. — Vendangeur improvisant sur un sujet comique ; souvenir de Naples ; — réduction bronze, statuette terre cuite.
   1638. — Victoire ; — statuette bronze.
   1639. — La Tragédie ; — maquette terre cuite.

Etcheto (Jean-François-Marie), 1853-...
   1640. — François Villon ; — statue plâtre (à la Ville de Paris).

Étex (Antoine), 1808-1888.
   1641. — Géricault ; — buste bronze.
   1642. — Olympia ; — figure marbre (Palais de Trianon).
   1643 — Hyacinthe mourant ; — statue bronze (Musée de Marseille).

Experton (François).
   1643 bis. — Portrait de P. Julien, statuaire ; — buste marbre, exécuté, en 1840, d'après le modèle du père de l'auteur, J. Experton (Musée du Puy).

Falguière (Jean-Alexandre-Joseph), 1831-1900.
   1644. — Tarcisius, martyr chrétien ; — statue plâtre (Musée de Toulouse).
   1645. — Bacchantes (groupe plâtre).
   1645 bis. — Diane ; — moulage.

Felon (Joseph), né à Bordeaux.
 1646. — Andromède sur les rochers ; — statuette bronze (Musée de Nimes).

Feuchère (Jean-Jacques), 1807-1852.
 1647. — Satan ; — statuette bronze (Musée de Douai).
 1647 bis. — Hommage au comte de Paroy, bas-relief bronze doré (à M. Tilliard).

Feugère des Forts (Vincent-Émile), 1825-1889.
 1648. — Abel mort ; — statue marbre.

Foucou (Jean-Joseph), 1739-1815.
 1649. — Figurine de l'Amour ; — terre cuite (Musée d'Aix).

Fouquet (Émile-François), né à Paris.
 1650. Louis-Pierre Deseine ; — statuaire académicien, médaillon (à Mme le Châtelier).

Frémiet (Emmanuel), né à Paris.
 1651. — Etienne-Marcel ; — statue équestre, maquette plâtre (à l Ville de Paris).
 1652. — Porte-falot à cheval, xve siècle ; — statue équestre, plâtre (à la Ville de Paris).
 1653. — Artillerie montée ; — petit bronze (à M. Henri Rouart).
 1655. — Capture d'un jeune éléphant ; — petit groupe terre cuite (à M. Dervillé).
 1656. — Gorille enlevant une femme ; — groupe plâtre (à M. Frémiet).
 1657. — Jeanne d'Arc à genoux ; — figure plâtre (à M. Frémiet).
 1658. — Chat au poulet ; — plâtre (à M. Frémiet).
 1659. — Credo ; — statuette plâtre peint (à M. Frémiet.

Frouchaud.
 1659 bis. — Buste de femme ; — marbre.

Gayrard (Paul), 1807-1855.
 1660. — Portrait de Mme Ceritto ; — buste marbre (Musée de l'Opéra).
 1660 bis. — Portrait de Mme Édouard Dubufe ; — statuette marbre.

Geoffroy de Chaume (Adolphe-Victor), 1816-1892.
 1661. — Masque de Béranger ; — marbre.

Gérome (Jean-Léon), né à Vesoul.
 1662. — Le Rétiaire ; — figurine (à M. d'Albenas).
 1663. — Le Sagittaire ; — figurine (à M. d'Albenas).

Giraud (Jean-Baptiste), 1751-1830.
 1664. — Mercure ; — maquette cire (à M. Montenard.

Giraud (Pierre-François-Grégoire), 1783-1836.
 1665. — Philoctète blessé, dans l'île de Lemnos ; — statue bronze (à M. Véron-Duverger).
 1666. — Un Triomphateur ; — maquette cire (à M. Montenard).

1667. — Ethra pleure sur la tête de Phalante, son mari ; — bas-relief bronze (à M. Montenard).
1668. — Un Faune jouant avec les serpents sacrés ; — figure plâtre bronzé (à M. Montenard).
1670. — Eyandre, tué en allant à la rencontre de son fils Pallas, est rapporté sur un brancard de branches de chêne ; — bas-relief (à M. le vicomte Paul de Saint-Guilhem).
1671. — Faune enfant jouant de la lyre ; — maquette cire (à M. le vicomte Emmanuel de Saint-Guilhem).

Gois (ÉTIENNE-PIERRE-ADRIEN), 1731-1823.
1671 bis. — Le Chancelier Michel de l'Hôpital ; — statue plâtre (Musée de Versailles).

Guillaume (JEAN-BAPTISTE-CLAUDE-EUGÈNE), né à Montbard (Côte-d'Or).
1672. — Le Mariage romain ; — groupe marbre (Musée de Dijon).
1673. — Ingres ; — buste bronze (à M. Bonnat).
1674. — François Buloz ; — buste marbre (a M. Buloz).
1675. — Anacréon ; — terre cuite (à la Ville de Paris).
1676. — Les Gracques ; — groupe plâtre bronzé (à Mme Raffalovich).
1677. — Le Pâtre de Mireille ; — buste bronze (à Mme Vve Trélat).
1678. — Louis-Pierre Baltard ; — buste terre cuite.
1678 bis. — Monseigneur Darboy ; — buste bronze.

Guitton (GASTON-VICTOR-ÉDOUARD-GUSTAVE), 1825-1891.
1679. — L'Amour de cire ; — statue bronze (Musée de La Roche-sur-Yon).

Hiolle (ERNEST-EUGÈNE), 1834-1886.
1680. — Portrait de Chenavard ; — buste plâtre (Musée de Valenciennes).
1681. — Une Sabine ; — buste marbre (Musée de Valenciennes).

Houdon (JEAN-ANTOINE), 1741-1828.
1682. — Une Vestale ; — buste marbre.
1683. — Napoléon Ier ; — buste plâtre (Musée de Dijon).
1684. — Duquesnoy ; — buste terre cuite (Musée de Versailles).
1685. — Le Maréchal Ney ; — buste plâtre (Musée de Versailles).

Houdon (JEAN-ANTOINE) (attribué à).
1686. — Le Bailly de Suffren ; — petit buste terre cuite (à M. Émile Ricard).
1687. — Joseph Chénier ; — buste terre cuite (à M. le comte Greffulhe).

Hubac (LOUIS-JOSEPH), 1776-1830.
1689. — Ganymède ; — bas-relief plâtre (Musée de Marseille).
1690. — Hébé ; — bas-relief marbre.

Huguenin (Jean-Pierre-Victor), 1802-1860.
   1691. — Antide Janvier; — buste marbre (Musée de Lons-le-Saunier).
   1692. — Charles VI et Odette de Champdivers; — groupe marbre (Musée de Dôle).
   1693. — Portrait de Le Bœuf de Valdahon; — buste plâtre (Musée de Dôle).
   1694. — Portrait du Général Delort; — buste plâtre bronzé (Musée de Dôle).

Idrac (Jean-Antoine-Maria), 1849-1884.
   1695. — Mercure invente le caducée; — statue bronzé (Musée de Toulouse).
   1696. — Étienne Marcel; — statue équestre, maquette plâtre (à la Ville de Paris).

Injalbert (Antonin), né à Béziers.
   1697. — L'Hérault, fleuve; — figure terre cuite (à M. Injalbert).

Jaley (Louis-Nicolas-Léon), 1802-1886.
   1698. — Le Duc d'Orléans; — statue marbre.
   1698 bis. — Souvenir de Pompéi, figure marbre (Palais de Fontainebleau).

Jouffroy (François), 1806-1882.
   1699. — Ariane abandonnée par Thésée dans l'île de Naxos; — statue marbre (Musée de Tarbes).
   1700. — Jeune Fille confiant son premier secret à Vénus; — réduction bronze (appartient à M. Sauphar).

Julien (Pierre), 1741-1804.
   1701. — Hygie; — statuette terre cuite (Musée du Puy).

Lafrance (Jules-Isidore), 1841-1881.
   1702. — Saint Jean enfant; — statue marbre.

Lanson (Alfred-Désiré), né à Orléans.
   1703. — Diane; — bronze (à M. Bernard Franck).
   1704. — Salammbô; — bronze (à M. Bernard Franck).

Lamartine (Mme Mary-Anne-Élisa de), 1790-1863.
   1705. — La Saône, projet d'une statue destinée à décorer le pont de Mâcon; — maquette plâtre (Musée de Mâcon).

Larmier (Pierre-Philibert), 1752-1807.
   1706. — Le Jolivet, architecte; — buste (Musée de Dijon).
   1707. — Radet, auteur dramatique; — buste plâtre bronzé (Musée de Dijon).

Larmier (attribué à).
   1708. — Modèle de tombeau; — terre cuite (Musée de Dijon).

Latteur.
   1709. — Portrait de l'artiste; — buste plâtre (Musée de Valenciennes).
   1710. — Mme de Fontanelle; — buste plâtre (Musée de Valenciennes).
   1711. — Buste de Mlle Eugénie, sa sœur; — buste plâtre (Musée de Valenciennes).

Lemire (CHARLES-GABRIEL **Sauvage**, dit), 1741-1827.
   1712. — Vénus tenant des colombes; — statue, moulage.

Lemot (FRANÇOIS-FRÉDÉRIC, baron), 1771-1827.
   1713. — Une femme couchée et plongée dans une douce rêverie (la Contemporaine); — figure marbre (à M. de Mieulle).

Lenoir (ALFRED), né à Paris.
   1714. — Berlioz; — statue plâtre (à M. Lenoir).

Lepère (FRANÇOIS), 1824-1871.
   1715. — Bacchantes et Silène; — terre cuite (à Mme Auguste Lepère).

Leveel (ARMAND-JULES), né à Bricquebec (Manche).
   1717. — Jeanne D'Arc; — buste bronze (Musée de Cherbourg).

Longepied (LÉON-EUGÈNE), 1849-1888.
   1718. — Pêcheur ramenant dans ses filets la tête d'Orphée (à la Ville de Paris).

Lorta (JEAN-PIERRE), 1752-1837.
   1719. — L'Amour; — statue marbre (Palais de Trianon).
   1719 bis. — Un Berger; — petite terre cuite (Palais de Trianon).
   1719 ter. — Une Bergère; — petite terre cuite (Palais de Trianon).

Maillet (JACQUES-LÉONARD), 1823-1896.
   1720. — Agrippine portant les cendres de Germanicus; — statue plâtre (Musée d'Angers).

Maindron (ÉTIENNE-HIPPOLYTE), 1801-1884.
   1721. — Velléda; — petite maquette plâtre (Musée de Rennes).
   1722. — Buste de jeune fille; — terre cuite (Musée d'Angers).
   1723. — Portrait de Bocage; — statuette bronze (à M. Alexis Rouart).

Mansion, 1773-1854
   1724. — Cydippe, amante d'Aconce; — statue marbre (Musée de Bordeaux).

Marin (JOSEPH-CHARLES), 1749-1834.
   1725. — Bas-relief; — terre cuite (à M. Alexis Rouart).
   1726. — Buste; — terre cuite (à M. Goldschmidt).
   1727. — Vénus couchée; — terre cuite (à M. Morsent).
   1728. — Bacchus; — statuette terre cuite (à M. Ernest May).

Marqueste (LAURENT-HONORÉ), né à Toulouse.
   1730. — Cupidon; — statuette plâtre (à M. Marqueste).
   1731. — Galatée; — statue plâtre (à M. Marqueste).
   1732. — L'Art; — statue plâtre (à la Ville de Paris).

Mène (Pierre-Jules), 1810-1879.
 1733. — Valet de chiens à cheval menant sa harde ; — petit groupe bronze.
 1734. — Trois chiens au terrier ; — petit groupe bronze (à M. Boulin).
 1735. — Le Fauconnier ; — épreuve argentée (à M. George Cain.

Mercié (Marius-Jean-Antoine), né à Toulouse.
 1736. — David ; — moulage.
 1737. — *Gloria Victis* ; — groupe bronze (à M. Leblanc-Barbedienne).
 1738. — Quand même ! — groupe bronze (à M. Leblanc-Barbedienne).

Michel (Gustave-Frédéric), né à Paris.
 1739. — L'Amour vainqueur ; — statuette bronze (à M. Talrich).

Milhomme (François-Dominique-Aimé), 1758-1823.
 1740. — Psyché ; — modèle plâtre (Musée d'Aix).
 1741. — Le Général Hoche, mort à l'armée du Rhin et Moselle ; — statue marbre (Musée de Versailles).

Millet (Aimé), 1819-1891.
 1742. — Ariane ; — statuette plâtre (Musée de Rennes).
 1743. — Vercingétorix ; — statuette plâtre (Musée de Limoges).
 1744. — Joueuse de tambourin ; — statuette plâtre (Musée de Limoges).

Moine (Marie-Antonin), 1796-1849.
 1745. — Projet de statue équestre du général Desaix ; — ébauche plâtre (Musée de Clermont-Ferrand).
 1746. — Combat de Gnômes ; — haut relief marbre (Musée de Dunkerque).

Moitte (Jean-Guillaume), 1746-1810.
 1747. — Vénus à sa toilette ; — statue, moulage.

Moreau (Mathurin), né à Dijon.
 1748. — Une Fileuse ; — statue plâtre (à M. Mathurin Moreau).
 1749. — Libellule ; — statue plâtre (à M. Mathurin Moreau).

Moreau-Vauthier (Auguste-Jean), 1831-1893.
 1750. — Le Petit Buveur ; — statue marbre.

Moulin (Julien-Hippolyte), 1832-1884.
 1751. — Faune et Faunesse ; — groupe bronze.

Pascal (François-Michel), 1810-1882.
 1752. — Moine en prière ; — statuette marbre (à M. Julien Pascal).
 1753. — Deux moines ; — petit groupe marbre.

Perraud (Jean-Joseph), 1819-1876.
 1754. — Adieux de Jason ; — esquisse terre cuite (Musée de Lons-le-Saunier).
 1755. — Tête de la statue d'Adam ; — moulage (Musée de Lons-le-Saunier).

1756. — Tête de la Galatée; — moulage (Musée de Lons-le-Saunier).
1757. — Terpsichore; — statuette terre cuite (Musée de Lons-le-Saunier).

Perraud, Beylard, Camros, Claudet, Gérard, Granet & Lefranc.
1758. — Buste de Perraud (Musée de Lons-le-Saunier).

Péru (JEAN-BAPTISTE II).
1759. — Buste de la femme de l'auteur (Musée d'Avignon).

Petitot (PIERRE), 1760-1840.
1760. — Le Génie de la Victoire; — statuette marbre (Musée de Langres).
1761. — La Concorde; — esquisse plâtre du monument qui devait être élevé sur la place de la Concorde (Musée de Langres).

Petitot (LOUIS-MESSIDOR-LEBON), 1794-1862.
1762. — Charles Percier; — buste marbre (Institut de France).

Pollet (JOSEPH-MICHEL-ANGE), 1814-1870.
1763. — Une Heure de la nuit; — statue marbre (Palais de Compiègne).

Pradier (JAMES), 1792-1852.
1764. — Un Fils de Niobé; — moulage.
1765. — Phryné; — statue plâtre (Musée de Troyes).
1766. — Chloris; — statue marbre (Musée de Toulouse).
1767. — La Toilette d'Atalante; — moulage (Musée du Trocadéro).
1768. — Sapho, agrandissement; — bronze (Musée d'Angers).
1769. — Léda; — statuette plâtre (Musée d'Angers).
1770. — Femme mettant son bas; — statuette bronze (à M. Alexis Rouart).
1771. — Femme enlevant sa chemise; — statuette bronze en partie dorée (à sir John Murray Scott).
1772. — Portrait de Mme Panseron (à Mme la vicomtesse de la Malle).

Préault (ANTOINE-AUGUSTIN), 1801-1879.
1773. — Portraits; — quatre médaillons plâtre (moulés sur les médaillons bronze du Musée de Lille).
1774. — Ophélie; — bas-relief bronze (Musée de Marseille).
1775. — La Honte; — bronze (à M. Paul Meurice).

Protheau (FRANÇOIS), 1823-1865.
1776. — Hébé; — statue marbre (Palais de Fontainebleau).

Prud'hon (PAUL-PIERRE), 1758-1823.
1777. — La Baronne de Joursanvault; — petit buste terre cuite (Musée de Beaune).

Prud'hon (Attribué à).
1778. — Le Baron de Joursanvault en costume romain; — petit buste terre cuite (Musée de Beaune).

Ramey (Claude), 1754-1838.
  1779. — Napoléon Ier, en costume impérial, s'appuyant sur le sceptre ; — statue marbre.
  1780. — Napoléon Ier entouré des arts ; — modèle d'un fronton pour la façade nord de la cour du Louvre.
  1781. — Le Baron de Joursanvault ; — petit buste terre cuite (Musée de Beaune).
  1782. — La Musique et l'Architecture ; — petite maquette terre cuite (Musée de Coutances).
  1783. — Minerve et un Génie ailé offrant un sacrifice ; — modèle d'un fronton (à M. Protat).
  1784. — Savary, duc de Rovigo ; — maquette terre cuite (à M. Bonnat).

Ramey (Étienne-Jules), 1796-1852.
  1785. — L'Innocence pleurant un serpent mort (à M. Osiris).
  1786. — Thésée combattant le Minotaure ; — maquette plâtre (à M. Bonnat).

Rochet (Louis-Éléonore), 1813-1878.
  1789. — Napoléon Bonaparte, écolier de Brienne ; — statue bronze (Musée de Versailles).

Rodin (Auguste), né à Paris.
  1790. — L'Age d'airain ; — statue bronze.
  1791. — Tête de saint Jean-Baptiste ; — buste bronze (à M. Peytel).
  1792. — La Création de l'homme ; — figure plâtre.
  1793. — Jean-Paul Laurens ; — buste bronze.
  1794. — Dalou ; — buste bronze (à M. Peytel).
  1795. — Victor Hugo ; — buste plâtre (à la Ville de Paris).
  1796. — Buste de Mme Russel ; — plâtre.
  1797. — Un des bourgeois de Calais ; figure plâtre.

Roland (Philippe-Laurent), 1746-1816.
  1798. — Louis de Bourbon, prince de Condé ; — statue marbre (Musée de Versailles).
  1799. — Le Citoyen Chaptal, ministre de l'Intérieur ; — buste plâtre (Musée de Versailles).
  1800. — Vestier ; — buste bronze (Institut de France).

Roman (Jean-Baptiste-Louis), 1792-1835.
  1801. — Girodet ; — buste marbre (Institut de France).

Roubaud (Louis-Auguste), né à Cerdon.
  1802. — Le Joueur de triangle (Palais de Fontainebleau)

Rude (François), 1784-1855.
  1803. — Hébé ; — buste plâtre (Musée de Semur).
  1804. — François Devosge ; — buste marbre (Musée de Dijon).
  1805. — Portrait de Dupin ; — buste plâtre bronzé (Musée de Dijon).
  1806. — Portrait de Mme Rude ; — médaillon plâtre (Musée de Dijon).
  1807. — Gaspard Monge ; — plâtre (Musée de Beaune).

1808. — Mercure, après avoir tranché la tête d'Argus, remet ses talonnières pour remonter dans l'Olympe; — moulage.
1809. — Jeanne d'Arc; — moulage.
1810. — Buste de Mme Cabet; — moulage.
1811. — Jeune Pêcheur napolitain jouant au bord de la mer avec une tortue; — moulage (Musée du Trocadéro).
1812. — Godefroy Cavaignac; — moulage (Musée du Trocadéro).

Saint-Marceaux (René de), né à Reims.
1815. — Génie gardant le secret de la tombe; — moulage.
1816. — Arlequin; — statue marbre (aux enfants de Mme Pommery).

Salmson (Jean-Jules-Bernard), né à Paris.
1817. — Femme à la marguerite; — statuette bronze (à Mme Alexis Rouart).

Schœnewerk (Pierre-Alexandre), 1820-1885.
1818. — Portrait de Mme Rouart, — statuette bronze (à M. Alexis Rouart).
1819. — Jeune fille à la fontaine; — statue plâtre (Musée d'Angers).

Simart (Pierre-Charles), 1806-1857).
1820. — Le Joueur de Ruzzica, lanceur de disque; — statue plâtre (Musée de Troyes).
1821. — Minerve remettant Eurydice entre les mains d'Orphée; — bas-relief plâtre (Musée de Troyes).
1822. — Mme Jay; — buste plâtre (Musée de Troyes).

Thomas (Gabriel-Jules), né à Paris.
1823. — Félicie Schneider; — médaillon plâtre (à M. Jules Thomas).
1824. — L'Architecture; — statue plâtre (à M. Jules Thomas).

Tournois (Joseph), 1830-1891.
1825. — Persée; — statue marbre (Palais de Compiègne).

Travaux (Pierre), 1822-1869.
1826. — La Rêverie; — plâtre (Musée de Semur).

Triqueti (Henri, baron de), 1804-1874.
1827. — Geneviève de Brabant; — bas-relief marbre (Musée de Pau).

Turcan (Jean), 1846-1895.
1828. — L'Aveugle et le Paralytique; — groupe bronze (Musée de Marseille).

Verlet (Raoul-Charles), né à Angoulême.
1829. — La Douleur d'Orphée; — statue plâtre (à la Ville de Paris).
1830. — Portrait de Mme C.; — buste marbre (à M. le Dr Cornil).

Vignon (Mme Claude) (... — 1883).
1830 bis. — Buste de femme; — marbre (Musée Carnavalet).

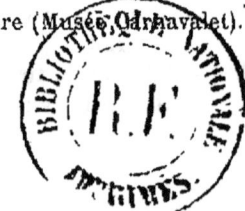

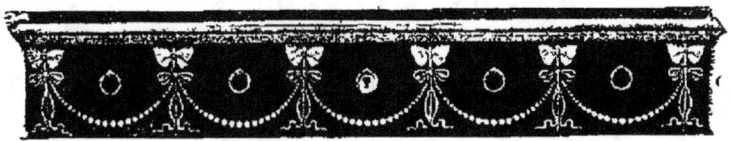

TABLE DES GRAVURES

PEINTURE

Agache (A.-P.)	164	Court (J.-D.)	34
Amaury-Duval (E.)	121	— —	64
Bastien-Lepage (J.)	116	Dagnan (I.)	32
Baudry (J.-A.-P.)	122	Danloux (H.-P.)	9
Bazille (F.)	43	Daubigny (C.-F.)	98
— —	44	— —	99
Benjamin-Constant (J.-J.)	137	Daumier (H.)	91
Béraud (J.)	159	— —	93
Besnard (P.-A.)	171	— —	94
Boilly (L.-L.)	190	David (J.-L.)	1
Boissard de Boisdenier (J.-F.)	62	— —	2
Bonvin (F.-S.)	77	— —	3
Bouguereau (A.-W.)	143	David (École de)	5
Breton (J.-A.-A.-L.)	131	David et Riesener	35
Cabanel (A.)	123	Decamps (A.-G.)	80
Carolus-Duran (C.-A.-E.)	153	Degas (H.-G.-E.)	158
Carrière (E.-A.)	170	Dehodencq (E.-A.-A.)	88
Cazin (J.-C.)	178	Delacroix (F.-V.-E.)	83
Chaplin (C.)	117	— —	84
— —	118	Delaroche (H. dit Paul)	69
Chassériau (T.)	74	Delaunay (J.-E.)	127
— —	75	Drolling (M.)	53
— —	76	Dubufe (E.)	95
Chintreuil (A.)	107	Duez (E.-A.)	124
Cogniet (L.)	71	Dupré (L.-J.)	87
Cormon (F.)	140	Falguière (J.-A.-J.)	128
Corot (J.-B.-C.)	108	— —	129
— —	109	Fantin-Latour (I.-H.-J.-T.)	146
— —	110	— —	147
— —	111	Fragonard (J.-H.) et Gérard (Mlle M.)	4
Courbet (G.)	105		
— —	106	Fromentin (E.-S.-A.)	114

TABLE DES GRAVURES

Gamelin (J.)	6
Gérard (Mlle M.)	26
— —	27
Gérard (F.-P.-S., baron)	24
— — (Attribué à)	23
Géricault (J.-L.-A.-T.)	30
— —	31
Gérôme (J.-L.)	142
Giraud (P.-F.-E.)	82
Glaize (A.-B.)	120
Granger (J.-P. ou Perrin)	45
Greuze (J.-B.)	7
— —	8
— —	10
Gros (A.-J., baron)	11
— —	12
Hamon (J.-L.)	81
Harpignies (H.-J.)	163
Ingres (J.-A.-D.)	38
— —	39
— —	40
— —	41
— —	42
Isabey (L.-G.-E.)	61
Johannot (T.)	86
Lafond (C.-N.-R.)	55
Lami (E.-L.)	70
Larivière (E. de)	58
Laurens (J.-P.)	152
Lebrun (Mme L.-E., dite Vigée-Lebrun)	28
— —	29
Lefebvre (J.-J)	144
Lefèvre (R.)	25
Legros (A.)	72
— —	73
Leroy (F.)	22
Lévy (L.-H.)	162
Lhermitte (L.-A.)	179
Loubon (E.)	179
Maignan (A.-P.-R.)	174
— —	175
Manet (É.)	102
Manet (É.)	103
— —	104
Millet (J.-F.)	100
— —	101
Monet (C.)	100
— —	161
Monticelli (A.-T.-J.)	63
Moreau (G.)	132
Mottez (V.-L.)	126
Neuville (A.-M. de)	125
Prud'hon (P.-P.)	15
— —	16
— —	17
— —	18
Puvis de Chavannes (P.)	133
— —	134
— —	135
Raffaelli (J.-F.)	187
Réattu (J.)	20
Regamey (G.-P.-U.)	96
— —	97
Regnault (J.-B.)	14
Renoir (P.-A.)	172
— —	173
Robert (H.)	48
Schnetz (J.-V.)	21
Sellier (C.-F.)	79
Sisley (A.)	141
Swebach (J.-F.-J.)	50
— —	51
— —	52
Tassaert (N.-F.-O.)	112
— —	113
Taunay (N.-A.)	49
Troyon (C.)	89
Trutat (F.)	67
— —	68
Vernet (E.-J. H.)	59
— —	60
Vernet (Attribué à Horace)	189
Vestier (A.)	13
Willette (L.-A.)	149
Yvon (A.)	119

DESSINS

Bracquemond (J.-F.) 145	Fantin-Latour (I.-H.-J.-T.) . 148
Daumier (H.) 92	Fontaine (P.-F.-L.) 33
Degas (H.-G.-E.) 157	Gavarni (H.-G.-S.-C. dit) . . 90
— — 188	Saint-Marcel-Cabin (C.-E.) . 66

SCULPTURE

Barrias (L.-E.) 169	Guillaume (J.-B.-C.-E.) . . 165
— — 183	— — . . . 166
Bonnassieux (J.-M.) 180	Jaley (J.-L.-N.) 47
Boucher (A.) 136	Jouffroy (F.) 130
Cabet (J.-B.-P.) 36	Lorta (J.-P.) 19
Carpeaux (J.-B.) 177	Marqueste (L.-H.) 181
Chapu (H.-M.-A.) 139	— — 182
Chéret (G.-J.) 138	Mercié (M.-J.-A.) 168
Chinard (J.) 54	— — 184
David d'Angers (P.-J.) . . . 56	Pollet (J.-M.-A.) 65
Dubois (P.) 154	Pradier (J.) 85
— — 155	Ramey (C.) 37
— — 156	Rochet (L.-E.) 46
Duret (F.-J.) 57	Saint-Marceaux (R. de) . . 185
Etex (A.) 115	— — 186
Falguière (J.-A.-J.) 176	Tournois (J.) 78
Frémiet (E.) 150	Turcan (J.) 167
— 151	

MOBILIER

Console 191	Grande armoire 192

ERRATUM

Page 14, *au lieu de* : P. Prud'hon, 1758-1823 ;
lire : J. B. baron Regnault, 1754-1829.

IMPRIMÉ

PAR

CHAMEROT ET RENOUARD

19, rue des Saints-Pères, 19

PARIS

La librairie d'Art L. BASCHET, 12, rue de l'Abbaye, Paris, qui, depuis vingt-deux années publie le *Catalogue Illustré* du SALON, a édité les trois catalogues illustrés des Beaux-Arts, à l'Exposition Universelle de 1900, savoir :

Catalogue illustré officiel
de l'Exposition rétrospective de l'Art Français
DES ORIGINES A 1800

Catalogue illustré officiel
de l'Exposition centennale de l'Art Français
DE 1800 A 1889

Catalogue illustré officiel
de l'Exposition décennale des Beaux-Arts
DE 1889 A 1900

Chaque volume broché, 3 fr. 50. — Relié, 5 francs.

TABLEAUX MODERNES

AQUARELLES — BRONZES D'ART

LÉON GERARD

EXPERT
18, RUE DROUOT, 18
PARIS

ENGLISH SPOKEN

E. B. Meyrowitz

Optician of New York,
3, rue Scribe. — PARIS

Librairie d'Art. — L. BASCHET, Éditeur, rue de l'Abbaye, 12
PARIS

LES GRANDS SUCCÈS
DU
PANORAMA

L'Exposition Universelle de 1900 (20 livraisons à 60 centimes)

Paris instantané. 500 vues et monuments (20 liv. à 60 c.) Le volume relié. **15 fr.**

Paris s'amuse. Les Cafés-concerts, la Danse, Serpentins et Confetti, le Bal de l'Opéra, la Journée de la Parisienne, le Coucher de la Mariée, etc., etc. (10 livraisons à 60 cent.) Le volume relié. **8 fr.**

Paris la Nuit. Théâtres et Coulisses, Attractions parisiennes, le Moulin-Rouge, le Moulin de la Galette, Bullier, les Cabarets artistiques, etc. (10 livraisons à 60 cent.). Le volume relié. **8 fr.**

Les Saisons. 160 compositions photographiques. La Pêche, le Bain, la Chasse, les Vendanges, le Patinage, etc. (10 livraisons à 60 cent.). Le volume relié. **8 fr.**

Nos jolies Actrices. 130 portraits. (5 livraisons à 60 cent.). Le volume relié. **4 fr. 50**

Panorama-Salon. Choix des meilleures œuvres exposées chaque année au Salon. Années 1895 et 1896 épuisées. — Années 1897 à 1900 (chaque année 10 livraisons à 60 cent. dont 5 consacrées au Nⁿ). Le volume relié. **8 fr.**

Le Louvre et le Luxembourg. 80 chefs-d'œuvre de nos musées (5 liv. à 60 centimes). Le volume relié. **4 fr. 50**

Merveilles de France. 400 vues et monuments (25 liv. à 60 c.). Le vol. relié. **18 fr.**

Paris. — Typ. Chamerot et Renouard, 19, rue des Saints-Pères. — 39670

www.ingramcontent.com/pod-product-compliance
Lightning Source LLC
Chambersburg PA
CBHW052246220526
45471CB00001B/209